PROGRAMMING

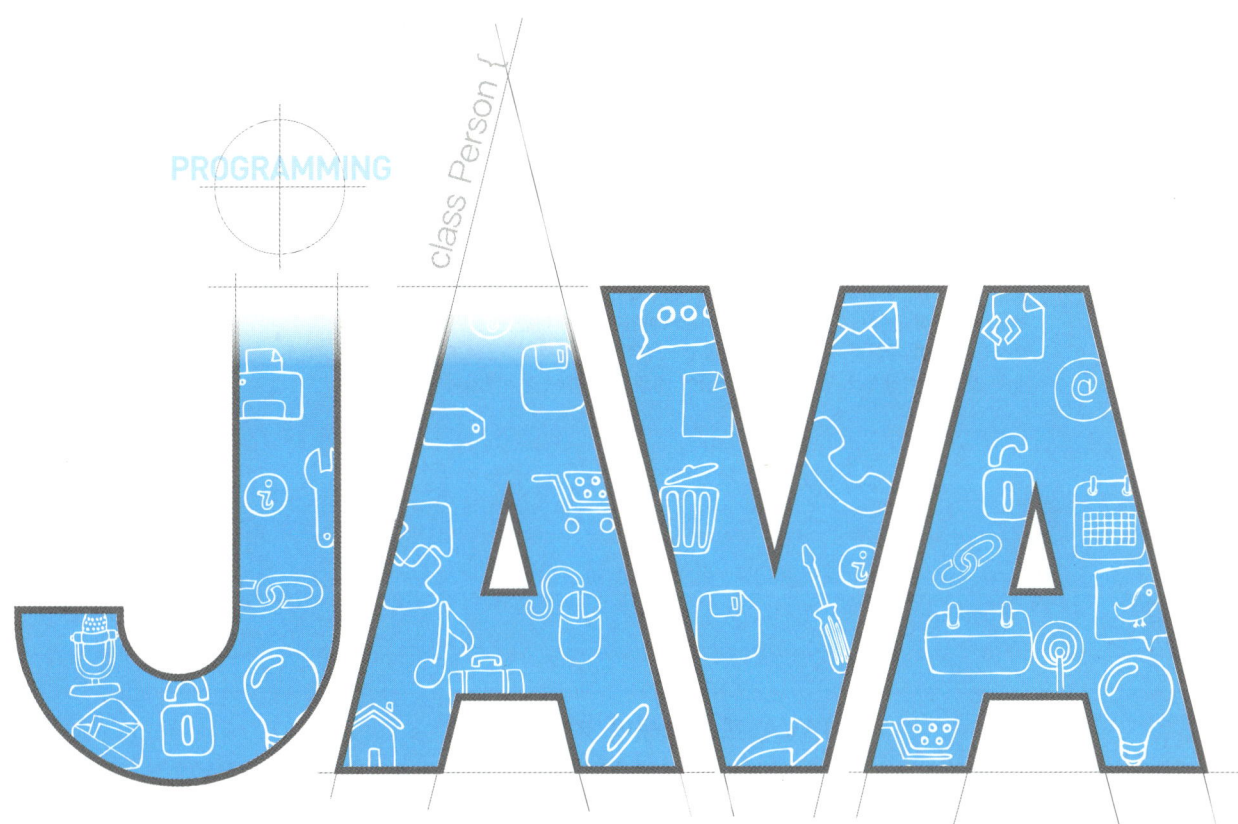

JAVA 프로그래밍 기초

박영호 홍창수 지음

(주)교학사

저자

박영호 (yhpark@bc.ac.kr) 홍창수 (artnett@naver.com)

저자들은 오랫동안 대학교와 외부 기업 강의를 통해 프로그래밍을 가르치고 배우는 현장 경험을 해왔습니다. 자바 이전에도 비주얼베이직과 JSP 등을 강의하면서 많은 학습 자료를 쌓아왔으며, 다수의 프로그래밍 관련 서적을 집필했습니다. 어떤 순서로 어떻게 전달해야 학습 효과가 큰지를 다양하게 실험하면서 초보자의 눈높이를 연구해온 열혈 강의파입니다. 어려운 내용도 쉽게 이해시키는 것이 강의하는 사람의 의무이고 기술이라고 생각해, 초보자를 재미있게 기술의 현장으로 연결시키는 보람에 희열을 느끼는 강의파입니다.

JAVA 프로그래밍 기초

2015년 02월 15일 초판 발행
2017년 09월 10일 초판 2쇄 인쇄
2017년 09월 20일 초판 2쇄 발행

펴낸곳 : (주)교학사
펴낸이 : 양진오
지은이 : 박영호 / 홍창수
주소 : (공장) 서울특별시 금천구 가산디지털1로 42 (가산동)
       (사무소) 서울특별시 마포구 마포대로14길 4 (공덕동)
전화 : 02-707-5312(편집), 02-839-2505, 02-707-5147(영업)
팩스 : 02-707-5316(편집), 02-839-2728(영업)
등록 : 1962년 6월 26일 〈18-7〉

교학사 홈페이지 주소
http://www.kyohak.co.kr

Copyright by KYOHAKSA

㈜교학사는 이 책에 대한 독점권을 가지고 있습니다. 따라서 ㈜교학사의 서면 동의 없이는 책의 전체 또는 일부를 어떤 형태로도 사용할 수 없습니다. 또한 책에서 인용한 모든 프로그램은 각 개발사와 공급사에 의해 그 권리를 보호 받습니다.

이 책의 소개

자바는 인기 있는 프로그래밍 언어이기도 하지만, 객체지향 프로그래밍을 잘 수용하고 있고 안드로이드 앱 개발에도 사용되기 때문에 더 파급력이 있는 언어가 되었습니다. 하지만 자바를 배우기가 그리 쉽지만은 않습니다. 대부분 객체라는 고개를 넘지 못해서 그런 경우가 많습니다. 이 책은 다음과 같은 분들을 위해서 자바의 핵심을 쉽고 빠르게 마스터할 수 있도록 했습니다.

- 자바는 물론, 프로그래밍 언어를 처음으로 배우시는 분
- 자바를 배우다가 너무 복잡해서 중도에 포기하신 분
- 클래스와 객체(인스턴스), 상속 등 객체지향의 개념이 어려우신 분
- 안드로이드 앱 개발을 위해서 빠르게 자바의 기본을 마스터하실 분

1층을 튼튼하게 지어야 안심하고 고층 빌딩을 지을 수 있듯이 자바 학습에서 제일 중요한 것은 탄탄한 기초 개념입니다. 대부분의 독자들이 어려워하는 객체지향의 핵심은 5장, 6장, 7장에 있습니다. 그 3개의 장에서 클래스가 무엇이고 객체(인스턴스)가 무엇인지, 왜 이렇게 프로그램을 구성하는지, new는 언제는 사용하고 언제는 필요 없는지, 생성자는 무엇인지, 왜 상속과 같은 기능이 있어야 하는지 등등 객체지향의 기본 개념을 확실하게 잡으실 수 있습니다.

자바는 클래스 덩어리입니다. 클래스만 잘 사용하면 자바처럼 편리한 언어도 없습니다. 그래서 클래스와 객체, 상속 등 객체지향의 기본 개념이 매우 중요합니다. 그런데 대부분 그 객체지향이라는 개념을 확실히 이해하지 못해서 어렵게 느낍니다. 기본 개념만 확실해지면 그 모든 클래스들을 다 알고 있지 않아도 수시로 찾아서 사용할 수 있게 됩니다. 그래서 이 책에서는 다음과 같은 기준으로 자바의 기본을 설명하고 있습니다.

- 객체 지향의 개념을 쉽고 빠르게 이해하도록 간결한 예제를 제공한다.
- 모든 예제의 소스코드에 글상자와 화살표를 추가해서 입체적으로 이해하게 한다.
- 자바의 모든 것을 이해한다는 것은 결국 클래스의 사용법을 아는 것이다.
- 하지만 그 모든 클래스를 다 안다는 것은 불가능하기도 하고 그럴 필요도 없다.
- 필수적인 클래스와 메소드만 해설하되 자바의 주요 뼈대를 모두 파악하게 한다.
- 이 책을 마치면 스스로 자바 소스코드를 해독하고 다른 문서를 해독할 능력이 생겨야 한다.
- 안드로이드 앱 개발을 위해 자바를 배우는 독자들이 쉽게 마스터할 수 있어야 한다.

저자가 드리는 글

오랫동안 자바를 가르치면서 필자는 어떻게 하면 자바를 효율적으로 배울 수 있지를 다양하게 테스트할 수 있었습니다. 객체지향이라는 개념을 잘 수용하고 있는 자바는 다른 언어에 비해 프로그래밍하기가 더 쉬워야 하는데 대부분 그 객체의 개념이 부족해서 매우 어렵게 느끼곤 합니다.

어떤 사람을 제대로 알기 위해서는 그 사람과 대화도 많이 해보고, 술도 마셔 보고, 일도 힘께 해보야 합니다. 그러면서 차츰 그 사람의 성격이나 특징을 알아가게 됩니다. 필자는 자바 학습도 마찬가지라고 생각합니다. 처음부터 그 사람의 모든 것을 꼼꼼하고 완벽하게 파악할 수 없듯이, 초보 프로그래머의 경우 처음부터 자바의 모든 것을 단계별로 완벽하게 이해할 수는 없습니다.

자바를 학습하면서 제대로 이해되지 않는 부분들이 있을 것입니다. 대충 어떤 개념인지는 알겠는데 정확히 알았다고는 할 수 없는 경우들이 종종 있을 겁니다. 그런 애로사항을 들을 때마다 필자는 이렇게 조언하곤 합니다.

"일단 간결하고 얇은 책으로 자바를 처음부터 끝까지 한번 훑어보세요"

확실히 이해되지 않은 개념이나 기능도 반복해서 사용하다보면 어느 순간 "아!"하고 그 의미를 깨우치게 되는 경우가 대부분입니다. 프로그래밍 경험이 많은 노련한 프로그래머들조차 새로운 프로그래밍 언어를 파악하고 익힐 때는 그 언어의 전반을 탐색합니다.

자바는 엄청나게 많은 클래스와 메소드를 제공합니다. 그 클래스와 메소드를 조합하는 것이 자바 프로그래머가 할 일이기도 합니다. 그런데 자바의 전체 개념도 불확실한 상태에서 그 많은 클래스와 메소드를 모두 학습하려 하면 복잡해 보이기만 하고 중도에 포기를 하게 됩니다.

그래서 필자는 늘 일단 가볍게 읽을 수 있는 책으로 자바 전체를 한번 훑듯이 공부할 것을 권하곤 합니다. 물론 자바 전체를 파악할 수 있도록 설명하는 책이어야 합니다. 이 책은 그렇게 자바를 처음 학습하시는 분들에게 가장 효율적으로 학습하는 방법을 제시하고 있습니다.

별로 집중하지 않아도 1달이면 거뜬히 이 책을 마스터하실 수 있을 것입니다. 그리고 뒤돌아보십시오. 아마도 자바의 소스코드가 눈에 확 들어오기 시작할 것입니다. 그 때부터는 내가 어디서 무엇을 참조해서 프로그래밍 실력을 더 쌓아가야 하는지도 알게 됩니다.

목차

1장 자바의 개요

1.1 자바의 역사와 특징	15
자바 언어의 역사	15
자바 언어의 특징	16
1.2 일반 언어와 자바의 차이	18
인터프리터 (Interpreter) 언어	18
컴파일러 (Compiler) 언어	18
자바 (Java)	19
1.3 JDK (Java Development Kit)의 설치	20
1.4 자바 애플리케이션의 작성, 컴파일, 실행	22
1.5 JDK의 구성	24
1.6 bin 디렉토리의 주요 실행 파일들	25
1.7 Java API 문서 참조	27
1.8 Eclipse의 설치와 사용법	28
이클립스 다운로드하기	28
이클립스에서 자바 프로그램 작성하기	29
○─ 이 장의 요점	32

2장 자바 프로그램의 기본 요소와 데이터 형

2.1 자바 프로그램의 기본 구성	33
자바 프로그램의 기본 구조	34
주석의 사용	35
들여쓰기의 사용	35
2.2 변수와 상수의 개요	36
변수의 특징	37
2.3 변수와 상수의 사용	38
이름의 명명 규칙	38
변수에 지정하는 기본 데이터 타입 (Primitive data type)	39

목차

변수 타입의 선언 형식 ... 40
정수형 ... 41
실수형 ... 43
문자형 ... 44
논리형 ... 46
문자열형 ... 46
형 변환 ... 47
○─ 이 장의 요점 ... 51

3장 연산자의 사용

3.1 할당 연산자 ... 52
3.2 산술 연산자 ... 53
3.3 증감 연산자 ... 55
3.4 관계 연산자 ... 57
3.5 논리 연산자 ... 59
3.6 3항 연산자 ... 61
3.7 비트 연산자 ... 62
3.8 쉬프트 연산자 ... 65
3.9 할당 연산자의 또 다른 형식 ... 68
○─ 이 장의 요점 ... 71

4장 조건문과 반복문과 배열

4.1 단순 if 문 ... 73
4.2 if - else 문 ... 76
4.3 if - else if 문 ... 79
4.4 switch 문 ... 81
4.5 for 문 ... 85
4.6 while 문 ... 88

목차

4.7 do - while 문	89
4.8 break와 continue 문	91
break 문의 사용	91
continue 문의 사용	92
○- 이 장의 요점	94

5장 객체지향 프로그래밍 1

5.1 객체지향 프로그래밍의 개요	96
5.2 클래스의 개념	98
5.3 객체와 인스턴스	101
5.4 인스턴스 없이 사용하는 static 변수와 static 메소드	106
5.5 매개변수와 return 문을 사용하는 메소드	109
5.6 메소드 오버로딩	112
5.7 생성자 (Constructor)	117
5.8 this의 사용	120
5.9 package와 import	124
패키지와 import	124
package 명령문	125
5.10 배열	130
배열의 개념과 생성	130
다차원 배열	132
배열의 복사	135
○- 이 장의 요점	137

6장 객체지향 프로그래밍 2

6.1 상속	139
6.2 접근 지정자와 캡슐화	145
6.3 메소드 오버라이딩	149

목차

6.4 super와 final	151
super	151
final	153
6.5 추상 클래스	155
6.6 인터페이스	158
인터페이스의 사용	158
인터페이스의 다중 상속	162
6.7 다형성	168
다형성의 개념	168
업캐스팅	168
다운캐스팅	169
instanceof 연산자	170
6.8 내부 클래스	173
인스턴스 내부 클래스(instance inner class)	173
스태틱 내부 클래스(static inner class)	174
메소드 내부 클래스(method inner class)	176
익명 내부 클래스(anonymous inner class)	178
○ 이 장의 요점	180

7장 유용한 클래스와 컬렉션

7.1 Object 클래스	181
7.2 Wrapper 클래스	182
7.3 String 클래스	185
String 객체	185
length()와 charAt() 메소드	187
indexOf() 메소드	188
substring() 메소드	189
trim() 메소드	190
valueOf()와 tostring() 메소드	191
7.4 StringBuffer 클래스	193

목차

7.5 StringTokenizer 클래스	195
7.6 Random 클래스	198
7.7 Scanner 클래스	202
키보드 입력	202
파일 입력	203
7.8 컬렉션	207
7.9 List	208
7.10 Set	210
7.11 Map	212
○ 이 장의 요점	214

8장 예외 처리

8.1 예외 처리 클래스	215
8.2 try-catch 구문	216
8.3 복수의 예외 검사	221
8.4 try-catch-finally 구문	222
8.5 throws와 throw	224
throws의 사용	224
throw의 사용	225
8.6 사용자 정의 예외 클래스	228
○ 이 장의 요점	230

9장 쓰레드

9.1 쓰레드(Thread)의 개념	231
9.2 쓰레드의 생성	232
Thread 클래스의 사용	232
Runnable 인터페이스의 사용	234

목차

9.3 쓰레드의 우선순위	236
9.4 쓰레드의 라이프 싸이클	238
sleep() 메소드	239
yield() 메소드	241
join() 메소드	242
9.5 쓰레드의 동기화	245
synchronized	245
wait()와 notify() 메소드	247
○─ 이 장의 요점	253

10장 AWT

10.1	AWT 패키지 내의 클래스 구성	254
10.2	Frame 만들기	256
10.3	Panel 만들기	259
10.4	레이아웃 관리자 (Layout Manager)	261
10.5	레이아웃 관리자 없이 직접 컴포넌트 배치하기	262
10.6	BorderLayout 사용하기	264
10.7	FlowLayout 사용하기	267
10.8	GridLayout 사용하기	269
10.9	CardLayout 사용하기	271
10.10	Label 만들기	274
10.11	Button 만들기	276
10.12	TextField 만들기	278
10.13	TextArea 만들기	280
10.14	List 만들기	283
10.15	Choice 만들기	286
10.16	Checkbox 만들기	288
10.17	Scrollbar 만들기	291
10.18	Dialog 만들기	293
10.19	FileDialog 만들기	295

목차

10.20 Menu 만들기   298
○– 이 장의 요점   301

11장 Event

11.1 Event를 위한 클래스와 메소드   302
11.2 ActionEvent 사용하기   305
11.3 ItemEvent 사용하기   310
11.4 WindowEvent 사용하기   315
　　　WindowAdapter 사용하기   317
11.5 MouseEvent 사용하기   319
　　　MouseListner 사용하기   319
　　　MouseMotionListener 사용하기   321
　　　MouseAdapter 사용하기   323
　　　더블클릭 이벤트 사용하기   325
　　　마우스 버튼 구별하기   327
11.6 마우스 이벤트로 팝업 메뉴 만들기   329
○– 이 장의 요점   332

12장 데이터 입출력

12.1 입출력 클래스의 종류   333
12.2 InputStream과 InputStreamReader 사용하기   337
　　　InputStream   337
　　　InputStreamReader   338
12.3 FileInputStream과 FileReader 사용하기   341
　　　FileInputStream   341
　　　FileReader   343
12.4 BufferedInputStream과 BufferedReader 사용하기   345
　　　BufferedInputStream   345

목차

BufferedReader	346
12.5 OutputStream과 OutputStreamWriter 사용하기	349
OutputStream	349
OutputStreamWriter	350
12.6 FileOutputStream과 FileWriter 사용하기	352
FileOutputStream	352
FileWriter	354
12.7 BufferedOutputStream과 BufferedWriter 사용하기	356
BufferedOutputStream	356
BufferedWriter	357
12.8 DataInputStream과 DataOutputStream 사용하기	360
12.9 ObjectInputStream과 ObjectOutputStream으로 직렬화 사용하기	363
12.10 File 클래스 사용하기	367
○─ 이 장의 요점	372

13장 네트워크

13.1 네트워크의 개념	373
13.2 InetAddress 클래스	375
13.3 URL 클래스	377
URL의 의미	377
URL 클래스의 메소드	378
13.4 URLConnection 클래스	382
13.5 TCP 소켓 프로그래밍	385
TCP 소켓의 의미	385
간단한 서버 클라이언트 프로그램	385
채팅 프로그램	389
○─ 이 장의 요점	395

Chapter 01
자바의 개요

자바 언어의 역사와 특징을 살펴보고, 자바 프로그램을 만드는 개발 도구인 JDK(Java Development Kit)를 설치한다. 또한 자바 프로그램을 작성해서 컴파일과 실행을 해보고 자바 프로젝트 개발 툴로 널리 사용되는 Eclipse 사용법도 알아본다. 뭔 말인지 모르겠는 게 나와도 여기서는 그냥 읽어두자. 개요라는 것이 전체를 아우르는 설명이라서 아직은 이해되지 않는 부분이 많을 것이다.

1.1 자바의 역사와 특징

자바 언어의 탄생 배경과 자바가 다른 언어에 비해 어떤 특징이 있는지를 살펴본다.

자바 언어의 역사

자바는 고급(High Level) 객체지향 프로그래밍(Object Oriented Programming ; OOP) 언어로, 썬 마이크로시스템(Sun Microsystems)이 개발했다. 자바 이전에는 C++ 언어가 객체지향 프로그래밍 언어로 널리 사용되었으나, C++ 언어는 플랫폼(또는 운영체제)에 독립적이지 못했기 때문에 플랫폼이 다르면 다시 컴파일(Compile)해야 하는 불편함이 있었다. 실제 개발 현장에서는 이런 문제가 아주 중요하다.

그런 환경에서 썬 마이크로시스템은 컴퓨터나 가전 장치와 같이 서로 다른 장치에서도 사용할 수 있으면서, 네트워크를 기반으로 하는 새로운 언어를 개발해 1991년에 오크(Oak)라는 언어를 발표했다. 플랫폼에 독립적인 이 언어는 이후 보완 과정을 거쳐 1995년에 Java라는 이름으로 발표되었다.

초기 Java 1.0은 안정적이면서도 네트워크 및 파일 접근을 통제할 수 있는 보안 시스템을 제공하였으며, 요즘은 잘 사용하지 않지만, 대부분의 인터넷 브라우저에서 실행할 수 있는 자바 애플릿(Java Applet)으로 인해 인기가 높아졌다. 이후 Java 2 부터는 다음과 같이 3가지 플랫폼으로 제공하여 응용 분야에 따라 알맞은 자바 플랫폼을 선택할 수 있도록 했다.

- JAVA SE(Standard Edition) : 자바의 핵심적인 표준 플랫폼으로 일반 데스크탑 컴퓨터에서 사용.
- JAVA ME(Micro Edition) : 소형 기기와 임베디드(Embedded) 기기 플랫폼으로 핸드폰, PDA와 셋탑박스 등에서 사용.
- JAVA EE(Enterprise Edition) : 자바 서버 플랫폼으로 웹서버 프로그램 개발에 사용.

자바는 C, C++ 등의 영향을 받았으며 다른 언어에서 일부 향상된 기능을 차용하기도 했다. 썬 마이크로 시스템은 자바의 특징을 "Write Once, Run Anywhere"라고 발표했으며 이 문구가 자바의 특성을 가장 함축적으로 말하고 있다. 자바는 한번 코드를 작성하면 리눅스나 윈도우, 솔라리스와 같은 플랫폼에 관계없이 어디서든지 실행될 수 있으며, 이런 유연성은 JVM(Java Virtual Machine ; 자바가상기계)이라는 기술이 지원되기 때문이다. 자바의 중요한 특징의 하나는 JVM이 제공하는 바이트 코드(byte code)이다. 이 바이트 코드는 리눅스, 윈도우, 솔라리스 등 모든 플랫폼에서 해석되고 실행될 수 있다.

다양한 영역으로 응용 분야를 넓혀가던 자바가 더 크게 주목받게 된 것은 모바일 영역에 응용되어 스마트폰이나 태블릿의 앱(App) 개발에 사용되기 때문이다. 구글(Google)에서 발표한 안드로이드(Android) 시스템은 리눅스 커널(Linux Kernel)을 기반으로 하고 있으며, 자바를 이용해서 앱(App)을 개발한다. 안드로이드 시스템은 스마트폰과 태블릿의 운영체제(OS; Operating System)를 넘어서 다양한 장치들에 포팅될 수 있어 자바의 활용 범위는 가늠하기 어려울 정도로 넓어지고 있다.

자바 언어의 특징

① 플랫폼에 독립적이다 : 자바의 실행 파일은 플랫폼에 중립적인 바이트 코드로 구성된 클래스 파일이다. 이 클래스 파일을 각 플랫폼별로 할당된 자바 런타임이 인터프리트(Interpret)하여 실행시킨다. 따라서 자바 런타임이 설치된 시스템에서는 어디서나 자바 프로그램을 실행할 수 있다.

② 객체지향적(Object Oriented)이다 : 자바는 숫자나 논리 값을 제외한 거의 모든 것이 객체(object)로 구성되어 있으며, 객체지향 언어의 특징인 상속, 캡슐화, 다형성 등이 잘 적용되어 있다. 자바는 Object 클래스에서 모든 클래스가 파생되며, 사용자는 클래스를 기반으로 만들어지는 객체를 생성해서 실행한다.

③ 간단하고 배우기 쉽다 : 자바는 C++과 유사하나 더 간단하다. 다른 고급 언어들의 여러 가지 기능들 중에서 필수적이지 않은 부분들은 모두 제거했기 때문에, 간결하고 이해하기 쉬운 코드로 프로그램을 작성할 수 있다.

④ 네트워크를 통한 분산 환경을 지원한다 : 자바에는 TCP/IP 라이브러리가 기본으로 포함되어 있으며 http와 ftp 프로토콜을 기본으로 지원한다. 또한 다양한 네트워크 API를 이용해서 네트워크 프로그램을 쉽게 개발할 수 있다.

⑤ 멀티 쓰레드(Multi thread)를 지원한다 : 쓰레드는 하나의 프로세스 내의 작은 작업 단위이다. 멀티 쓰레드를 지원하여 하나의 프로그램에서 여러 개의 쓰레드가 동시에 실행될 수 있으며 이 쓰레드를 자바 언어로 제어할 수도 있다.

⑥ 동적 로딩(Dynamic loading)을 제공한다 : 자바 프로그램은 클래스(class) 단위로 프로그래밍을 한다. 자바는 로드 타임 동적 로딩(load time dynamic loading)과 런타임 동적 로딩(runtime dynamic loading)을 제공한다. 로드 타임 로딩을 할 때는 필수 클래스만을 메모리에 로드하고, 다른 사용자 정의 클래스들은 런타임에 동적으로 로딩하여 효율적인 메모리 관리를 한다.

⑦ 견고하고 안전하다 : 자바는 컴파일 때 유형 검사를 하여 에러를 방지하며, 포인터 연산을 지원하지 않아 잘못된 주소를 사용할 가능성이 없다. 또한 자바는 실행 전에 클래스 파일을 이용한 프로그램의 검사가 가능하며, 웹 브라우저는 자바 애플릿을 실행하기 전에 보안 검사를 하여 안전성을 확보한다.

1.2 일반 언어와 자바의 차이

일반적으로 고급 프로그래밍 언어(High Level Programming Language)는 컴파일(Compile)이나 인터프리트(Interpret)라는 과정을 거쳐 기계어로 변환되어 실행된다. 그러나 자바는 컴파일과 인터프리트라는 2개의 과정을 모두 사용하는 특징이 있다.

인터프리터 (Interpreter) 언어

인터프리터는 통역사와 같은 작업을 한다. 즉, 통역사가 말할 때마다 문장 단위로 즉시즉시 통역을 하듯이, 프로그램을 라인(line) 단위로 한 줄씩 해석하고 바로 실행한다.

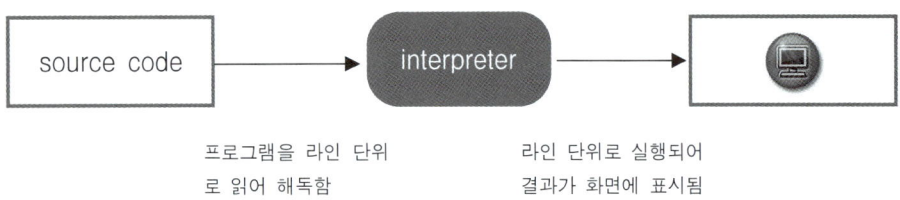

프로그램을 라인 단위로 읽어 해독함

라인 단위로 실행되어 결과가 화면에 표시됨

인터프리터 방식의 언어로는 자바스크립트(Javascript), BASIC, LISP 등이 있다. 대부분의 스크립트 언어는 인터프리터를 사용하며, 인터프리터는 실행 속도는 좀 느리지만, 프로그램이 가볍고, 대화형 개발에 유용하며, 코딩과 수정이 용이하다는 장점이 있다.

컴파일러 (Compiler) 언어

컴파일러는 번역사와 같은 작업을 한다. 즉, 번역가가 문서 전체를 번역해서 넘겨주듯이, 프로그램 전체를 처음부터 끝까지 해독해 object code(목적 코드)로 만든 후에 실행한다.

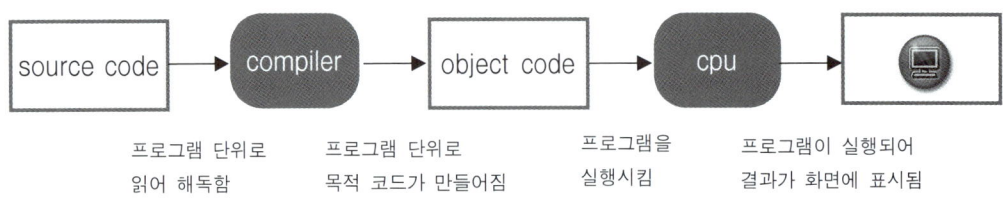

프로그램 단위로 읽어 해독함

프로그램 단위로 목적 코드가 만들어짐

프로그램을 실행시킴

프로그램이 실행되어 결과가 화면에 표시됨

C, C++, Ada와 같은 대부분의 언어가 컴파일러를 사용하며, 컴파일러는 프로그램 단위로 번역해서 목적 코드를 만든 후, 한꺼번에 실행하기 때문에 인터프리터 방식에 비해 실행 속도가 빠르다.

반면에 프로그램의 실행이 끝날 때까지 목적 코드를 모두 메모리에 저장해두어야 하기 때문에 인터프리트 방식에 비해 메모리 사용 효율이 떨어진다. 또한 프로그램 중 한개 라인만 수정해도 프로그램 전체를 다시 컴파일해야 하기 때문에 수정이 어려운 측면이 있다. 대부분의 컴파일러 언어는 플랫폼에 독립적이지 못하나, 이를 극복한 언어가 자바이다.

자바 (Java)

자바 언어는 컴파일과 인터프리트라는 2개 과정을 모두 거쳐서 실행된다는 점이 다른 고급 언어와 크게 다른 점이다. 이것은 자바가상기계(Java Virtual Machine)이라는 개념을 도입하기 위한 기술적인 방법이다.

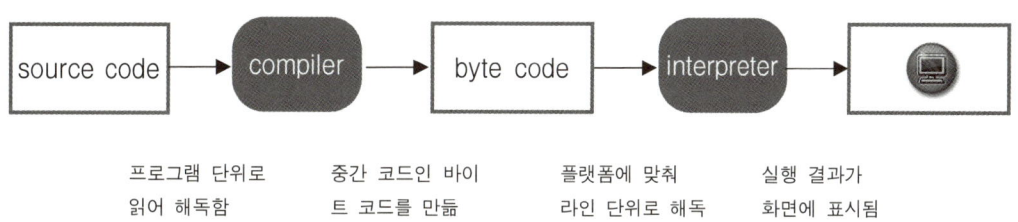

source code	→	compiler	→	byte code	→	interpreter	→	
프로그램 단위로 읽어 해독함		중간 코드인 바이트 코드를 만듦		플랫폼에 맞춰 라인 단위로 해독		실행 결과가 화면에 표시됨		

플랫폼이 달라지면 기계어(Machine Language)가 달라진다. 따라서 해당 플랫폼의 기계어에 맞춰 곧장 Object code를 만들면(일반적인 컴파일 방식) 그 프로그램은 플랫폼이 달라질 때마다 다시 컴파일을 해야 한다. 하지만 자바는 컴파일러를 이용해 플랫폼에 종속적이지 않은 중간 코드인 바이트 코드를 만든 후, 현재 자바가 실행되는 플랫폼을 파악해서 그 플랫폼에 맞춰 바이트 코드를 인터프리터를 이용해서 기계어로 변환하고 실행한다. 일단 프로그램 전체를 바이트 코드로 만든 후, 라인 단위로 바이트 코드를 해독, 실행하는 것이다.

이렇게 **바이트 코드라는 중간 단계를 두고 플랫폼에 맞춰 인터프리트를 하면 한번 작성한 자바 프로그램을 플랫폼에 관계없이(독립적) 어디서든지 실행시킬 수 있다.** 이런 기술적 방법을 도입하면 마치 자바를 실행하는 가상의 기계가 하나 더 생긴 것처럼 생각할 수 있어 JVM(Java Virtual Machine)이라고 부른다. 다른 언어에 비해 처리 과정이 복잡해보이지만, 이 모든 작업을 JVM이 자동으로 처리해주기 때문에 프로그래머 입장에서는 다른 언어와 같이 그냥 프로그램을 작성하면 된다.

자바는 마지막 단계에서 인터프리터를 사용하기 때문에 컴파일러만 사용하는 다른 언어에 비해 속도가 떨어지는 단점이 있으나, 이 문제는 Just-In-Time compiler(JIT 컴파일러)를 사용해서 해결할 수 있다.

JIT 컴파일러는 바이트 코드를 해당 플랫폼에 맞춰 곧장 실행 가능한 코드로 만들어준다.

속도 향상을 위해서 JIT 컴파일러를 옵션으로 사용하기는 하지만, 대개 프로그램 전체를 JIT로 컴파일하는 경우는 드물다. 자주 사용하는 특정 메소드나 클래스 또는 파일에 대해서만 부분적으로 JIT 컴파일러를 사용해서 컴파일하고, 나머지 부분은 인터프리터를 사용해서 해독하는 방법을 많이 사용한다. JIT 컴파일러는 해당 코드가 실행되는 시점에 바로바로 컴파일을 하기 때문에 "Just-In-Time compiler"라고 부르며 한번 컴파일된 코드 부분은 이후 인터프리트 과정을 거치지 않고 프로세서에 의해 곧장 실행된다.

1.3 JDK (Java Development Kit)의 설치

자바 프로그래밍을 위해서는 다음과 같은 순서에 따라 JDK를 설치해야 한다.

① "http://www.oracle.com/technetwork/java/javase/downloads/index.html"에 접속한다.

② "Java Platform (JDK) 7"을 클릭한다. 이 책은 자바의 기초를 설명하기 때문에 버전과 상관이 없다. 다른 버전이 이미 설치되어 있으면 이 설치 과정은 건너뛰기 바란다.

③ "Java SE Development Kit 7"에서 "Accept License Agreement"에 체크하고 자신의 시스템에 알맞은 파일을 클릭한다. 여기서는 "jdk-7-windows-i586.exe"를 클릭한다.

④ [파일 다운로드] 창이 나오면 [실행]을 클릭한다.

⑤ 이후 [Next] 버튼을 계속 클릭한다. 설치 디렉토리(폴더)는 기본적으로 "c:\Program Files\Java\jre7\로 표시된다. 만일 설치 디렉토리를 변경하려면 [Change...] 버튼을 클릭해서 지정한다.

⑥ 마지막에 [Finish] 버튼을 클릭한다.

설치는 끝났다. 이제 사용 중인 컴퓨터에게 자바 디렉토리의 패스(path)를 알려주어야 어디서든지 자바를 실행시킬 수 있다. 다음과 같이 작업한다.

① 다음의 위치로 가서 [환경 변수] 버튼을 클릭한다.

- Windows 7 : "제어판 > 시스템 > 고급 시스템 설정 > 고급"
- Windows XP : "제어판 > 시스템 > 고급"

❷ "시스템 변수"에서 "path"를 클릭하고 [편집] 버튼을 클릭한다. 그리고 제일 뒤에 다음과 같이 입력한다.

   C:\Program Files\Java\jdk1.7.0\bin;

만일 이미 지정된 마지막 패스의 제일 뒤에 ";"(세미콜론)이 없으면 ";"를 입력한 후 위의 패스를 입력한다.

❸ [확인] 버튼을 연달아 클릭해서 끝낸다.

❹ 이제 윈도우에서 [시작][실행]을 클릭해서 [열기]에 "cmd" 또는 "command" 명령을 입력하고 [확인]을 클릭하면 DOS 창이 나온다. 다음과 같이 "java -version" 명령을 입력하고 Enter 키를 눌러, 다음과 같이 자바 버전 정보가 표시되면 성공적으로 설치한 것이다.

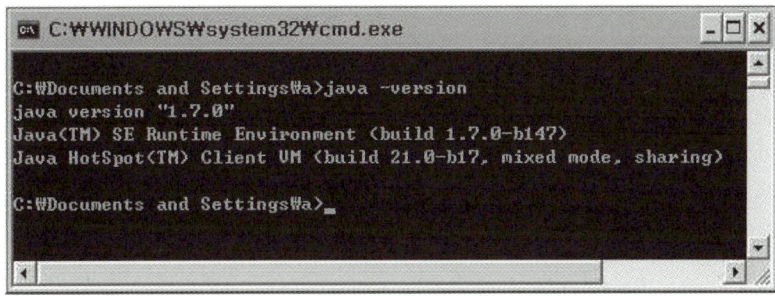

1.4 자바 애플리케이션의 작성, 컴파일, 실행

JDK를 설치한 후 자바 프로그램을 작성해서 컴파일하고 실행하는 과정을 알아본다. 먼저 실습을 위해 내가 작성하는 자바 프로그램을 저장할 폴더(디렉토리)를 만든다. "C:\myjava"라는 폴더를 만들고 앞으로 작성하는 프로그램을 그 폴더에 저장한다. 필자와 똑같이 작업하는 게 좋다.

메모장이나 에디터를 사용해서 다음과 같이 프로그램을 작성한 후 HelloWorldApp.java라는 이름으로 C:\myjava 폴더에 저장한다. 필자의 경험으로는 처음 자바를 배울 때 모든 프로그래밍을 메모장에서 하는 것도 좋다. 좋은 에디터나 이클립스도 있지만 한자씩 더듬거리며 프로그램을 반복적으로 일일이 입력하다보면 자바의 명령문이나 구문이 슬그머니 익혀지기 때문이다. **자바 프로그램 파일을 저장할 때 확장자는 반드시 ".java"이어야 한다.** 이 프로그램은 단순히 "Hello World!"라는 글자를 화면에 출력한다.

소스코드
HelloWorld.java

```java
class HelloWorldApp {
    public static void main( String[] args ) {
        System.out.println( "Hello World!" );
    }
}
```

먼저 "cd myjava" 명령으로 myjava 디렉토리로 이동한다. **프로그램을 컴파일하는 명령어는 "javac"이다.** 콘솔 창에서 다음과 같이 컴파일을 한다. 컴파일을 마치면 "myjava" 폴더에 "HelloWorldApp.class"라는 파일이 생성된다.

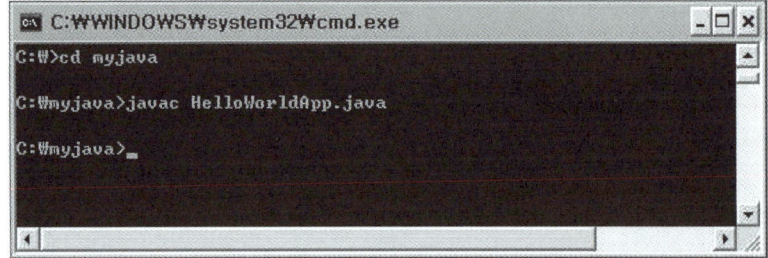

컴파일이 끝난 프로그램을 실행시키는 명령어는 "java"이다. 다음과 같이 실행시킨다.

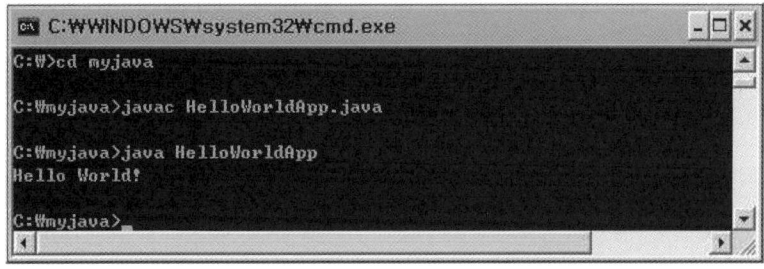

프로그램이 실행되어 화면에 "Hello World!"가 출력된다. 이 과정을 그림으로 정리해보면 다음과 같다. JVM과 플랫폼 독립적이라는 자바의 큰 특징을 이해해두기 바란다.

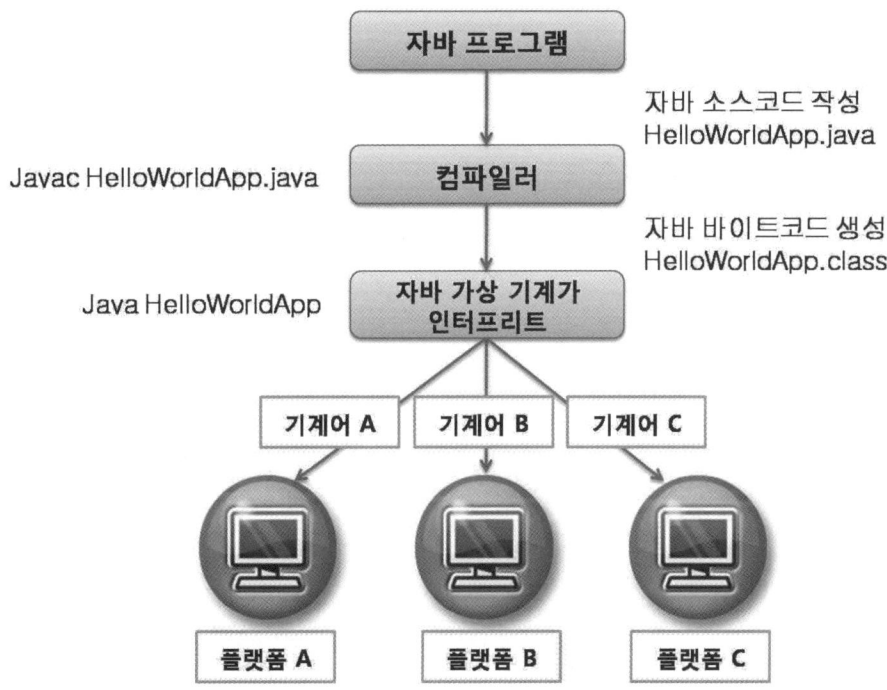

자바가상기계(JVM)는 현재 자바가 실행되고 있는 플랫폼을 체크하고 컴파일러가 생성한 바이트 코드를 라인별로 가져와서 해당 플랫폼에 맞는 기계어로 인터프리트하여 실행한다. **자바가 플랫폼에 독립적이어서 프로그램을 한번 작성하면 어느 플랫폼에서나 실행할 수 있는 것은 자바 컴파일러가 생성하는 바이트 코드와 JVM(Java Virtual Machine)의 인터프리팅 체제 때문이다.**

1.5 JDK의 구성

Java SE는 JDK(Java SE Development Kit)와 JRE(Java SE Runtime Environment)로 구성된다. JDK는 JRE를 포함하고 있으며 애플릿이나 자바 애플리케이션을 개발하는데 필요한 컴파일러와 디버거(Debugger)와 같은 툴을 추가로 제공한다. 이 책의 내용은 사실 자바 버전과는 상관이 없다. 자바의 가장 핵심적이고 기초적인 내용과 개념을 탄탄히 익히는 것이 목표이기 때문에 이전 버전도 상관없다.

JRE는 "자바 런타임 환경"이라는 의미와 같이 자바 애플리케이션이 실행되는데 필요한 최소한의 요소들을 제공한다. 각종 라이브러리와 JVM(Java Virtual Machine) 그리고 애플릿이나 자바 애플리케이션을 실행하는데 필요한 각종 요소(컴포넌트)들을 제공한다.

또한 JRE는 Java Plug-in과 Java Web Start라는 2개의 핵심적인 배포 기술을 제공한다. Java Plug-in은 브라우저와 자바 플랫폼을 연결하는 역할을 하며, 이로 인해 웹사이트의 애플릿이 데스크탑의 브라우저에서 실행될 수 있다. Java Web Start는 웹 페이지의 링크를 클릭해서 즉, 네트워크를 통해 한 번의 클릭만으로 완전한 자바 애플리케이션을 실행시킬 수 있는 기능을 제공한다. 이런 내용은 아직 잘 몰라도 된다. 그냥 읽어두기 바란다.

다음 그림은 자바 컴포넌트의 구조를 보여주고 있다. 한번 봐두기만 하자.

1.6 bin 디렉토리의 주요 실행 파일들

앞서 자바를 설치하고 나서 "C:\Program Files\Java\jdk1.7.0\bin;"와 같은 패스를 설정했다. 이것은 bin 폴더 내에 자바에서 제공하는 주요 실행 파일들이 있기 때문이다. bin 폴더 내의 파일들 중 주요 실행 파일을 살펴본다.

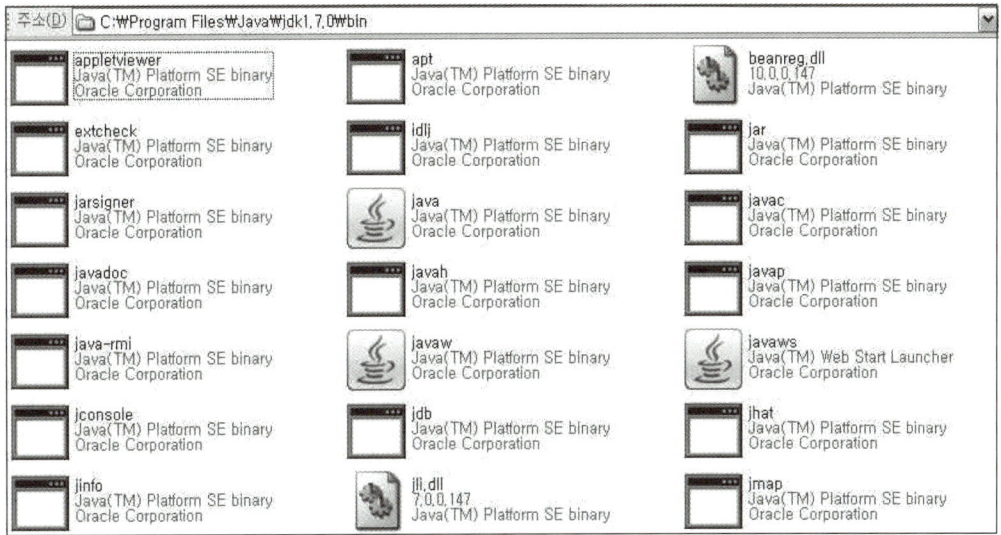

❶ javac.exe : 자바 컴파일러이다. 자바 애플리케이션 소스 코드를 바이트 코드로 만들어 class 파일을 생성한다.

- 사용 형식 : javac HelloWorldApp.java

❷ java.exe : 자바 인터프리터이다. 컴파일러가 생성한 class 파일을 읽어 라인별로 해독하고 실행한다.

- 사용 형식 : java HelloWorldApp

❸ javap.exe : 역어셈블러이다. 컴파일러가 생생한 class 파일을 원래의 소스 코드로 역어셈블 (disassemble)해서 package나 protected, public 선언부와 메소드들을 보여준다.

- 사용 형식 : javap HelloWorldApp

❹ appletviewer.exe : Applet 뷰어이다. HTML 문서에 삽입되어 있는 애플릿을 실행시킨다.

- 사용 형식 : appletviewer HelloWorldApp.html

❺ javadoc.exe : 자동 문서 생성기이다. 애플리케이션 소스 코드에 있는 주석(/** ... */)들을 바탕으로 Java API 문서와 동일한 형식의 문서를 만들어준다. 애플리케이션 내의 클래스(API)를 공유하기 위한 문서 작성에 사용한다.

- 사용 형식 : javadoc HelloWorldApp.java

❻ jar.exe : 압축(패키징) 프로그램이다. 클래스 파일과 애플리케이션에 관련된 기타 파일들을 하나의 파일로 압축해서 패키징할 때 사용한다.

- 압축할 때 : jar cf 압축된파일명.jar 대상클래스명1.clas 대상클래스명2.class ...
- 압축풀 때 : jar xf 압축된파일명.jar

우리가 제일 많이 신세질 파일은 javac.exe와 java.exe이다. 나머지는 그냥 한번 봐두자.

1.7 Java API 문서 참조

자바는 많은 클래스(API)를 제공한다. **자바가 제공하는 클래스들은 크게 패키지(Package)로 구분되며, 각 패키지 내에 관련 클래스들이 제공된다.** 이 클래스들을 잘 사용할 줄 아는 것이 곧 자바 프로그램을 잘 개발할 수 있는 것이 되기 때문에 각 클래스들의 기능과 사용법을 정확하게 알아야 한다. 다음의 사이트에 접속하면 자바 클래스들을 자세히 설명한 API 문서를 볼 수 있다.

http://download.oracle.com/javase/7/docs/api/

이 문서 전체를 JDK를 다운 받은 페이지 아래쪽의 [Java SE 7 Documentation]에서 다운받아 자신의 컴퓨터에 보관해두고 보거나, 위의 주소를 즐겨찾기 해놓고 필요할 때마다 참조하면 된다. 이 책의 후반부로 가면 아마도 독자들도 스스로 API 문서를 찾아보고 싶을 때가 있을 것이다. 두고 보자.

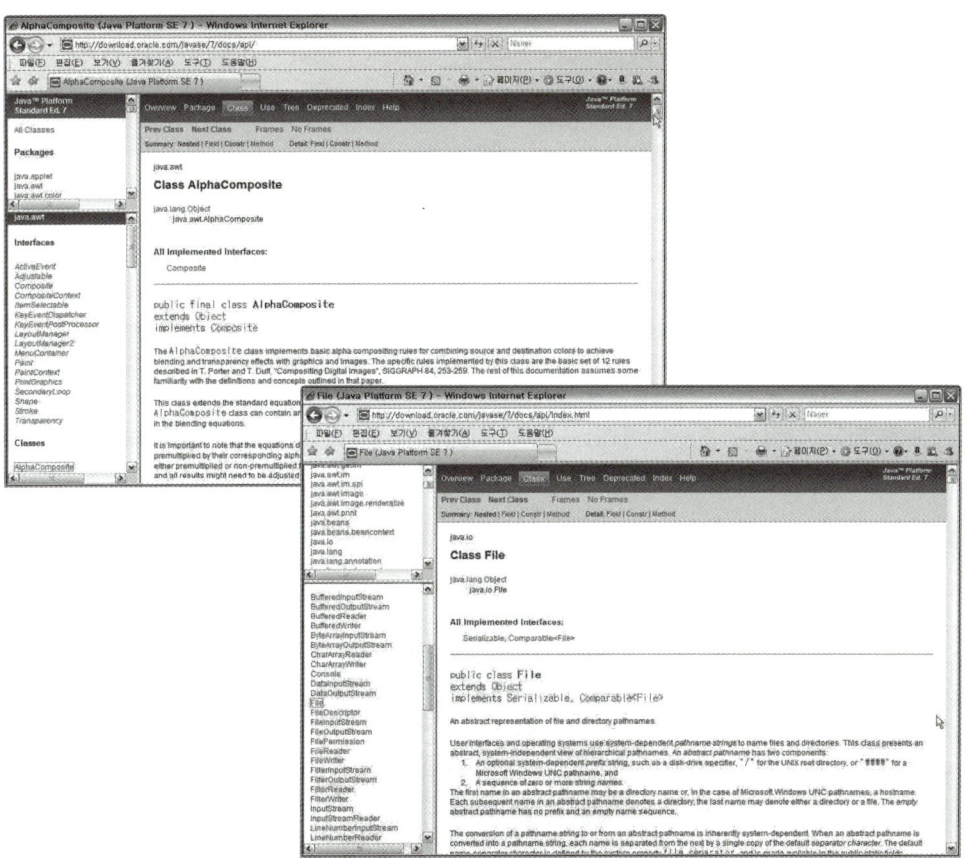

1.8 Eclipse의 설치와 사용법

Eclipse는 자바 개발자를 위한 통합개발환경(IDE; Integrated Development Environment)이다. 규모가 큰 자바 프로젝트를 효율적으로 수행하기 위해 제공되는 툴인데, 특히 최근에 안드로이드 프로그래밍에 필수적으로 사용되므로 이클립스에 대해 간단히 알아본다. 하지만 필자의 견해로는 이클립스보다 메모장을 이용해서 프로그램 코드를 일일이 입력하는 게 학습 효율에 좋다. 이 책의 예제 소스 코드는 피씨북 출판사 홈페이지(www.pisibook.co.kr)의 자료실에서 다운 받을 수 있다. 하지만 가능한 소스 코드는 직접 입력해보자. 이클립스 역시 자바의 기본을 알고 나서 나중에 해도 늦지 않는다. 이클립스가 뭔지 감만 잡아보자.

이클립스 다운로드하기

❶ 이클립스를 다운로드하기 위해 "http://www.eclipse.org/downloads/"에 접속한다.

❷ 다운로드 메뉴 중에 "Eclipse IDE for Java Developers"에서 "Windows 32 Bit"를 클릭한다.

❸ 다음과 같이 mirror selection을 클릭한다.

❹ [파일 다운로드] 창이 나오면 파일 저장 위치를 설정하고 [저장] 버튼을 클릭해서 zip 파일을 다운로드 받는다.

❺ zip 파일의 압축을 풀고 [eclipse] 폴더에 있는 다음의 "eclipse" 아이콘을 더블클릭하면 초기 화면이 표시되면서 이클립스가 실행된다.

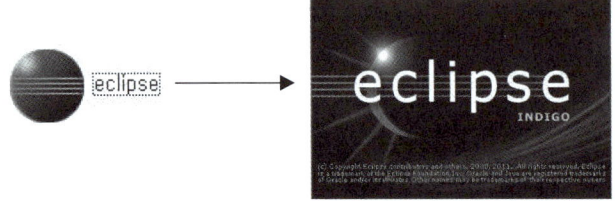

이클립스에서 자바 프로그램 작성하기

❶ eclipse eclipse 아이콘을 더블클릭해서 이클립스를 실행한다.

❷ 초기 화면이 표시된 후 Workspace Launcher 창에서 다시는 이 창이 표시되지 않도록 "Use this as the default and do not ask again"에 체크하고 [OK] 버튼을 클릭한다. 만일 Workspace를 변경하려면 [Browse...] 버튼을 클릭하고 위치를 지정한다.

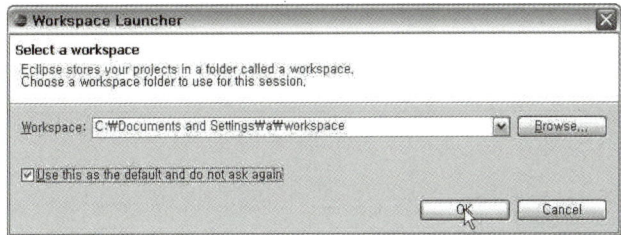

❸ 새로운 프로젝트를 만들기 위해 다음과 같이 메뉴에서 "File > New > Java Project"를 클릭한다.

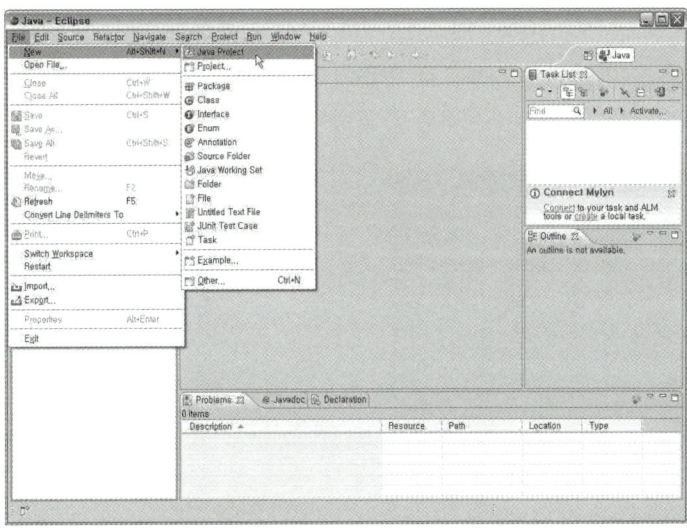

❹ New Java Project 창이 나오면 [Project name]에 "HelloWorldApp"를 입력하고 "Use an execution environment JRE"에서 "Java SE-1.7"을 선택하고 [Finish] 버튼을 클릭한다.

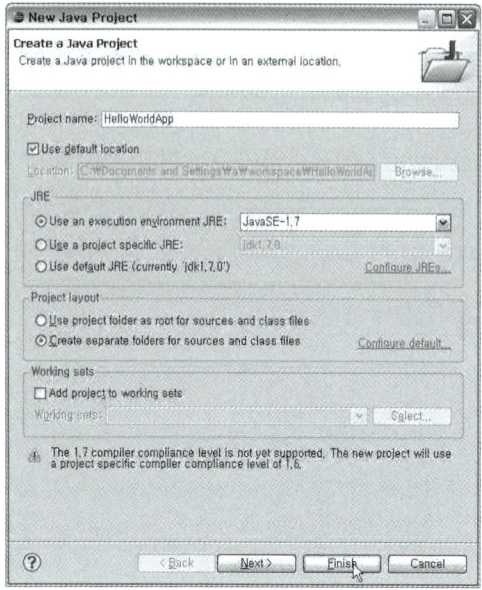

❺ 툴바에서 "New Java Class"를 클릭한다.

❻ New Java Class 창에서 [Name]에 "HelloWorldApp"를 입력하고, "public static void main (String[ ] args)" 메소드를 자동으로 만들기 위해 "Which method stubs would like to create"에 체크한다. [Finish] 버튼을 클릭한다.

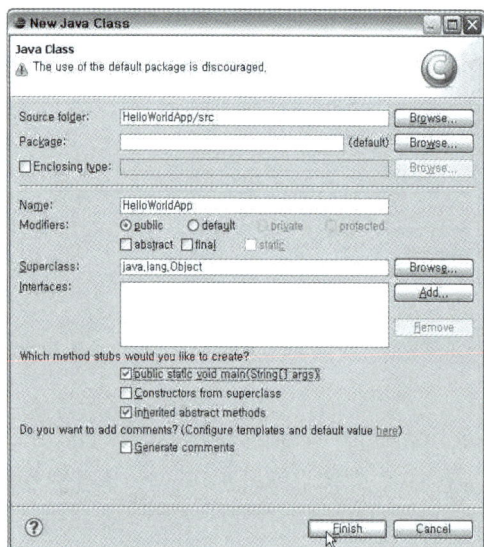

❼ HelloWorldApp.java 에디터 창이 열리면 main()에 다음과 같이 입력한다.

   System.out.println("Hello World!");

❽ 이제 Ctrl + S 키를 누르면 저장이 되고 자동으로 컴파일된다.

❾ 툴바에서 [run]을 클릭한다.

❿ 콘솔 창에 "Hello World!"라는 실행 결과가 표시된다.

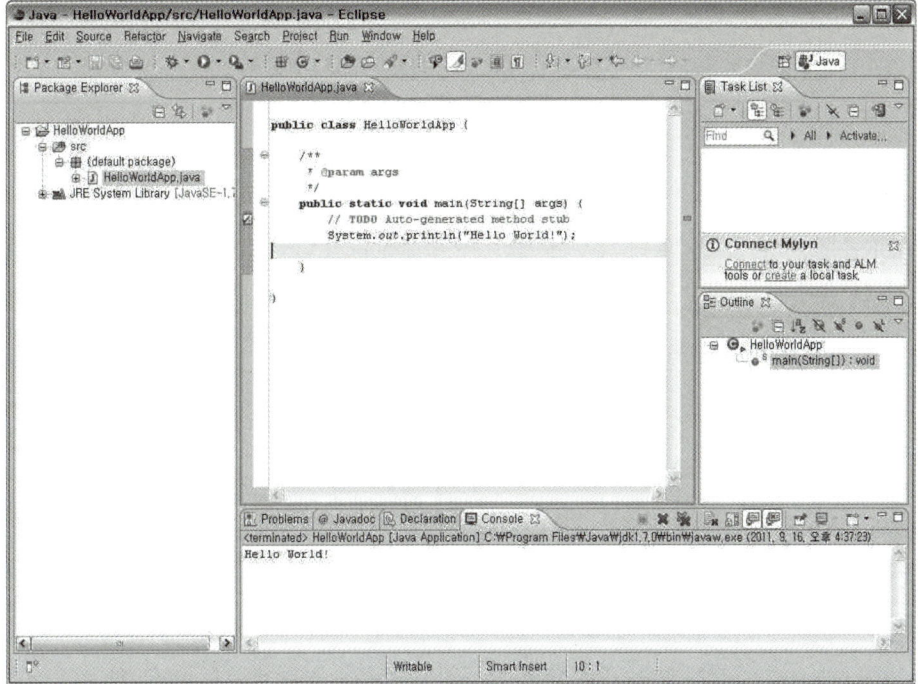

이 장의 요점

- 자바는 썬 마이크로시스템 사에서 개발하였으며 컴퓨터, 가전 장치와 같이 서로 다른 장치에서도 사용할 수 있으면서 네트워크를 기반으로 하는 언어를 목표로 만들어졌다.

- 자바는 객체지향 프로그래밍(OOP ; Object Oriented Programming) 언어이다. 자바는 숫자나 논리 값을 제외한 거의 모든 것이 객체(object)로 구성되어 있으며 객체 지향 언어의 특징인 상속, 캡슐화, 다형성 등이 잘 적용되어 있다.

- 자바 언어의 가장 큰 특징은 자바로 작성한 프로그램은 어느 플랫폼에서도 실행된다는 것이다. 윈도우, 유닉스, 매킨토시 등 모든 플랫폼에서 실행된다.

- 자바 애플리케이션을 개발하기 위해서는 자바 개발 도구를 설치해야 한다. JDK라고 하며, "Java software Development Kit"의 약자이다.

- JDK를 설치하면 그 컴퓨터 내부에 자바 가상 기계(Java Virtual Machine ; JVM)가 설치된다. 이 JVM이 서로 다른 컴퓨터에서도 자바 프로그램이 동일하게 실행될 수 있도록 해준다.

- 내가 작성한 자바 프로그램을 소스 프로그램이라고 한다. 이 소스 프로그램을 컴파일해서 중간 코드인 바이트 코드(bytecode)를 만들며 이 작업은 컴파일러(compiler)가 한다.

- JVM은 컴파일러가 만든 바이트 코드를 가져와 JVM이 설치된 컴퓨터에 알맞은 기계어로 인터프리트해서 실행을 시킨다. JVM에 포함되어 있는 이 해석기를 인터프리터(interpreter)라고 한다.

- 소스 파일은 .java 확장자를 붙여 저장한다. 컴파일 명령어는 javac이며 "파일이름.java"를 뒤에 기술한다. 컴파일이 되고 나면 .class 확장자가 붙은 바이트 코드 파일이 생성된다. 실행 명령어는 java이며 뒤에 그냥 "파일이름"만 기술한다.

- appletviewer는 Applet 뷰어이다. HTML 문서에 삽입되어 있는 애플릿을 실행시킨다.

- javadoc은 자동 문서 생성기이다. 애플리케이션 소스 코드에 있는 주석(/** */)들을 바탕으로 Java API 문서와 같은 동일한 형식의 문서를 만들어준다. 애플리케이션 내의 클래스(API)를 공유하기 위한 문서 작성에 사용한다.

- jar은 압축(패키징) 프로그램이다. 클래스 파일과 애플리케이션에 관련된 기타 파일들을 하나의 파일로 압축해서 패키징할 때 사용한다.

Chapter 02

자바 프로그램의 기본 요소와 데이터 형

자바는 객체지향 프로그래밍 언어이기 때문에 객체와 객체를 만드는 틀인 class에 대한 이해가 매우 중요하다. 하지만 이 장에서는 객체지향 프로그래밍을 학습하기 전에 자바 프로그램을 구성하는 기본적인 요소들과 규칙, 변수와 상수의 종류 그리고 그들의 데이터의 형과 형 변환에 대해 살펴본다. 모든 프로그래밍 언어를 배울 때 항상 알아야 하는 기본적인 내용들이다.

2.1 자바 프로그램의 기본 구성

다음 프로그램은 단순히 3줄의 문장을 출력한다. 이 프로그램을 통해 자바 프로그램의 기본 구조와 주석과 들여쓰기(만입)를 살펴본다. 제일 앞의 라인 번호는 입력하지 않는다. 그건 필자가 설명의 편의를 위해 붙여 놓은 것이다.

소스코드
FirstApp.java

```
01 /* 첫 번째 자바 프로그램.
02    자바 프로그램의 기본 구조를 보자.
03    주석과 들여쓰기도 알아야 한다.
04 */
05
06 class FirstApp {
07     // 프로그램의 시작점이다.
08     public static void main( String[] args ) {
09         /* 표준출력장치에 결과를 출력한다. */
10         System.out.println( "첫 번째 자바 프로그램이다." );
11         System.out.println( "주석을 사용했다." );
12         System.out.println( "만입도 사용했다." );
13     }
14 }
```

> 여러 줄로 기술된 주석이다. 주석은 프로그래머를 위한 참고 사항이다.

> 3개의 문장을 화면에(콘솔)에 출력하는 출력문들이다.

> 실행결과

첫 번째 자바 프로그램이다.
주석을 사용했다.
만입도 사용했다.

> 소스해설

소스라인 01-04 : 주석문이다. /* ... */ 형식의 주석은 여러 줄에 걸쳐 주석을 기술할 수 있다. 이런 주석은 프로그램의 실행과는 전혀 관련이 없다. 단지 우리가 프로그램을 이해하기 위해 기술한 것일 뿐이다. 따라서 없어도 된다. 하지만 기술할 때는 규칙에 따라야 한다.

소스라인 05 : 빈 줄(라인)이 삽입되었다. 코드를 읽기 편하게 빈 줄을 삽입해도 된다.

소스라인 06 : class 뒤의 "FirstApp"이 이 프로그램의 이름이다. { 로 클래스를 시작한다.

소스라인 07 : 또 다른 형식의 주석문이다. // 형식은 주석을 1줄로만 기술할 수 있다.

소스라인 08 : 프로그램의 실행 시작점으로 항상 이런 형식으로 기술한다. { 로 명령문 블록을 시작한다.

소스라인 09 : 주석문이다. /* ... */ 형식은 1줄의 주석을 기술할 때도 사용할 수 있다.

소스라인 10-12 : 표준출력장치(모니터, 콘솔)에 출력하는 출력문이다. 각 명령문은 ;(세미콜론) 문자로 끝난다. 3개의 문장을 출력하고 있다.

소스라인 13 : 소스라인 08에서 시작되는 명령문 블록을 닫는다.

소스라인 14 : 소스라인 06에서 시작되는 클래스를 닫는다.

자바 프로그램의 기본 구조

FirstApp 프로그램에서 보듯이 자바 프로그램의 기본 구조는 다음과 같다. 이거 진짜 잘 기억해두자.

```
class 작성자가 정의하는 클래스 이름 {
    public static void main( String[] args ) {
            프로그램 명령문 1;
            프로그램 명령문 2;
                ...
            프로그램 명령문 n;
    }
}
```

❶ class 뒤에 프로그램(클래스) 이름을 기술한다.
❷ 자바 프로그램은 class로 구성되며 class는 {로 시작해서 }로 끝난다.
❸ 자바 프로그램의 실행 시작점은 main() 메소드이며 "public static void main(String[ ] args)"와 같이 기술한다. 중요!
❹ 여러 개의 명령문을 블록으로 묶을 때 {, }를 사용한다.
❺ 각 자바 명령문은 ;(세미콜론)으로 끝난다.

주석의 사용

❶ 주석은 프로그램에 대한 설명을 기술한다.
❷ 주석은 프로그램의 컴파일과 실행에 영향을 미치지 않는 참고 사항이다.
❸ /* ... */ 형식은 1줄이나 여러 줄에 걸쳐 참고 사항을 기술할 수 있다.
❹ // 형식은 1줄로만 참고 사항을 기술할 수 있다.

들여쓰기의 사용

❶ 들여쓰기(indentation)는 소스 코드 들여쓰기를 의미한다.
❷ 명령문들 간의 종속 관계를 보기 좋게 표시하기 위해 들여쓰기를 한다.
❸ 들여쓰기에 특별한 규칙은 없으나 4칸 들여쓰기를 권장한다.
❹ 들여쓰기로 인한 공백이나 명령문 사이의 공백을 공백 문자(white space)라고 한다.

2.2 변수와 상수의 개요

프로그램에서는 변수(Variable)와 상수(Constant)를 사용한다. **변수는 값이 저장되는 기억장소에 부여하는 이름이며, 상수는 숫자나 문자와 같은 실제 값을 의미한다.** 여기서는 이런 변수와 상수에 대해 알아본다. 다음 프로그램을 통해 변수와 상수의 사용을 간단히 살펴본다.

소스코드
VariableTest.java

```
01 class VariableTest {
02     public static void main( String[] args ) {
03         String city = "Seoul";                          // 2개의 변수에 값을 할당한다.
04         int rank = 1;
05
06         System.out.println( "city = " + city );         // 2개의 변수의 값을 출력한다.
07         System.out.println( "rank = " + rank );
08
09         city = "Tokyo";                                 // 2개의 변수에 새로운 값을
10         rank = 11;                                      //   할당한다.
11
12         System.out.println( "city = " + city );         // 2개의 변수의 새로운 값을
13         System.out.println( "rank = " + rank );         //   출력한다.
14     }
15 }
```

실행결과

```
city = Seoul
rank = 1
city = Tokyo
rank = 11
```

소스해설

소스라인 03 : 변수 city에 문자열 "Seoul"을 할당한다(기억시킨다). 변수 city는 String 타입으로 선언되었기 때문에 문자열(여러 개의 문자)을 기억할 수 있다.

소스라인 04 : 변수 rank에 정수 1을 할당한다. 변수 rank는 int(integer) 타입으로 선언되었기 때문에 정수를 기억할 수 있다.

소스라인 06-07 : 문자열 "city = "와 변수 city의 값을 출력하고, 다음 라인에 문자열 "rank = "와 변수 rank의 값을 출력한다.

> **참고** 문자열 연결에 사용된 덧셈 연산자
>
> 덧셈 연산자(+)는 피연산자 중 하나가 문자열이면 나머지 피연산자를 모두 문자열로 변환해서 출력한다. 따라서 여기서 사용된 "+" 연산자는 문자열을 연결하는 역할을 하며, 출력된 변수 city의 값 1도 내부적으로는 정수가 아닌 "1"이라는 문자열로 출력된 것이다.

소스라인 09 : 변수 city에 문자열 "Tokyo"를 할당한다. 이제 변수 city의 값은 "Tokyo"로 바뀐다.

소스라인 10 : 변수 rank에 정수 11을 할당한다. 이제 변수 rank의 값은 11로 바뀌게 된다.

소스라인 12-13 : 문자열 "city = "와 변수 city의 값을 출력하고, 다음 라인에 문자열 "rank = "와 변수 rank의 값을 출력한다.

변수의 특징

❶ 위 프로그램에서 보듯이 모든 변수는 반드시 int, String과 같은 타입(Type)을 선언해야 하며, 선언된 변수의 타입과 할당되는 실제 상수 값의 타입이 일치하는 것을 원칙으로 한다.

❷ 변수에는 언제든지 새로운 값을 할당할 수 있으며, 마지막으로 할당된 값이 최종적으로 기억된다.

2.3 변수와 상수의 사용

프로그램은 명령문(Instruction)과 데이터(Data)의 집합체라고 할 수 있다. 아직 안 배웠지만 자바에서 핵심적인 역할을 하는 객체(Object)도 실제로는 명령문과 데이터를 사용하는 진보된 방법일 뿐이다. 데이터는 변수와 상수로 구성되며, 명령문은 이 변수와 상수를 이용해서 다양한 연산(작업)을 한다. 여기서는 자바에서 변수와 상수를 사용하는 규칙에 대해 알아본다.

이름의 명명 규칙

자바에서 사용하는 이름은 다양하다. 지금까지 보아온 변수와 클래스의 이름이외도 앞으로 배울 패키지, 인터페이스, 메소드 등도 모두 이름을 가지며, 이 이름에는 다음과 같은 명명 규칙이 있다. 우리도 가문에 따라 돌림자를 쓰는 등의 규칙이 있듯이…

❶ 대소문자를 구분한다.
   (예) HelloWorld와 helloWorld는 다른 이름이다.

❷ 첫 글자가 숫자이어서는 안 된다.
   (예) 8eight은 허용되지 않으나 eight8은 허용된다.

❸ 특수문자는 "_"와 "$"만 사용할 수 있다.
   %percent는 허용되지 않으나, $dollar는 허용된다.

❹ 예약어는 사용할 수 없다. 자바가 사용하는 다음과 같은 예약어는 이름으로 사용할 수 없다. 자바에게 특별한 의미를 가지는 약속된 용어들이 있어 그 용어들은 피해야 한다.

abstract	do	if	package	synchronized
boolean	double	implements	private	this
break	else	import	protected	throw
byte	enum	instanceof	public	throws
case	extends	int	return	transient
catch	false	interface	short	true
char	final	long	static	try
class	finally	native	strictfp	void
continue	float	new	super	volatile
default	for	null	switch	while

이런 문법적인 규칙이외도 반드시 지켜야 하는 것은 아니지만, 자바에서 권장하는 이름 명명 규칙으로 다음과 같은 것이 있다. 이런 것을 지키는 게 좋다. 프로그램은 나 혼자만 보는 게 아니기 때문에 남들이 하자는 대로 따라하는 게 상책이다.

① 클래스 이름의 첫 글자는 대문자로 표기한다. 그러나 클래스 이름의 첫 문자를 소문자로 기술해도 에러는 발생하지 않는다.
  (예) class Hello

② 클래스 이름이 2개 이상의 단어로 이루어질 때는 각 단어의 첫 글자를 대문자로 기술한다.
  (예) class VariableTest

③ 변수 이름의 첫 글자는 소문자로 표기한다.
  변수 이름은 한글을 사용할 수도 있고 _, $ 등의 문자로 시작해도 되나 좋은 방법은 아니다.

④ 변수 이름이 2개 이상의 단어로 조합될 때는 두 번째 단어부터는 첫 글자를 대문자로 표기한다.
  (예) int result = oldValue + newValue;

변수에 지정하는 기본 데이터 타입 (Primitive data type)

변수에 지정하는 데이터 타입은 다음과 같이 크게 2가지 데이터 타입이 있다.

① 기본 데이터 타입(Primitive data type) : 정수, 실수, 문자, 논리 값 등의 실제 값을 기억하며 다음과 같은 타입 지정자를 사용한다.
  boolean, char, byte, short, int, long, float, double

② 참조 데이터 타입(Reference data type) : 객체의 주소를 기억하며 다음과 같은 타입 지정자를 사용한다.
  String, class

참조 데이터 타입의 의미는 아직 어렵다. 나중에 자세히 설명한다. 여기서는 다음과 같은 기본 데이터 타입을 알아본다. 자바의 기본 데이터 타입은 크게 4가지로 구분되며, 타입 지정자를 기준으로는 8가지로 구분된다. 일단 타입 지정자만 잘 기억해두자.

데이터 타입	타입 지정자	사용 값의 예	비트 수	초기 값	값의 범위
논리형 (logical)	boolean	true, false	8	false	true, false
문자형 (textual)	char	'a', 'b', 'c'	16	null	$0 \sim 2^{16}-1$
정수형 (integral)	byte	100, 200(10진수)	8	0	$-2^7 \sim 2^7-1$
	short	0x0E, 0x7A(16진수)	16	0	$-2^{15} \sim 2^{15}-1$
	int (기본형)	020, 077(8진수)	32	0	$-2^{31} \sim 2^{31}-1$
	long	100L, 100l	64	0	$-2^{63} \sim 2^{63}-1$
실수형 (floating)	float	23.56F, 23.56f	32	0.0	1.4E-45~3.4028235E38
	double (기본형)	23.56	64	0.0	4.9E-324~1.79769313 48623157E308

변수 타입의 선언 형식

변수는 실제 수식에 사용하기 전에 미리 선언을 해두어야 한다. 선언을 할 때는 변수의 타입과 초기 값을 지정하며, 변수 선언 형식은 다음과 같이 2가지 형식이 가능하다. 어느 형식이 표준인 것은 없다. 상황에 따라 선택해서 사용해도 된다.

❶ 첫 번째 형식 : 다음과 같이 타입 선언과 초기 값 할당을 분리해서 기술한다.

    int x;
    int y;
    (또는)
    int x, y;
    x = 10;
    y = 20;

❷ 두 번째 형식 : 다음과 같이 타입 선언과 초기 값 할당을 한 라인에 기술한다.

    int x = 10;
    int y = 20;
    (또는)
    int x = 10, y = 20;

정수형

정수형 타입은 byte, short, int(정수 기본형), long이 있다. 정수형 변수와 상수의 사용법을 보여주는 다음의 IntegralTest.java 프로그램을 보자.

소스코드
IntegralTest.java

```
01 class IntegralTest {
02      public static void main( String[ ] args ) {
03
04          byte byteNum = 10;                          1 바이트의 정수형 변수에
05          byte byteMaxNum = 127;                      값을 할당한다.
06
07          short shortNum = 128;                       2 바이트의 정수형 변수에
08          short shortMaxNum = 32767;                  값을 할당한다.
09
10          int intNum = 32768;
11          int intMaxNum = 2147483647;                 4 바이트의 정수형 변수에
12          int intOctNum = 010;                        값을 할당한다.
13          int intHexNum = 0x10;
14
15          long longNum = 2147483648L;                 8 바이트의 정수형 변수에
16          long longMaxNum = 9223372036854775807L;     값을 할당한다.
17
18          System.out.println( "byteNum = " + byteNum );
19          System.out.println( "byteMaxNum = " + byteMaxNum + "\n" );
20
21          System.out.println( "shortNum = " + shortNum );
22          System.out.println( "shortMaxNum = " + shortMaxNum + "\n" );
23
24          System.out.println( "intNum = " + intNum );
25          System.out.println( "intMaxNum = " + intMaxNum + "\n" );
26
27          System.out.println( "intOctNum = " + intOctNum + "\n" );
28          System.out.println( "intHexNum = " + intHexNum + "\n" );
29
30          System.out.println( "longNum = " + longNum );
31          System.out.println( "longMaxNum = " + longMaxNum );
32
```

```
33     }
34  }
```

실행결과

```
byteNum = 10
byteMaxNum = 127

shortNum = 128
shortMaxNum = 32767

intNum = 32768
intMaxNum = 2147483647

intOctNum = 8
intHexNum = 16

longNum = 2147483648
longMaxNum = 9223372036854775807
```

소스해설

소스라인 04-05 : 1 바이트 byte 형의 변수를 선언하고 정수 값을 할당한다.

소스라인 07-08 : 2 바이트 short 형의 변수를 선언하고 정수 값을 할당한다.

소스라인 10-11 : 4 바이트 int 형의 변수를 선언하고 정수 값을 할당한다.

소스라인 12-13 : 4 바이트 int 형에 8진수 10(10진수로 8), 16진수 10(10진수로 16)을 할당한다. 8진수와 16진수를 기술할 때 제일 앞의 0은 숫자 0이다. 헷갈리지 말자.

소스라인 15-16 : 8 바이트 long 형의 변수를 선언하고 정수 값을 할당한다. long 형의 변수에 값을 할당할 때는 정수 값 뒤에 L이나 l을 붙여 int 형보다 더 큰 값을 할당할 수 있다.

소스라인 18-31 : 문자열과 변수 값을 출력한다. "/n"은 빈 라인을 삽입하는 특수문자이다.

이런 내용 일일이 기억하려고 하지 말자. 진도를 나가다 보면 슬그머니 익혀진다. 일단 그냥 구경하듯이 프로그래밍을 따라해 보자.

실수형

실수형은 float와 double(실수 기본형)이 있다. 실수형 변수와 상수를 사용하는 다음의 Floating Test.java를 보자.

소스코드

FloatingTest.java

```
01  class FloatingTest {
02      public static void main( String[ ] args ) {
03
04          float floatVal = 3.14F;
05          double doubleVal = 3.14;
06
07          float floatVal1 = 0.12345678998765f;
08          double doubleVal1 = 0.12345678998765;
09
10          float floatVal2 = 0.123e2f;
11          double doubleVal2 = 0.123e2;
12
13          System.out.println( "floatVal = " + floatVal );
14          System.out.println( "doubleVal = " + doubleVal + "\n" );
15
16          System.out.println( "floatVal1 = " + floatVal1 );
17          System.out.println( "doubleVal1 = " + doubleVal1 + "\n" );
18
19          System.out.println( "floatVal2 = " + floatVal2 );
20          System.out.println( "doubleVal2 = " + doubleVal2 + "\n" );
21      }
22  }
```

> float 형과 Double 형 변수에 값을 할당한다.
> float 형에 할당하는 상수는 반드시 뒤에 "F"나 "f"를 붙인다.

실행결과

```
floatVal = 3.14
doubleVal = 3.14

floatVal1 = 0.12345679
doubleVal1 = 0.12345678998765

floatVal2 = 12.3
doubleVal2 = 12.3
```

소스해설

소스라인 04 : float 형 변수를 선언하고 실수 값을 할당한다. **반드시 F나 f를 붙여야 한다.**

소스라인 05 : double 형 변수를 선언하고 실수 값을 할당한다. double 형의 경우는 값 뒤에 D나 d를 붙일 수 있으나 double 형이 기본형이기 때문에 생략할 수 있다.

소스라인 07 : float 형 변수가 기억할 수 있는 정밀도를 넘기 때문에 소수 이하 9자리에서 반올림되어 소수 이하 8자리까지만 출력된다.

소스라인 08 : double 형 변수는 float 형보다 정밀도가 2배가 되기 때문에 값이 그대로 출력된다.

소스라인 10-11 : float 형과 double 형에는 지수 형식으로 값을 할당할 수 있다. 0.123e2는 $0.123*10^2$을 의미한다.

문자형

문자형 변수는 char로 선언하며 내부적으로 2 바이트가 할당된다.. **문자형 데이터는 한 개의 문자를 의미하며 단일 따옴표 (' ') 내에 기술한다.** (여러 개의 문자는 문자열이라고 하며 이중 따옴표 내에 기술한다. 조심하자.) 자바는 세계 각국의 언어를 표현하기 위해 제안된 표준 코드인 유니코드(Unicode ; 2 바이트)를 사용해서 문자를 표현한다. 따라서 문자를 사용할 때는 유니코드 값을 이용할 수도 있다. 다음의 CharTest.java를 보자.

소스코드
CharTest.java

```
01 class CharTest {
02     public static void main( String[] args ) {
03
04         char charVal = 'A';
05         char charVal1 = '\u0041';
06
07         char newLineVal = '\n';
08         char tabVal = '\t';
09         char quoteVal = '\'';
10
11         System.out.println( "charVal = " + charVal );
12         System.out.println( "charVal1 = " + charVal1 );
13
```

- char 형 변수에 문자와 유니코드로 값을 할당한다.
- char 형 변수에 특수문자를 할당한다.

```
14      System.out.println( newLineVal );
15      System.out.println("공백 라인이 삽입되었다. 여기부터" + tabVal + "탭크기만큼 공간이
                        생긴다." );
16      System.out.println( quoteVal + "Double Quote가 문자와 함께 출력된다."
                        + quoteVal );
17    }
18 }
```

> 특수문자의 효과가 화면에 나타난다.

실행결과

charVal = A
charVal1 = A

> newLineVal 때문에 빈 줄이 표시된다.

공백 라인이 삽입되었다. 여기부터   탭크기만큼 공간이 생긴다.
"Double Quote가 문자와 함께 출력된다."

> tabVal 때문에 공백이 있다.
> quoteVal 때문에 겹따옴표가 표시된다.

소스해설

소스라인 04 : char형 변수를 선언하고 1개의 문자를 할당한다.

소스라인 05 : 특수문자를 이용해서 문자 'A'의 유니코드 값을 할당한다.

소스라인 07-09 : 각기 새 라인, 탭, 겹 따옴표를 의미하는 특수문자를 할당한다.

소스라인 11 : charVal 변수에 할당된 'A' 문자를 출력한다.

소스라인 12 : charVal1 변수에 할당된 유니코드에 의해 해당 문자 'A'가 출력된다.

소스라인 14 : 새 라인 특수문자인 \n이 출력되어 출력에 빈 라인이 삽입된다.

소스라인 15 : 탭 특수문자인 \t가 출력되어 "여기부터" 뒤에 탭 크기만큼 빈 칸이 삽입된다.

소스라인 16 : 겹 따옴표 특수문자인 \"가 출력되어 문장 앞뒤에 겹 따옴표가 표시된다.

프로그램에서 사용할 수 있는 특수문자 상수는 다음과 같은 것들이 있다. 봐두자.

특수문자 상수	기 능	특수문자 상수	기 능	특수문자 상수	기 능
\b	백스페이스	\r	캐리지 리턴	\"	겹 따옴표
\f	폼 피드	\t	탭	\'	홑 따옴표
\n	새 라인	\u	유니코드	\\	역슬래시

논리형

논리형 변수는 boolean으로 선언하며, true나 false 값을 기억한다. 제일 간단하다. 다음의 BooleanTes.java를 보자

소스코드
BooleanlTest.java

```
01 class BooleanTest {
02     public static void main( String[] args ) {
03
04         boolean booleanVal1 = true;
05         boolean booleanVal2 = false;
06
07         System.out.println( "booleanVal1 = " + booleanVal1 );
08         System.out.println( "booleanVal2 = " + booleanVal2 );
09
10     }
11 }
```

> boolean 형 변수에 논리 값을 할당한다.

실행결과

```
booleanVal1 = true
booleanVal2 = false
```

소스해설

소스라인 04-08 : boolean 형의 변수에는 이와 같이 true와 false를 값으로 할당할 수 있으며 변수 값을 출력하면 true와 false가 출력된다.

문자열형

한 개의 문자를 할당할 때는 char 형으로 선언한다. 그러나 **여러 개의 문자는 "문자열"이라고 하며 String 형으로 선언한다.** String은 기본 데이터 타입이 아닌 참조형이며, String이라는 객체로 문자열을 처리한다. String 객체에 대해서는 뒤에서 자세히 배운다. 여기서는 학습의 순서 상 String의 개념을 알아 둘 필요가 있어 간단히 살펴본다. 다음의 StringTest.java를 보자.

소스코드
StringTest.java

```
01  class StringTest {
02      public static void main( String[ ] args ) {
03
04          String stringVal1 = "T";
05          String stringVal2 = "컴퓨터";
06          String stringVal3 = "1.23";
07          String stringVal4 = "JAVA PROGRAMMING";
08
09          System.out.println( "stringVal1 = " + stringVal1 );
10          System.out.println( "stringVal2 = " + stringVal2 );
11          System.out.println( "stringVal3 = " + stringVal3 );
12          System.out.println( "stringVal4 = " + stringVal4 );
13      }
14  }
```

> String 형 변수에 문자열을 할당한다.
> 한 개의 문자라도 겹따옴표 내에 기술되면 문자열이다.
> 숫자도 겹따옴표 내에 기술되면 문자열이다.

실행결과

stringVal1 = T
stringVal2 = 컴퓨터
stringVal3 = 1.23
stringVal4 = JAVA PROGRAMMING

소스해설

소스라인 04-07 : String 형 변수에 문자열을 할당한다. 문자열은 이중 따옴표 내에 기술한다. 1개의 문자도 이중 따옴표 내에 기술되면 문자열로 취급되며, 한글도 할당할 수 있다. "1.23"은 이중 따옴표 내에 기술되었기 때문에 숫자가 아니라 문자열이다.

형 변환

앞서 배운 바에 의하면 모든 변수에는 형을 지정하고 각기 해당 변수의 형에 맞는 상수 값을 할당했다. 그러나 이런 형 지정의 규칙을 벗어나 값을 할당하면 "형 변환(Casting)"이 발생한다.

이 형 변환은 자동으로 이루어지는 "**묵시적 형 변환(Implicit Data Type Conversion)**"과 변환될 형을 직접 지정하는 "**명시적 형 변환(Explicit Data Type Conversion)**"이 있다. 묵시적 형 변환은 피하는 것이 좋으며, 다음과 같이 작은 크기(byte 수)의 값이 자동으로 큰 크기의 값으로 형이 자동 변환된다.

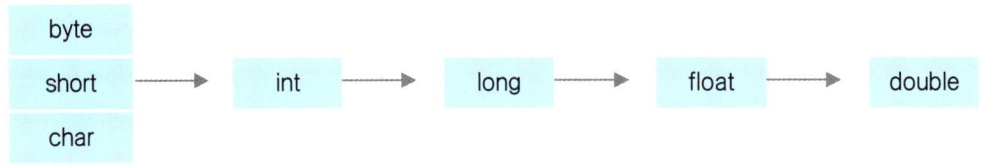

먼저 묵시적 형 변환을 보여주는 다음의 Implicit.java를 보자.

소스코드
Implicit.java

```
01 class Implicit {
02     public static void main( String[] args ) {
03
04         char charVal = 'x';
05         System.out.println( "charVal = " + charVal );
06
07         int intValOfChar = charVal;      // char 형 변수값을 int 형 변수에 할당한다. 묵시적 형변환이다.
08         System.out.println( "intValOfChar = " + intValOfChar + "\n" );
09
10         int intVal = 100;
11         System.out.println( "intVal = " + intVal );
12
13         float floatVal = intVal;          // int 형 변수값을 float 형 변수에 할당한다. 묵시적 형변환이다.
14         System.out.println( "floatVal = " + floatVal + "\n" );
15
16         double doubleVal1 = floatVal;     // float 형 변수값과 int 형 변수값을 double 형 변수에
17         double doubleVal2 = intVal;       // 할당한다. 묵시적 형변환이다.
18
19         System.out.println( "doubleVal1 = " + doubleVal1 );
20         System.out.println( "doubleVal2 = " + doubleVal2 );
21     }
22 }
```

실행결과

```
charVal = x
intValOfChar = 120
intVal = 100
floatVal = 100.0

doubleVal1 = 100.0
doubleVal2 = 100.0
```

소스해설

소스라인 04-05 : char 형 변수 charVal에 문자 x를 할당하고 출력한다.

소스라인 07-08 : int 형 변수 intValOfChar에 문자 x를 할당하고 출력한다. 문자 x의 코드 값인 정수 120이 출력된다. char 형에서 int 형으로 묵시적 형 변환이 발생했다.

소스라인 10-11 : int 형 변수인 intVal에 정수 값 100을 할당하고 출력한다.

소스라인 13-14 : 정수 값 100을 float 형 변수인 floatVal에 할당하고 출력한다. 정수 값 100이 실수 값 100.0으로 출력된다. int 형에서 float 형으로 묵시적 형 변환이 발생했다.

소스라인 16-17 : float 형과 int 형의 값을 각기 double 형 변수에 할당하고 출력한다. 둘 다 double 형으로 출력된다. float 형과 int 형에서 double 형으로 형 변환이 발생했다.

위의 코드는 **바이트(byte) 수가 작은 형을 바이트 수가 큰 형에 할당했기 때문에 묵시적 형 변환이 자동으로 발생했다.** 이 원칙을 벗어나 작은 크기의 형에 큰 크기의 형의 값을 할당하면 에러가 발생한다. 그러나 명시적 형 변환을 사용하면 이런 문제가 해결된다. **명시적 형 변환을 하기 위해서는 형 변환 연산자(Cast Operator)를 사용한다.**

명시적 형 변환의 예를 보여주는 다음의 Explicit.java를 보자.

소스코드
Explicit.java

```
01 class Explicit {
02     public static void main( String[] args ) {
03
04         int intVal = 97;
05
```

```
06        char charVal = ( char )intVal;
07        System.out.println( "charVal = " + charVal );
08
09        float floatVal = 5.70F;
10
11        int intVal2 = ( int )floatVal;
12        System.out.println( "intVal2 = " + intVal2 );
13
14        double doubleVal = 12.07895;
15
16        float floatVal2 = ( float )doubleVal;
17        System.out.println( "floatVal3 = " + floatVal2 );
18
19    }
20 }
```

- 06: int 형을 char 형으로 명시적 형변환을 한다.
- 11: float 형을 int 형으로 명시적 형변환을 한다.
- 16: double 형을 float 형으로 명시적 형변환을 한다.

실행결과

```
charVal = a
intVal2 = 5
floatVal3 = 12.07895
```

소스해설

소스라인 06 : int 형의 값을 (char) 연산자로 char 형으로 변환을 해서 char 형 변수에 할당했다.

소스라인 11 : float 형의 값을 (int) 연산자로 int 형으로 변환해서 int 형 변수에 할당했다. 이 경우 실수가 정수로 변환되면서 반올림되지 않고 소수점 이하는 무조건 버려진다.

소스라인 16 : double 형의 값을 (float) 연산자로 float 형으로 변환해서 float 형 변수에 할당했다.

형 변환은 다음과 같은 원칙을 지키면 간단해진다.

❶ 자료의 형이 일치하지 않을 때는 항상 명시적 형 변환으로 형을 일치시킨 후 연산을 한다.
❷ 명시적 형 변환이 아닌 경우는 작은 크기에서 큰 크기로 형 변환이 된다.

계속 학습해보면 명시적 형 변환을 사용하는 일이 종종 있다. 우선 "형 변환"이 있다는 것만 잘 기억해두자.

이 장의 요점

- 자바 프로그램은 class로 구성되며 class는 {로 시작해서 }로 끝난다.

- 자바 프로그램의 실행 시작점은 "public static void main(String[] args)"와 같이 기술한다.

- 모든 자바 명령문은 ; (세미콜론)으로 끝난다.

- /* ... */ 형식의 주석으로 1줄이나 여러 줄에 걸쳐 참고 사항을 기술할 수 있으며, // 형식의 주석은 1줄로만 참고 사항을 기술할 수 있다.

- 자바에서는 클래스, 패키지, 인터페이스, 메소드 등이 모두 이름을 가지며, 이 이름에는 일정한 명명 규칙이 있다.

- 자바의 예약어는 이름으로 사용할 수 없다.

- 모든 변수는 반드시 타입(Type , 형)을 선언해야 하며, 선언된 변수의 타입과 할당되는 상수 값의 타입이 일치하는 것을 원칙으로 한다.

- 자바의 데이터 타입에는 기본 데이터 타입(Primitive data type)과 참조 데이터 타입(Reference data type)이 있다.

- 기본 데이터 타입은 정수, 실수, 문자, 논리 값 등의 실제 값을 기억하며 boolean, char, byte, short, int, long, float, double과 같은 타입 지정자를 사용한다.

- 참조 데이터 타입은 객체의 주소를 기억하며 String, class과 같은 타입 지정자를 사용한다.

- 데이터 타입의 형 지정의 규칙을 벗어나 값을 할당하면 "형 변환(Casting)"이 발생한다.

- 형 변환은 자동으로 이루어지는 "묵시적 형 변환 (Implicit Data Type Conversion)"과 변환될 형을 우리가 직접 지정하는 "명시적 형 변환 (Explicit Data Type Conversion)"이 있다.

- 자료 형이 일치하지 않을 때는 가능한 명시적 형 변환을 사용하는 것이 좋은 방법이고 안전하다.

Chapter 03

연산자의 사용

자바는 할당 연산자, 산술 연산자, 증감 연산자, 관계 연산자, 논리 연산자, 3항 연산자, 비트 연산자, 쉬프트 연산자 등 8가지의 연산자를 제공한다. 다른 언어에서와 마찬가지로 자바에서도 이 8가지의 기본 연산자는 프로그램 작성을 위해 알아두어야 한다. 또한 연산자 간에 정의되어 있는 연산의 우선순위도 잘 알아두어야 한다. 일단 훑어보는 기분으로 시작해보자.

3.1 할당 연산자

할당 연산자(Assignment Operator; "=")는 대입 연산자라고도 하며 가장 기본적인 연산자이다. 할당 연산자는 **연산자의 오른쪽에 기술된 상수나 변수의 값 또는 수식의 계산 결과를 왼쪽의 변수에 할당하는 연산자이다.** 다음의 AssignmentOp.java 프로그램을 보자.

소스코드
AssignmentOp.java

```
01  class AssignmentOp {
02      public static void main( String[] args ) {
03
04          int val1 = 10;              변수 선언과 초기값 할당을 함께 했다.
05
06          int val2;
07          val2 = 20;                  변수를 선언 선언한 후 초기값을 할당했다.
08
09          int res = val1 + val2;
10          System.out.println( "result = " + res );
11                                      덧셈 연산의 결과를
12          res = res + 30;             변수에 할당한다.
13          System.out.println( "result = " + res );
14
15          res = res * 2;              곱셈 연산의 결과를
                                        변수에 할당한다.
```

```
16            System.out.println( "result = " + res );
17      }
18 }
```

실행결과

```
result = 30
result = 60
result = 120
```

소스해설

소스라인 04 : 변수의 초기 값으로 10을 할당한다.

소스라인 06-07 : 변수를 선언하고 나서 20을 변수의 초기 값으로 할당한다.

소스라인 09 : 두 변수의 덧셈 결과를 변수에 할당한다.

소스라인 12 : 변수와 상수의 덧셈 결과를 변수에 할당한다.

소스라인 15 : 변수와 상수의 곱셈 결과를 변수에 할당한다.

3.2 산술 연산자

산술 연산자(Arithmetic Operator)는 사칙 연산자 (+, -, *, /)와 나머지 연산자 (%) 등 5개의 연산자가 있다. 다음의 ArithmeticOp.java 프로그램을 보자.

소스코드

ArithmeticOp.java

```
01 class ArithmeticOp {
02      public static void main( String[] args ) {
03
04          int result;
05
06          int val1 = 10;
07          int val2 = 20;
08
09          result = val1 + val2;
```

```
10          System.out.println( val1 + " + " + val2 + " = " + result );
11
12          result = val1 - val2;
13          System.out.println( val1 + " - " + val2 + " = " + result );
14
15          result = val1 * val2;
16          System.out.println( val1 + " * " + val2 + " = " + result );
17
18          result = val1 / val2;
19          System.out.println( val1 + " / " + val2 + " = " + result );
20
21          result = val1 % val2;
22          System.out.println( val1 + " % " + val2 + " = " + result );
23
24      }
25 }
```

> 사칙 연산과 나머지 연산을 한다.

실행결과

```
10 + 20 = 30
10 - 20 = -10
10 * 20 = 200
10 / 20 = 0
10 % 20 = 10
```

소스해설

소스라인 09-19 : 사칙연산을 하고 그 결과를 출력한다.

소스라인 21-22 : val1 변수의 값을 val2 변수의 값으로 나눈 나머지 값을 구해서 출력한다.

3.3 증감 연산자

증감 연산자(Increment and Decrement Operator)는 "++"와 "——"가 있는데 이들은 각기 변수의 값을 1 증가시키거나 감소시킨다. "++val;" 또는 "val++;"와 같이 변수의 앞이나 뒤에 연산자를 기술한다. 이 연산자를 단독으로 사용할 때는 연산자를 앞에 기술하는 것과 뒤에 기술하는 것이 차이가 없다. 그러나 다른 연산자와 함께 사용될 때는 앞에 기술한 것과 뒤에 기술한 것의 차이가 있어 주의해야 한다. 증감 연산자를 사용한 다음의 IncDecOp.java 프로그램을 보자.

소스코드
IncDecOp.java

```java
01  class IncDecOp {
02      public static void main( String[] args ) {
03          int incVal = 10;
04          int decVal = 10;
05
06          incVal = incVal + 1;
07          System.out.println( "incVal = " + incVal );
08
09          ++incVal;
10          System.out.println( "incVal = " + incVal );
11
12          incVal++;
13          System.out.println( "incVal = " + incVal );
14
15          --decVal;
16          System.out.println( "decVal = " + decVal );
17
18          decVal--;
19          System.out.println( "decVal = " + decVal + "\n" );
20
21          int val1 = 10;
22          int val2 = 10;
23          int val3 = 10;
24          int val4 = 10;
25
26          int addVal1 = val1++;
27          System.out.println( "val1 = " + val1 + " : addVal1 = " + addVal1 );
```

> incVal 변수값을 1 증가시킨다.

> decVal 변수값을 1 감소시킨다.

> val1 값을 addVal1에 할당한 후 val1 값을 1 증가시킨다.

```
28
29          int addVal2 = ++val2;        val2 값을 1 증가시킨 후 addVal2에 할당한다.
30          System.out.println( "val2 = " + val2 + " : addVal2 = " + addVal2 );
31
32          int subVal1 = val3--;        val3 값을 subVal1에 할당한 후 val3 값을 1 감소시킨다.
33          System.out.println( "val3 = " + val3 + " : subVal1 = " + subVal1 );
34
35          int subVal2 = --val4;        val4 값을 1 감소시킨 후 subVal2에 할당한다.
36          System.out.println( "val4 = " + val4 + " : subVal2 = " + subVal2 );
37      }
38  }
```

실행결과

```
incVal = 11
incVal = 12
incVal = 13
decVal = 9
decVal = 8
val1 = 11 : addVal1 = 10
val2 = 11 : addVal2 = 11
val3 = 9 : subVal1 = 10
val4 = 9 : subVal2 = 9
```

소스해설

소스라인 06 : incVal 변수의 값을 1 증가시켜 11이 된다.

소스라인 09 : incVal = IncVal + 1과 동일하다. incVal의 값이 12가 된다.

소스라인 12 : 역시 incVal = IncVal + 1과 동일하다. incVal의 값이 13이 된다.

소스라인 15 : decVal = decVal - 1과 동일하다. decVal의 값이 9가 된다.

소스라인 18 : 역시 decVal = decVal - 1과 동일하다. decVal의 값이 8이 된다.

소스라인 26 : val1의 값을 addVal1에 할당한 후, val1의 값을 1 증가시킨다. val1은 11이 되고, addVal1은 10이 된다.

소스라인 29 : val2의 값을 1 증가시킨 후, val2의 값을 addVal2에 할당한다. val1은 11이 되고, addVal2는 11이 된다.

소스라인 32 : val3의 값을 subVal1에 할당한 후, subVal1의 값을 1 감소시킨다. val3은 9가 되고, subVal1은 10이 된다.

소스라인 35 : val4의 값을 1 감소시킨 후, val4의 값을 subVal2에 할당한다. val4는 9가 되고, subVal2는 9가 된다.

증감 연산자가 다른 연산자 없이 독립적으로 사용되면 전위형(증감 연산자가 변수 앞에 기술된 형식)이나 후위형(증감 연산자가 변수 뒤에 기술된 형)이 차이가 없다. 그러나 **다른 연산자와 함께 사용되면 전위형은 변수의 기존 값을 증감시킨 후 그 증가한 값을 사용해서 연산을 한다. 후위형은 변수의 기존 값을 사용해서 연산을 한 후 그 변수 값을 증감시킨다.** 이런 증감 연산자를 사용하면 연산 속도가 빨라지는 장점이 있으나 그리 큰 차이는 없다.

3.4 관계 연산자

관계 연산자(Relational Operator)는 > (크다), >= (크거나 같다), < (작다), <= (작거나 같다), == (같다), != (같지 않다) 등 6개가 있다. 이 연산자들은 두 개의 값을 비교해서 참일 경우 **true**, 거짓일 경우 **false**를 반환한다. 관계 연산자는 비교 연산자라고도 한다. 연산의 결과인 true나 false는 논리 상수 또는 부울 상수라고 하며 일반 상수처럼 사용한다. 다음의 RelationalOp.java 프로그램을 보자.

소스코드
RelationalOp.java

```
01 class RelationalOp {
02     public static void main( String[] args ) {
03
04         boolean result;
05         int val1 = 10;
06         int val2 = 20;
07
08         result = val1 > val2;
09         System.out.println( "val1 > val2는 " + result );
10
11         result = val1 >= val2;
12         System.out.println( "val1 >= val2는 " + result );
13
```

2개 값을 비교해서 true나 false 값을 변수에 할당한다.

```
13          result = val1 < val2;
14          System.out.println( "val1 < val2는 " + result );
15
16          result = val1 <= val2;
17          System.out.println( "val1 <= val2는 " + result );
18
19          result = val1 == val2;
20          System.out.println( "val1 == val2는 " + result );
21
22          result = val1 != val2;
23          System.out.println( "val1 != val2는 " + result );
24      }
25 }
```

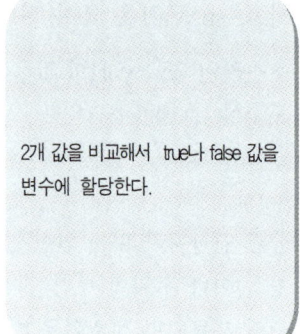

2개 값을 비교해서 true나 false 값을 변수에 할당한다.

실행결과

val1 > val2는 false
val1 >= val2는 false
val1 < val2는 true
val1 <= val2는 true
val1 == val2는 false
val1 != val2는 true

소스해설

소스라인 04 : "true"나 "false"와 같은 부울 상수(논리 상수) 값을 기억해야 하므로 boolean 형으로 result 변수를 선언한다.

소스라인 08-23 : 두 변수의 값을 비교하여 true나 false 값을 반환하고 있다.

3.5 논리 연산자

논리 연산자는 **&& (AND), || (OR), ! (NOT)** 등 3개가 있다.

❶ && (AND) 연산자는 피연산자의 값이 모두 true(참)일 때만 결과 값이 true이다.
❷ || (OR) 연산자는 피연산자의 값이 모두 false(거짓)일 때만 결과 값이 false이다.
❸ ! (NOT) 연산자는 현재 값이 true이면 결과 값은 false이고, 현재 값이 false이면 결과 값이 true이다.

논리 연산에 사용되는 "true", "false"는 단순한 문자가 아니라 하나의 상수 값이다. 논리 상수(logical constant) 또는 부울 상수(boolean constant)라고 한다.

AND와 OR 연산을 간단히 표로 정리하면 다음과 같다.

AND 연산	결 과	OR 연산	결 과
true && true	true	true || true	true
true && false	false	true || false	true
false && true	false	false || true	true
false && false	false	false || false	false

논리 연산자의 사용 예를 보여주는 다음의 LogicalOp.java를 보자.

소스코드
LogicalOp.java

```
01  class LogicalOp {
02      public static void main( String[] args ) {
03
04          int logVal1 = 10;
05          int logVal2 = 20;
06
07          boolean boolVal1 = false;
08          boolean boolVal2 = true;
09
10          boolean result;
11
12          result = ( logVal1 > logVal2 ) && ( logVal1 < logVal2 );
13          System.out.println( "AND 연산의 결과 = " + result );
14
```

> 관계 연산을 한 후 그 결과에 대해 AND 연산을 한다.

```
15        result = ( logVal1 > logVal2 ) || ( logVal1 < logVal2 );
16        System.out.println( "OR 연산의 결과 = " + result );
17
18        result = !( logVal1 > logVal2 );
19        System.out.println( "NOT 연산의 결과 = " + result );
20
21        result = boolVal1 && boolVal2;
22        System.out.println( "AND 연산의 결과 = " + result );
23
24        result = boolVal1 || boolVal2;
25        System.out.println( "OR 연산의 결과 = " + result );
26
27        result = !true;
28        System.out.println( "NOT 연산의 결과 = " + result );
29
30    }
31 }
```

> 관계 연산을 한 후 그 결과에 대해 OR 연산을 한다.

> 관계 연산을 한 후 그 결과에 대해 NOT 연산을 한다.

> 단순히 2개의 부울 변수 간에 논리연산을 한다.

> 부울 상수로 논리연산을 한다.

실행결과

```
AND 연산의 결과 = false
OR 연산의 결과 = true
NOT 연산의 결과 = true
AND 연산의 결과 = false
OR 연산의 결과 = true
NOT 연산의 결과 = false
```

소스해설

소스라인 12 : 관계 연산자의 비교 결과를 AND 연산자의 피연산자로 사용한다.

소스라인 15 : 관계 연산자의 비교 결과를 OR 연산자의 피연산자로 사용한다.

소스라인 18 : 관계 연산자의 비교 결과를 NOT 연산자의 피연사자로 사용한다.

소스라인 21 : 2개의 부울 변수를 AND 연산자의 피연산자로 사용한다.

소스라인 24 : 2개의 부울 변수를 OR 연산자의 피연산자로 사용한다.

소스라인 27 : 부울 상수를 직접 NOT 연산자의 피연산자로 사용한다.

3.6 3항 연산자

3항 연산자는 1개의 관계식과 2개의 명령문으로 구성된다. 사용 형식은 다음과 같다.

  관계식 ? true일 때 실행되는 명령문 : false일 때 실행되는 명령문

3항 연산자를 사용해서 절대 값을 구하는 다음의 ThreeOp.java 프로그램을 보자.

소스코드
ThreeOp.java

```
01 class ThreeOp {
02     public static void main( String[ ] args ) {
03         int a = 100;
04         int b = -100;
05
06         int a_abs = ( a >=0 ) ? a : -a;
07         int b_abs = ( b < 0 ) ? -b : b;
08
09         System.out.println( "a가 100일 때 a의 절대값은 " + a_abs );
10         System.out.println( "b가 -100일 때 b의 절대값은 " + b_abs );
11
12     }
13 }
```

괄호 안의 조건식이 참이면 a를, 거짓이면 -a를 변수에 할당
괄호 안의 조건식이 참이면 -b를, 거짓이면 b를 변수에 할당

실행결과

a가 100일 때 a의 절대값은 100
b가 -100일 때 b의 절대값은 100

소스해설

소스라인 06 : a의 값이 0 보다 크거나 같으면, a이 값이 a_abs에 할당된다.

소스라인 07 : b의 값이 0 보다 작으면, -b 값이 b_abs에 할당된다.

3.7 비트 연산자

비트 연산자(BitWise Operator)는 비트 단위로 연산을 하며 다음과 같이 4가지가 있다.

비트 연산자	연산자 이름	기 능
&	BIT AND	비트 단위로 AND 연산
|	BIT OR	비트 단위로 OR 연산
^	Exclusive OR	배타적 OR 연산
~	Complement	보수 연산

AND, OR 연산은 연산의 단위가 비트라는 점 이외는 논리 연산의 경우와 동일하다.

AND 연산			결 과
0	&	0	0
0	&	1	0
1	&	0	0
1	&	1	1

OR 연산			결 과
0	|	0	0
0	|	1	1
1	|	0	1
1	|	1	1

표와 같이 & 연산의 경우는 둘 다 1일 때만 결과가 1이 되며, | 연산의 경우는 둘 다 0일 때만 결과가 0이 된다.

정수 118과 15에 대해 BIT 단위로 연산을 수행해보자.

| 118 | | 0 | 1 | 1 | 1 | 0 | 1 | 1 | 0 |

| 15 | | 0 | 0 | 0 | 0 | 1 | 1 | 1 | 1 |

비트 단위로 AND 연산을 하면 결과 값은 다음과 같다.

| 6 | | 0 | 0 | 0 | 0 | 0 | 1 | 1 | 0 |

OR 연산을 하면 결과 값이 다음과 같다.

| 127 | | 0 | 1 | 1 | 1 | 1 | 1 | 1 | 1 |

Exclusive OR 연산은 배타적 OR 연산이라고 한다. 이 경우는 비교하는 두 개의 비트가 같을 경우는 결과가 0이 되고, 다를 경우는 1이 된다. 결과 값은 다음과 같다.

| 121 | 0 | 1 | 1 | 1 | 1 | 0 | 0 | 1 |

Complement 즉, 보수 연산의 경우는 비트가 0이면 1, 1이면 0으로 바뀐다. 118과 15에 대해 보수 연산을 한 결과 값은 각기 다음과 같다.

| -119 | 1 | 0 | 0 | 0 | 1 | 0 | 0 | 1 |

| -16 | 1 | 1 | 1 | 1 | 0 | 0 | 0 | 0 |

비트 연산을 보여주는 다음의 BitWiseOp.java 프로그램을 보자.

소스코드
BitWiseOp.java

```
01 class BitWiseOp {
02     public static void main( String[] args ) {
03
04         int val1 = 118;
05         int val2 = 15;
06
07         System.out.println( "118 & 15의 결과 값은 " + ( val1 & val2 ));
08         System.out.println( "118 | 15의 결과 값은 " + ( val1 | val2 ));
09         System.out.println( "118 ^ 15의 결과 값은 " + ( val1 ^ val2 ));
10
11         System.out.println( "~118의 결과 값은 " + ( ~val1 ));
12         System.out.println( "~15의 결과 값은 " + ( ~val2 ));
13
14     }
15 }
```

비트끼리 AND, OR, Exclusive OR 연산을 한다.

보수 연산을 한다.

실행결과

118 & 15의 결과 값은 6
118 | 15의 결과 값은 127

118 ^ 15의 결과 값은 121
~118의 결과 값은 -119
~15의 결과 값은 -16

소스해설

소스라인 07 : 118과 15에 대해 비트 단위 AND 연산을 해서 출력한다.

소스라인 08 : 118과 15에 대해 비트 단위 OR 연산을 해서 출력한다.

소스라인 09 : 118과 15에 대해 배타적 OR 연산을 해서 출력한다.

소스라인 11 : 118에 대해 보수 연산을 해서 출력한다.

소스라인 12 : 15에 대해 보수 연산을 해서 출력한다.

3.8 쉬프트 연산자

쉬프트 연산자(Shift Operator)는 **비트를 좌우로 이동시켜 다른 값을 만드는 연산자이다.** 이 연산자는 다음과 같이 3개가 있다.

<<	왼쪽 Shift. 비트들을 왼쪽으로 이동시키고 왼쪽 끝에는 0을 채운다.
>>	오른쪽 Shift. 비트들을 오른쪽으로 이동시키고, 최상위 부호 비트를 유지한다.
>>>	오른쪽 Shift, 비트들을 오른쪽으로 이동시키고, 부호 비트를 유지하지 않고, 0으로 채운다.

비트 연산은 32bit를 기본으로 하지만 여기서는 예를 들기 위해 8bit만 사용한다. 다음과 같은 2진수가 있다고 가정하자.

1	1	0	0	0	0	1	1

왼쪽으로 2비트 Shift를 했을 경우를 보자.

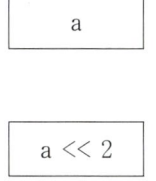
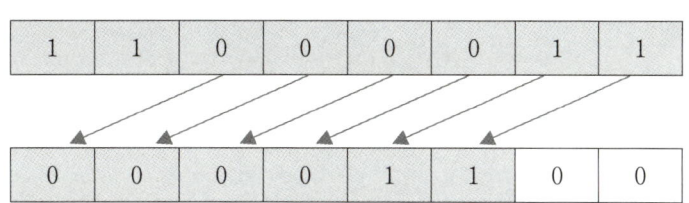

앞에 있던 2 비트는 왼쪽으로 이동하기 때문에 없어진다. 위의 경우 부호 비트가 1에서 0으로 바뀌었기 때문에 음수에서 양수로 바뀌었다. 이동의 결과로 남은 오른쪽 끝의 빈자리는 0으로 채워진다. 왼쪽 Shift의 경우는 몇 개의 비트를 이동시키든지 부호 비트에 따라 음수, 양수가 결정된다.

오른쪽 Shift 중에서 >> 연산자는 부호 비트를 유지하면서 이동한다. 음수인 경우는 1로 왼쪽의 빈 공간이 채워지고, 양수는 0으로 채워진다. 따라서 n비트 이동시 2^n으로 나눈 값이 된다.

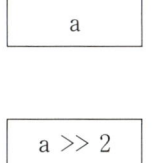
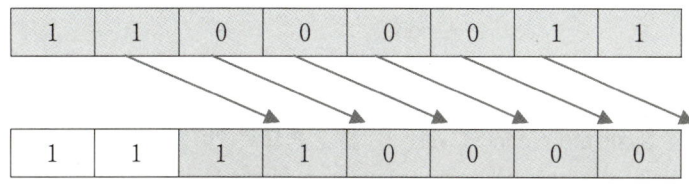

>>> 연산자의 경우는 부호를 잃어버린다. 왼쪽의 빈 공간에 무조건 0이 채워져 양수가 된다. 다음의 경우도 2 만큼 이동을 하고, 왼쪽부터 0으로 채워지기 때문에 부호 비트가 0이 된다.

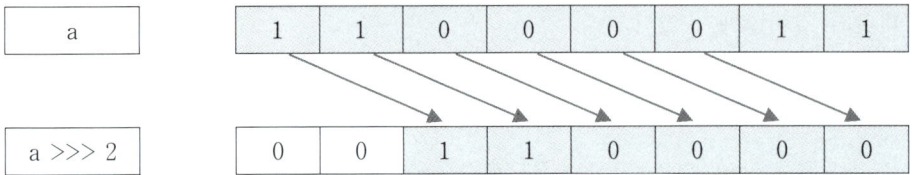

여기서 부호 비트란, 양수인지 음수인지를 나타내주는 최상위 1 비트를 말한다. 8 비트를 예로 들면 다음과 같다.

| 1 | 0 | 0 | 0 | 0 | 1 | 1 | 0 |

위의 경우 최상위 비트인 가장 왼쪽의 비트가 1이기 때문에 음수가 된다. 그리고 0일 경우에는 양수가 된다. 쉬프트 연산의 예를 보여주는 다음의 소스 코드를 보자.

소스코드
ShiftOp.java

```
01 class ShiftOp {
02     public static void main( String[] args ) {
03
04         int val1 = 118;
05         int val2 = -15;
06         int right1 = val1 >> 2;        부호 비트를 유지하며 오른쪽으로
07         int right2 = val2 >> 2;        2 비트 쉬프트한다.
08
08         int right3 = val2 >>> 2;       부호 비트까지 오른쪽으로 2 비트 쉬프트한다.
09
10         int left1 = val1 << 2;         부호 비트까지 왼쪽으로 2 비트 쉬프트한다.
11
12         System.out.println( val1 + "을 오른쪽으로 2비트 이동하면 " + right1 );
13         System.out.println( val2 + "를 부호를 유지하며 오른쪽으로 2비트 이동하면 "
                                + right2 );
14         System.out.println( val2 + "를 부호를 유지하지 않으며 오른쪽으로 2비트 이동하면 "
                                + right3 );
15         System.out.println( val1 + "을 왼쪽으로 2비트 이동하면 " + left1 );
```

```
16
17     }
18 }
```

실행결과

118을 오른쪽으로 2비트 이동하면 29
-15를 부호를 유지하며 오른쪽으로 2비트 이동하면 -4
-15를 부호를 유지하지 않으며 오른쪽으로 2비트 이동하면 1073741820
118을 왼쪽으로 2비트 이동하면 472

소스해설

소스라인 06 : >> 연산자는 나눗셈의 효과가 있다. n 비트 이동하면 2로 n번 나눈 값이 된다. 여기서는 2 비트 이동해서 2로 두 번 나눈 값이 출력된다.

소스라인 07 : 음수의 경우도 >> 연산자로 2 비트 이동해서 2로 두 번 나눈 값이 출력된다.

소스라인 08 : 부호를 유지하지 않고 오른쪽으로 2 비트 이동한다.

소스라인 10 : 부호를 유지하지 않고 왼쪽으로 2 비트 이동한다.

3.9 할당 연산자의 또 다른 형식

할당 연산자는 다음과 같은 형식으로 사용할 수도 있다. 이 형식이 연산 속도가 좀 더 빠르지만 일반 형식을 사용하는 것이 좋다.

소스코드

AssignmentOp2.java

```
01 class AssignmentOp2 {
02
03     public static void main(String args[]) {
04         int res = 10;
05         int val = 3;
06
07         res+=val;                                       res = res + val;
08         System.out.println("res+=val : "+res);
09
10         res-=val;                                       res = res - val;
11         System.out.println("res-=val : "+res);
12
13         res*=val;                                       res = res * val;
14         System.out.println("res*=val : "+res);
15
16         res/=val;                                       res = res / val;
17         System.out.println("res/=val : "+res);
18
19         res%=val;                                       res = res % val;
20         System.out.println("res%=val : "+res);
21
22         res&=2;                                         res = res & 2;
23         System.out.println("res&=2 : "+res);
24
25         res|=2;                                         res = res | 2;
26         System.out.println("res|=2 : "+res);
27
28         res^=5;                                         res = res ^ 2;
29         System.out.println("res^=5 : "+res);
30
31         res<<=5;                                        res = res <<= 2;
32         System.out.println("res<<=5 : "+res);
```

```
33
34         res>>=2;
35         System.out.println("res>>=2 : "+res);
36
37         res>>>=2;
38         System.out.println("res>>>=2 : "+res);
39
40     }
41 }
```

> res = res >>= 2;

> res = res >>>= 2;

실행결과

```
res+=val : 13
res-=val : 10
res*=val : 30
res/=val : 10
res%=val : 1
res&=2 : 0
res|=2 : 2
res^=5 : 7
res<<=5 : 224
res>>=2 : 56
res>>>=2 : 14
```

소스해설

소스 코드에 사용된 연산자들은 다음과 같은 의미이다.

식	동일한 식
res+=val;	res = res + val;
res-=val;	res = res - val;
res*=val;	res = res * val;
res/=val;	res = res / val;
res%=val;	res = res % val;
res&=2;	res = res & 2;
res|=2;	res = res	2;
res^=5;	res = res ^ 5;
res<<=5;	res = res << 5;
res>>=2;	res = res >> 2;
res>>>=2;	res = res >>> 2;

> **참고** 연산의 우선순위

연산은 다음의 우선순위를 따르며 우선순위가 같은 경우는 왼쪽에 있는 연산자부터 실행된다. 아래의 표에서 동일 라인에 있는 연산자들은 우선순위가 같다.

연산자의 종류	연산자	우선순위
단항 연산자	( ), ++, --, + (양 부호), - (음 부호), ~, !	높음 ↑
산술 연산자	*, /, %	
	+, -	
쉬프트 연산자	<<, >>, >>>	
관계 연산자	<, >, <=, >=	
	==, !=	
비트 연산자	&	
	^	
	|	
논리 연산자	&&	
	||	
삼항 연산자	?:	
할당 연산자	=, +=, -=, *=, /=, %=, &=, |=, ^= , <<=, >>=, >>>=,	낮음

연산자 역시 잘 기억이 안 돼도 다시 들춰보지는 말자. 가다보면 저절로 익혀진다. 이런 건 외우거나 자세히 안 봐도 된다. 학습하면서 필자가 강조하는 포인트가 있을 것이다. 그때 집중하자. 한방에 자바를 끝내는 묘수는 없다. 하지만 학습하는 요령은 있다. 필자의 경험 상 그랬다.

이 장의 요점

이 장에서는 자바에서 사용할 수 있는 다음과 같은 연산자들을 살펴보았다.

- 할당 연산자   : =, +=, -=, *=, /=, %=, &=, |=, ^= , <<=, >>=, >>>=
- 산술 연산자   : +, -, *, /, %
- 증감 연산자   : ++, --
- 관계 연산자   : >, >=, <, <=, ==, !=
- 논리 연산자   : &&, ||, !
- 3항 연산자   : 관계식 ? 명령문1 : 명령문2
- 비트 연산자   : &, |, ^, ~
- 쉬프트 연산자 : <<, >>, >>>
- 연산의 우선순위는 다음과 같다.

연산자의 종류	연산자	우선순위
단항 연산자	( ), ++, --, + (양 부호), - (음 부호), ~, !	높음
산술 연산자	*, /, %	
	+, -	
쉬프트 연산자	<<, >>, >>>	
관계 연산자	<, >, <=, >=	
	==, !=	
비트 연산자	&	
	^	
	|	
논리 연산자	&&	
	||	
삼항 연산자	?:	
할당 연산자	=, +=, -=, *=, /=, %=, &=, |=, ^= , <<=, >>=, >>>=	낮음

동일한 우선순위의 경우는 왼쪽에서 오른쪽으로 실행된다.

Chapter 04

조건문과 반복문과 배열

자바에서는 if와 if - else, switch - case 등의 조건문과 do - while, while, for 등의 반복문 그리고 반복문을 조절하기 위한 break와 continue 문을 제공한다. 또한 배열을 이용하면 동일한 타입의 여러 개의 변수를 하나의 이름으로 사용할 수 있다. 조건문과 반복문은 논리적인 구상이 필요하니까 여긴 좀 신경 써서 들여다보자. 프로그램을 돌리면서 차분히 따져 봐야 할 게 있다.

> **참고** Scanner의 사용

조건문과 반복문을 다양하게 테스트하기 위해서 사용자가 키보드로 값을 입력하는 방법을 간단히 알아본다. 여기서 소개하는 Scanner의 의미는 6장까지 배우고 나면 저절로 이해가 되므로 일단은 무조건 따라하자. 다음의 ScannerTest.java를 보자

```java
import java.util.Scanner;
class ScannerTest {
    public static void main( String[] args ) {
        Scanner UserIn = new Scanner(System.in);
        int score;
        System.out.print("점수를 입력하세요 : ");
        score = UserIn.nextInt();
        System.out.println(score + "점을 입력했습니다!");
    }
}
```

이 프로그램의 출력은 다음과 같다.

점수를 입력하세요 : 90
90점을 입력했습니다.

키보드에서 점수 90을 입력하면 score 변수에 기억된다. 이렇게 하려면 볼드체로 표시된 명령문을 추가한다는 것을 기억하기 바란다. 또한 System.out.print()을 사용하면 출력 후에 새 라인으로 커서가 이동하지 않는다.

4.1 단순 if 문

단순 if 문은 단순해서 딱 하나의 if 만을 사용해서 1개의 조건만을 테스트한다. if 문의 사용 형식을 보자. 다음의 형식은 조건식이 true(참)이면 1개의 명령문을 실행한다.

사용 형식 1

```
if (조건식)
    조건식이 true일 때 실행할 명령문;
```

그러나 다음의 형식은 조건식이 true(참)이면 { } 안의 여러 개의 명령문을 실행한다.

사용 형식 2

```
if (조건식) {
    조건식이 true일 때 실행할 명령문1;
        .....
    조건식이 true일 때 실행할 명령문n;
}
```

사용 형식 1을 보여주는 다음의 IfTest1.java를 보자

소스코드
IfTest1.java

```
01 import java.util.Scanner;
02
03 class IfTest1 {
04     public static void main( String[] args ) {
05
06         Scanner UserIn = new Scanner(System.in);
07
08         int score;
09
10         System.out.print("점수를 입력하세요 : ");
11         score = UserIn.nextInt();
```

```
12         if (score >= 60)
13             System.out.println("합격입니다!");
14
15     }
16 }
```

> 조건식이 참이면 1개의 출력문이 실행되고, 거짓이면 if 문을 벗어나 끝난다.

실 행 결 과

점수를 입력하세요 : 90
합격입니다!

소 스 해 설

소스라인 12-13 : 입력한 점수(score)가 60점 이상이면 즉, 조건식이 true(참)이면 "합격입니다!"를 출력한다. 그러나 60점 미만이면 즉, 조건식이 false(거짓)이면 메시지를 출력하지 않고 15번 라인으로 가서 그냥 끝낸다. 60점 미만의 점수를 입력해서 테스트해보라.

사용 형식2의 예를 보여주는 다음의 IfTest2.java를 보자.

소스코드
IfTest2.java

```
01 import java.util.Scanner;
02
03 class IfTest2 {
04     public static void main( String[] args ) {
05
06         Scanner UserIn = new Scanner(System.in);
07
08         int score;
09
10         System.out.print("점수를 입력하세요 : ");
11         score = UserIn.nextInt();
12
13         if (score >= 60) {
14             System.out.println("합격입니다!");
15             System.out.println("축하합니다!" + "\n");
16         }
```

> 조건식이 참이면 2개의 출력문이 실행되고, 거짓이면 if 문을 벗어난다.

```
17
18              System.out.println("축하 메시지가 없으면 불합격입니다!");
19
20      }
21 }
```

> if 문의 조건식과 상관없이 항상 실행된다.

실행결과

점수를 입력하세요 : 90
합격입니다!
축하합니다!

축하 메시지가 없으면 불합격입니다!

점수를 입력하세요 : 50
축하 메시지가 없으면 불합격입니다!

소스해설

소스라인 13-16 : 점수가 60점 이상이면 { } 내의 2개의 출력문을 실행한다. 따라서 조건식의 결과가 true일 경우에만 2개의 메시지가 출력된다. 2개의 출력문이 실행된 것이다.

소스라인 18 : 앞의 if 문의 조건식이 true이건 false이건 상관없이 항상 출력되는 메시지이다. 이 메시지를 출력하는 명령문은 if문 블록({ }) 밖에 기술되어 있기 때문이다.

4.2 if - else 문

if 문에 else 블록을 추가하여 사용할 수 있다. **조건식이 true일 경우와 false일 경우를 구분해서 서로 다른 명령문을 실행시킬 때 사용한다.** 사용 형식은 다음과 같다. 슬슬 복잡해져...

▼ 사용 형식 1

```
if (조건식)
    조건식이 true일 때 실행할 명령문;
else
    조건식이 false일 때 실행할 명령문;
```

▼ 사용 형식 2

```
if (조건식) {
    조건식이 true일 때 실행할 명령문1;
    ….
    조건식이 true일 때 실행할 명령문n;
} else {
    조건식이 false일 때 실행할 명령문1;
    ….
    조건식이 false일 때 실행할 명령문n;
}
```

사용 형식 1을 보여주는 다음의 IfTest3.java를 보자.

▼ 소스코드
IfTest3.java

```
01  import java.util.Scanner;
02
03  class IfTest3 {
04      public static void main( String[] args ) {
05
06          Scanner UserIn = new Scanner(System.in);
07
08          int score;
09
10          System.out.print("점수를 입력하세요 : ");
11          score = UserIn.nextInt();
12
13          if (score >= 60)
14              System.out.println("합격입니다!");
15          else
16              System.out.println("불합격입니다!");
17
```

> 조건식이 참이면 이 1개의 출력문이 실행된다.

> 조건식이 거짓이면 이 1개의 출력문이 실행된다.

18   }
19 }

실행결과

점수를 입력하세요 : 88
합격입니다!

점수를 입력하세요 : 55
불합격입니다!

소스해설

소스라인 13-16 : 점수가 60점 이상이면 "합격입니다"를 출력하고, 점수가 60점 미만이면 "불합격입니다"를 출력한다. 조건식이 true일 때 실행하는 명령문과 조건식이 false일 때 실행하는 명령문이 다르며, 각기 1개의 명령문만을 실행한다.

다음은 사용 형식 2를 보여주는 IfTest4.java이다.

소스코드
IfTes4.java

```
01 import java.util.Scanner;
02
03 class IfTest4 {
04     public static void main( String[] args ) {
05         Scanner UserIn = new Scanner(System.in);
06
07         int score;
08
09         System.out.print("점수를 입력하세요 : ");
10         score = UserIn.nextInt();
11
12         if (score >= 60) {
13             System.out.println("합격입니다!");
14             System.out.println("축하합니다!");
15         } else {
16             System.out.println("불합격입니다!");
```

> 조건식이 참이면 이 2개의 출력문이 실행된다.

```
17                System.out.println("다시 응시하세요!");
18          }
```

조건식이 거짓이면 이 2개의 출력문이 실행된다.

```
19     }
20 }
```

실행결과

점수를 입력하세요 : 88
합격입니다!
축하합니다!

점수를 입력하세요 : 55
불합격입니다!
다시 응시하세요!

소스해설

소스라인 12-14 : 점수가 60점 이상이면 2개의 출력문을 실행한다. 조건식이 true일 경우 if 뒤의 { } 내에 기술된 여러 개의 명령문이 실행되는 것이다.

소스라인 15-18 : 점수가 60점 미만이면 또 다른 2개의 출력문을 실행한다. 조건식이 false일 경우 else 뒤의 { } 내의 여러 개의 명령문이 실행되는 것이다.

다른 프로그래밍 언어를 사용한 경험이 조금이라도 있으면 이런 거 쉬울 거다. 하지만 생전 처음 프로그래밍 언어를 배우는 중이라면 이런 논리의 구사를 잘 익혀야 한다. 처음이라 그렇지 여기서 배우는 정도는 별거 아니다.

4.3 if - else if 문

if - else if 문은 여러 개의 else 블록이 추가되어 **여러 개의 조건식을 검사하며, 검사 결과에 따라 각기 다른 명령문을 실행하는 형식이다.** 사용 형식은 다음과 같다.

▎사용 형식

```
if (조건식1) {
    조건식1이 true일 때 실행할 명령문(들);
} else if (조건식2) {
    조건식2가 true일 때 실행할 명령문(들);
} else if (조건식3) {
    조건식3이 true일 때 실행할 명령문(들);
    .....
} else {
    앞의 모든 조건식이 false일 때 실행할 명령문(들);
}
```

if - else if 문의 사용 예를 보여주는 다음의 IfTest5.java를 보자.

▎소스코드
IfTes5.java

```
01  import java.util.Scanner;
02
03  class IfTest5 {
04      public static void main( String[] args ) {
05
06          Scanner UserIn = new Scanner(System.in);
07
08          int score;
09          char grade = ' ';
10
11          System.out.print("점수를 입력하세요 : ");
12          score = UserIn.nextInt();
13
14          if( score >= 90 ) {
```

```
15                grade = 'A';
16
17        } else if( score >= 80 ) {
18                grade = 'B';
19
20        } else if( score >= 70 ) {
21                grade = 'C';
22
23        } else if( score >= 60 ) {
24                grade = 'D';
25
26        } else {
27                grade = 'F';
28
29        }
30
31        System.out.println( "당신의 학점은 " + grade + " 입니다." );
32    }
33 }
```

> 위에서 아래로 조건씩을 하나씩 검사하면서 결과가 참인 경우의 할당문이 실행되고 if 블록을 빠져나와 제일 아래의 출력문이 실행된다.

> 위의 if 문과 상관없이 항상 실행된다.

실행결과

점수를 입력하세요 : 88
당신의 학점은 B 입니다.

소스해설

소스라인 14-29 : 조건식에 기술된 점수(score) 구간에 따라 문자형 변수 grade에 각기 다른 학점을 할당한다.

소스라인 31 : 위에서 할당된 학점을 출력한다. 위의 소스 코드는 각 조건식에 따라 실행되는 명령문이 1개씩이기 때문에 { }를 모두 생략해도 된다. myjava 폴더의 "IfTest6.java" 소스 코드를 참고하기 바란다.

4.4 switch 문

switch 문은 **검사할 조건이 많은 경우 if 문 대신 사용할 수 있다.** if 문에 비해 약간의 문법상 제약이 있으나 더 간결한 구문을 구성할 수 있다.

▶ 사용 형식

```
switch (조건식) {
    case 값1 :
        조건식의 결과값이 값1과 같을 때 실행할 명령문(들);
        break;
    case 값2 :
        조건식의 결과값이 값2와 같을 때 실행할 명령문(들);
        break;
    .....
    default :
        조건식의 결과값과 일치하는 case 값이 없을 때 실행할 명령문(들);
}
```

여기서 조건식은 결과 값이 정수형 또는 문자형의 변수나 상수이어야 한다. case 뒤의 값들은 변수가 아닌 상수이어야 한다. switch 문의 사용 예를 보여주는 다음의 switchTest.java를 보자.

▶ 소스코드

switchTest.java

```
01  import java.util.Scanner;
02
03  class SwitchTest {
04      public static void main( String[] args ) {
05
06          Scanner UserIn = new Scanner(System.in);
07
08          int score;
09          char grade = ' ';
10
11          System.out.print("점수를 입력하세요 : ");
```

```
12          score = UserIn.nextInt();
13
14          switch( score / 10 ) {
15                  case 10: case 9:
16                          grade = 'A';
17                          break;
18                  case 8:
19                          grade = 'B';
20                          break;
21                  case 7:
22                          grade = 'C';
23                          break;
24                  case 6:
25                          grade = 'D';
26                          break;
27                  default:
28                          grade = 'F';
29          }
30
31          System.out.println( "학점은 " + grade + "입니다" );
32
33      }
34 }
```

> case 뒤의 값 중에서 괄호 안의 계산식 결과값과 일치하는 할당문이 실행되고 break에 의해 switch 문을 벗어난다. 계산식은 정수 연산이므로 소수 이하는 버려진다.

> 위에서 일치하는 값이 없으면 default의 할당문이 실행된다.

> 항상 실행된다.

실행결과

점수를 입력하세요 : 88
학점은 B입니다

소스해설

소스라인 14 : 점수를 10으로 나누어 0에서 10까지의 정수를 구한다. case 뒤에는 상수만이 기술될 수 있으며, 10점 구간으로 학점을 부여해야 하기 때문에 점수를 10으로 나누어 몫을 취한다.

소스라인 15-29 : 조건식의 연산 결과에 따라 학점을 부여한다. break 문을 만나면 switch 블록을 빠져 나와 30번 행의 출력문이 실행된다.

소스라인 15 : 조건식의 연산 결과가 10이나 9인 경우를 의미한다. 다음과 같이 기술해도 된다.

```
            case 10;
            case 9;
                grade = 'A';
                break;
```

소스라인 27 : defalut는 위의 모든 case 문의 조건이 false일 때를 의미한다.

다음의 SwitchTest1.java는 switch 문에서 문자 값(Char 형)을 사용하는 예를 보여준다.

소스코드
SwitchTest1.java

```
01  import java.util.Scanner;
02
03  class SwitchTest1 {

       ......

// 01-25 행까지는 SwitchTest.java 소스 코드와 동일하다.
26
27          switch( grade ) {
28              case 'A':
29                  System.out.println( "전액 장학금 대상입니다" );
30                  break;
31              case 'B':
32                  System.out.println( "반액 장학금 대상입니다" );
33                  break;
34              case 'C':
35                  System.out.println( "근로 장학금 대상입니다" );
36                  break;
37              default:
38                  System.out.println( "장학금 대상이 아닙니다" );
39
40          }
41      }
42  }
```

case 뒤의 문자 중에서 grade 값과 일치하는 문자의 출력문이 실행되고 switch 문을 벗어난다.

grade 값과 일치하는 문자가 없으면 default의 출력문이 실행된다.

실행결과

점수를 입력하세요 : 88
학점은 B입니다
반액 장학금 대상입니다

소스해설

소스라인 27 : 조건식에 char(문자) 형 변수를 기술했다. 이 변수의 값에 따라 아래의 알맞은 case 문이 실행된다.

소스라인 28-38 : grade 변수의 값에 따라 서로 다른 메시지를 출력한다.

4.5 for 문

for, while, do - while 등 3개의 반복문 중에서 제일 많이 사용되는 반복문이 for 문이다. 잘 익혀두자. for 문의 사용 형식은 다음과 같다.

사용 형식

```
for (초기화식; 조건식; 증감식) {
    조건식이 true일 동안 반복 실행할 명령문(들);
}
```

이 for 문은 다음과 같은 순서로 실행된다.

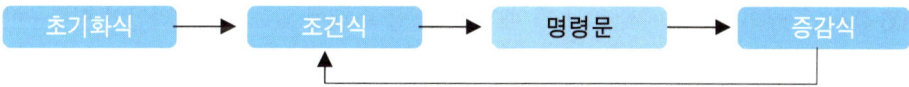

초기화 식은 한번만 실행되며 이후 조건식이 true이면 명령문, 증감식, 조건식 순서로 반복 실행된다. for 문의 사용을 보여주는 다음의 ForTest.java를 보자.

소스코드
ForTest.java

```
01 class ForTest {
02     public static void main( String[] args ) {
03
04         int total=0;
05
06         for ( int count = 1; count <= 10; ++count ) {
07             total += count;
08             System.out.println( count + "까지의 합 = " + total );
09         }
10
11     }
12 }
```

> count 값이 1에서 10까지 변하면서 2개의 명령문이 10번 반복 실행된다.

실행결과

1까지의 합 = 1
2까지의 합 = 3
3까지의 합 = 6
4까지의 합 = 10
5까지의 합 = 15
6까지의 합 = 21
7까지의 합 = 28
8까지의 합 = 36
9까지의 합 = 45
10까지의 합 = 55

소스해설

소스라인 06-09 : count의 값이 1에서 10이 될 때까지 for 블록 내에 있는 07, 08 라인의 명령문이 반복 실행된다. 이 for 문은 다음의 순서로 실행된다.

```
int count = 1  →  count <= 10  →  05, 06 라인  →  ++count
```

참고 / 변수의 종류

count 변수는 for 블록 내에서 int 형으로 선언되었기 때문에 for 블록 내에서만 존재한다. 따라서 for 블록 외부에서는 사용할 수 없다. 이렇게 **특정 블록 내에서만 존재하는 변수를 "지역 변수"**라고 한다. 변수는 이외에도 클래스 변수와 인스턴스 변수가 있으며 이에 대해서는 5장에서 알아본다.

for 문은 중첩해서 사용할 수 있다. 중첩 for 문을 사용해서 구구단 2단에서 5단까지를 출력하는 다음의 ForTest1.java를 보자.

소스코드

ForTest1.java

```
01  class ForTest1 {
02      public static void main( String[ ] args ) {
03
04          for ( int i = 2; i <= 5; i++ ) {
```

> i 값이 2부터 5까지 변하면서 반복된다.

4장 조건문과 반복문과 배열

```
05
06                for ( int j = 1; j <= 9; j ++ ) {
07                    System.out.println( i + "*" + j + "=" + i*j );
08                }
09
10       System.out.println("\n");
11
12    }
13  }
14 }
```

> j 값이 1부터 9까지 변하면서 반복된다.

실행결과

2*1=2
…
2*9=18
…
5*9=45

소스해설

소스라인 04-12 : i 값이 2에서 5가 될 때까지 바깥쪽 for 블록 내의 명령문이 4번 반복 실행된다. 10번 라인은 단이 바뀌면 공백 라인을 추가한다.

소스라인 06-08 : j 값이 1에서 9가 될 때까지 안쪽 for 블록 내의 명령문이 9번 반복 실행된다.

참고 **for 문의 다양한 형식**

for 문은 다음과 같은 형식으로 다양하게 사용할 수 있다.

```
for ( ; ; ) {              //무한 루프
   반복 실행될 명령문(들)
}

for ( int l=1, j=1; i<10 && j < 20; i++, j++) {   // 조건문에 관계식을 사용
   반복 실행될 명령문(들)
}
```

4.6 while 문

while 문은 조건식만을 사용하는 제일 간단한 반복문이다. 사용 형식은 다음과 같다.

▼ 사용 형식

```
while ( 조건식 ) {
    조건식이 true일 동안 반복 실행할 명령문(들);
}
```

앞서 보았던 1에서 10까지의 합을 출력하는 ForTest.java를 while 문으로 바꾸면 다음과 같다.

▼ 소스코드

WhileTest.java

```
01 class WhileTest {
02     public static void main( String[] args ) {
03
04         int total=0;
05         int count = 1;
06
07         while ( count <= 10 ) {
08             total = total + count;
09             System.out.println( count + "까지의 합 = " + total );
10             count += 1;
11         }
12     }
13 }
```

> 조건식이 참인 동안 계속해서 아래의 3개 명령문을 실행한다.

▼ 실행결과

```
1까지의 합 = 1
2까지의 합 = 3
3까지의 합 = 6
...
10까지의 합 = 55
```

> 소스해설

소스라인 05 : 정수형 변수 count를 선언하고 1을 할당한다. for 문의 초기화식에 해당되는 코드이다.

소스라인 07-11 : while 문의 조건식이 true인 동안 while 블록 내의 명령문들이 반복 실행된다.

소스라인 10 : count 값을 1 씩 증가시키고 있다. for 문의 증감식에 해당되는 코드이다.

4.7 do - while 문

do - while 문은 조건식을 뒤에 기술한다는 점과 그렇기 때문에 반복되는 블록 내의 명령문이 최소한 한번은 실행된다는 점이 특징이다. 사용 형식은 다음과 같다.

> 사용 형식

```
do {
    조건식이 true일 동안 반복 실행할 명령문(들);
} while (조건식);
```

do - while 문의 특징을 잘 보여주는 다음의 DowhileTest.java를 보자. 이 프로그램은 입력된 정수를 역순으로 바꾸어 출력한다.

> 소스코드
> DowhileTest.java

```
01 import java.util.Scanner;
02
03 class DowhileTest {
04     public static void main( String[] args ) {
05
06         Scanner UserIn = new Scanner(System.in);
07
08         int num;
09         int nextdigit;
10         String res = "";
```

```
11
12        System.out.print("숫자를 입력하세요 : ");
13        num = UserIn.nextInt();
14
15        do {
16            nextdigit = num % 10;
17            res += nextdigit;
18            num /= 10;
19        } while ( num > 0 );
20
21        System.out.println( "역순 숫자 : " + res );
22    }
23 }
```

참이면 계속 반복

실행결과

숫자를 입력하세요 : 12345
역순 숫자 : 54321

소스해설

소스라인 10 : 역순으로 바꾸면서 발생하는 숫자들을 문자열로 연결하기 위해 res 변수를 사용한다.

소스라인 16 : 입력된 정수를 10으로 나눈 나머지를 구한다.

소스라인 17 : 구해진 나머지를 문자열 변수에 추가한다.

소스라인 18 : 입력된 정수를 10으로 나누어 몫을 구한다. 정수 연산이므로 소수 이하는 버려진다.

소스라인 19 : num 변수 값이 0이 될 때까지 do 블록을 반복 실행한다.

4.8 break와 continue 문

반복문은 특정 조건이 만족하면 지정된 블록 내의 명령문을 반복 실행한다. 이 **반복 실행을 조절할 수 있는 2가지 명령문이** break와 continue이다.

❶ break : 즉시 반복문을 벗어나야 할 때 사용한다.
❷ continue : 반복의 중간 부분에서 남은 코드를 실행하지 않고 바로 다음 회차의 반복을 실행해야 할 때 사용한다.

break 문의 사용

break의 사용 예를 보여주는 다음의 BreakTest.java를 보자. 이 프로그램은 구구단을 출력하되 사용자가 입력한 단까지만 출력한다.

소스코드
BreakTest.java

```java
01 import java.util.Scanner;
02
03 class BreakTest {
04     public static void main( String[] args ) {
05
06         Scanner UserIn = new Scanner(System.in);
07         System.out.print("몇 단까지 출력할까요? : ");
08         int num = UserIn.nextInt();
09
10         for ( int i = 2; i <= 9; i++ ) {
11
12             if ( i > num ) break;  ────────────┐
13                                                │
14             for ( int j = 1; j <= 9; j ++ ) {  │
15                 System.out.println( i + "*" + j + "=" + i*j );
16             }                                  │
17                                     참이면 바깥쪽 for문을
18             System.out.println("\n");           벗어나 끝남.
19         }                                     │
20     }  ◄───────────────────────────────────────┘
21 }
```

> 실행결과

몇 단까지 출력할까요? : 3

2*1=2
...
2*9=18

3*1=3
...
3*9=27

> 소스해설

소스라인 12 : 변수 i는 단을 의미하고, 변수 num은 사용자가 입력한 단이다. 따라서 여기서 사용된 if 식은 사용자가 입력한 단까지 반복을 했는지를 검사한다. 검사해서 사용자가 입력한 단까지 출력했으면 **break**를 사용하여 10번 라인의 **바깥쪽 for** 문을 벗어나서 **작업을 끝낸다**. 만일 이 break 문이 안쪽 for 블록 내에 기술되면 안쪽 for 블록만 벗어난다.

continue 문의 사용

break 문은 반복문을 완전히 벗어나지만, continue 문은 반복문을 벗어나지는 않고 다음 회차를 실행한다. 다음의 ContinueTest.java를 보자. 이 프로그램은 사용자가 입력한 숫자까지 짝수만 출력한다.

> 소스코드

ContinueTest.java

```java
01 import java.util.Scanner;
02
03 class ContinueTest {
04     public static void main( String[] args ) {
05
06         Scanner UserIn = new Scanner(System.in);
07         System.out.print("숫자를 입력하세요 : ");
08         int num = UserIn.nextInt();
09
```

```
10      for ( int i = 1; i <= num; i++ ) {
11
12          if ( (i%2) != 0 ) continue;
13          System.out.println( i );
14
15      }
16   }
17 }
```

참이면 출력문을 실행하지 않고 다음 회차의 for문을 실행함

실행결과

숫자를 입력하세요 : 10
2
4
6
8
10

소스해설

소스라인 12 : 2로 나눈 나머지가 0이 아니면 홀수이므로 continue 문을 이용해서 더 이상 아래의 13번 라인의 출력문을 실행하지 않고, 위의 10번 라인의 for 문으로 가서 **다음 회차를 실행한다.** 따라서 홀수는 출력되지 않고 짝수만 출력된다.

이 장의 요점

- if 문 : 한 개의 조건만 따지는 가장 간단한 형식의 조건문이다.

  if (조건식) 명령문;

- if-else if 문 : 조건식이 true가 될 때는 if 블록 내의 명령문들이 실행되고, false이면 else 블록 내의 명령문이 실행된다. else if를 연속적으로 사용하여 여러 조건을 검사할 수 있다.

  ```
  if (조건식) {
      명령문(들);
  }
  else if (조건식) {
      명령문(들);
  }
  ………
  else {
      명령문(들);
  }
  ```

- switch-case 문 : if - else 문과 동일한 기능을 가지나, 조건식의 결과 값이 정수형 또는 문자형의 변수나 상수이어야 하며, case 뒤의 값들은 변수가 아닌 상수이어야 한다.

  ```
  switch (정수값이나 문자값) {
      case 정수값1이나 문자값1 : 명령문(들); break;
      case 정수값2이나 문자값2 : 명령문(들); break;
          ……….
      default : 명령문(들);
  }
  ```

- for 문 : 초기화식과 조건식, 증감식을 사용하여 명령문 블록을 반복 실행한다.

  ```
  for (초기화식; 조건식; 증감식) {
       반복 실행될 명령문(들);
  }
  ```

- while 문 : 단순히 조건만을 기술하여 조건이 만족하는 동안 블록 내의 명령문을 반복 실행한다.

    ```
    while (조건식) {
            반복 실행될 명령문(들);
    }
    ```

- do - while 문 : 조건식을 뒤에 기술하며, 따라서 반복문 블록 내의 명령문이 최소한 한번은 실행된다.

    ```
    do {
            반복 실행될 명령문(들);
    } while (조건식);
    ```

- break 문 : 반복문 블록을 즉시 벗어날 경우에 사용한다.

    ```
    break :
    ```

- continue 문 : 반복문 블록 내의 모든 명령어를 실행하지 않고 도중에 다음 반복 회차를 실행할 때 사용한다.

    ```
    continue;
    ```

Chapter 05

객체지향 프로그래밍 1

자바는 OOP(Object Oriented Programming) 언어 즉, 객체지향 프로그래밍 언어이다. 객체지향 프로그래밍은 객체를 기반으로 프로그램을 구성하는 방법으로, 이전의 절차적 개발 방법에 비해 매우 효율적인 프로그래밍이 가능하다. 이 장에서는 객체지향 프로그래밍의 개념과 클래스, 객체, 인스턴스 등에 대한 이해와 더불어 객체에 대한 기초 지식을 습득한다. 엄청 중요! 집중하자!

5.1 객체지향 프로그래밍의 개요

프로그래밍에 객체지향 이론이 적용된 것은 모의실험(Simulation) 때문이었다. 컴퓨터를 이용해서 다양한 모의실험을 하기 위해서는 실제 세계를 컴퓨터로 표현할 수 있어야 했다. 그래서 실제 세계를 "사물과 사물 간의 상호 작용"으로 정의하고, 이 개념을 기초로 1960년대 중반에 최초의 객체지향언어인 Simula라는 언어를 만들었다. Simula는 실제 세계의 사물(Object)에 대해 "속성과 기능"을 분석한 후, 이를 프로그래밍에서 "변수와 함수"로 구현하고 상속, 캡슐화, 추상화 등의 기능을 추가하여 실제 세계의 객체를 컴퓨터로 시뮬레이션할 수 있었다.

그러나 이렇게 시작된 객체지향언어는 큰 주목을 받지 못하다가 1980년대 초반에 Bjorn Stroustrup이 C 언어에 객체지향 프로그래밍 기능을 통합시킨 C++ 언어를 발표하면서 대중적인 주목을 받게 된다. 이후 1995년에 새로운 객체지향언어인 Java가 탄생했으며, 그 즈음 인터넷 서비스가 활발해지고 프로그램들이 더욱 대형화하면서 복잡해져 기존의 절차적 프로그래밍 방식으로는 프로그램의 개발과 유지, 보수가 어려워졌다. 이에 새로운 프로그램 개발 방법을 모색하면서 객체지향 프로그래밍 방식으로 활발히 전환하게 된다.

이렇듯이 객체지향언어는 그 탄생이나 대중적 사용의 배경에 절실한 현실적인 필요가 있었다. 바로 "프로그램 개발의 효율성"의 문제이다. 모의실험에 효율적인 프로그래밍 방식이 필요했고, 절차적 프로그래밍에서 부딪히는 문제를 해결할 수 있는 효율적인 프로그래밍 방식이 필요했던 것이다. 객체지향이라는 방법론 내부에는 절차적 프로그래밍 방식에는 없던 개념이 다소 추가되어 복잡해 보인다.

그러나 실제로는 그 기능들은 모두 프로그래밍을 단순화하고 개발 효율을 높이기 위한 것들이다.

앞으로 자바의 객체지향 기능들을 학습하면서 다음과 같은 자바의 객체지향적인 장점을 염두에 두면 이해에 도움이 될 것이다.

❶ 코드의 재사용과 범용성이 높다.
자주 또는 공통적으로 사용되는 코드의 경우 한번 작성해둔 코드를 다시 사용해서 새로운 프로그램을 작성할 수 있기 때문에 코드의 중복을 제거하고 개발 효율이 좋아진다.

❷ 코드의 신뢰도가 높다
접근 제어자와 메소드를 이용해서 데이터에 접근하는 범위를 설정할 수 있어 오동작을 방지할 수 있다. 외부 사용자가 오류를 발생시키는 값을 사용하는 것을 원천적으로 방지할 수 있어 코드의 신뢰도가 높아진다.

또한 프로그램이 실행될 때 자바 내부적으로는 다음과 같은 장점이 있다.

❸ 동적 로딩(Dynamic Loading)을 할 수 있다.
프로그램이 실행될 때 모든 코드가 한 번에 로딩되지 않고 필요한 시점에 단위 코드들이 동적으로 로딩되어 메모리 사용 효율이 좋다.

❹ 자동 메모리 관리가 가능하다.
현재 메모리에 있는 코드 단위 중 전혀 참조(사용)되지 않는 코드 단위가 차지하고 있는 메모리 영역을 가비지(Garbage)라고 한다. 자바에는 가비지 콜렉터(Garbage Collector)가 있어 자바가 자동으로 사용되지 않는 메모리를 회수한다.

이와 같은 장점은 자바의 프로그래밍 단위라고 할 수 있는 클래스(class)로부터 비롯된다. **자바의 모든 프로그램은 클래스 단위로 구성되며, 클래스 간의 관계를 설정하는 것이 곧 프로그램을 디자인하는 것이 된다.** 마치 레고 블록을 이러 저리 맞춰서 집도 만들고, 자동차도 만들 듯이 클래스라는 단위를 맞춰서 프로그램을 작성한다.

뭔 말씀인지... 감이 안 잡히는 게 당연! 자, 그만 읽고 가봅시다!

5.2 클래스의 개념

우리는 지금까지 프로그램을 작성하면서 다음과 같은 형식으로 클래스를 사용했다.

```
class 클래스명 {
    public static void main( String[] args ) {
    // 명령문들
    }
}
```

이렇게 main()을 포함하는 클래스를 "실행 클래스"라고 하며, 실행 클래스가 제일 먼저 메모리에 로드되어 실행된다. 지금까지 우리가 보아온 프로그램은 모두 실행 클래스만으로 구성된 것이다. 실행 클래스가 아닌 다른 클래스들은 "멤버 클래스"라고 한다.

이제 "코드의 재사용과 범용성"을 보여주는 다음의 PriceCal.java를 보자. 프로그램의 이름이 PriceCal임을 주목하자. 우선 각 명령문을 구체적으로 보지 말고 전체적인 구조만 살펴본다.

소스코드
PriceCal.java

```
01 class PriceCal {
02     public static void main(String args[]) {
03
04         Discount cal1 = new Discount();
05         cal1.price = 20000;
06         cal1.dcRate = 0.2;
07         cal1.dcCal();
08
09         Discount cal2 = new Discount();
10         cal2.price = 40000;
11         cal2.dcRate = 0.4;
12         cal2.dcCal();
13     }
14 }
15
16 class Discount {
17
```

> PriceCal은 main()이 있는 실행 클래스이다.

> Discount 클래스는 main()이 없는 멤버 클래스이다.

```
18      int price;
19      double dcRate;
20      int dcPrice;

21      void dcCal() {
22          dcPrice = (int)(price - price * dcRate);
23          System.out.println("정가는 " + price + "원 입니다");
24          System.out.println("할인가는 " + dcPrice + "원 입니다" + "\n");
25      }
26  }
```

이 프로그램은 2개의 클래스로 구성된다. 소스라인 01-14는 main()이 있는 실행 클래스 "PriceCal 클래스"이고, 소스라인 16-26은 main()이 없는 멤버 클래스 "Discount 클래스"이다. 이 PriceCal.java를 컴파일하고 실행해보자.

실행결과

정가는 20000원 입니다
할인가는 16000원 입니다

정가는 40000원 입니다
할인가는 24000원입니다

우리의 실습 폴더 myjava를 들여다보면 다음과 같다.

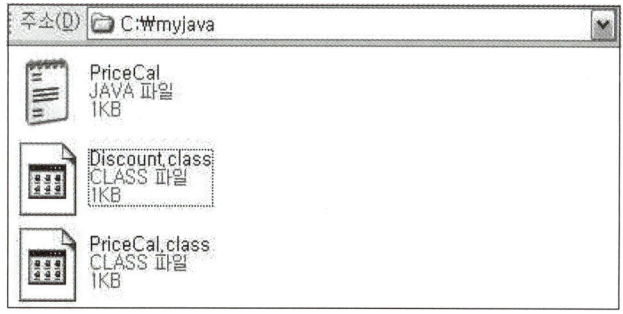

하나의 프로그램인 PriceCal.java를 컴파일하고 실행했는데, 컴파일을 하니까 PriceCal.class와 Discount.class라는 2개의 클래스가 생성되었다. 하나의 프로그램에서도 클래스는 이렇게 완전히 독립적인 단위로 취급된다. 그게 무슨 의미가 있을까?

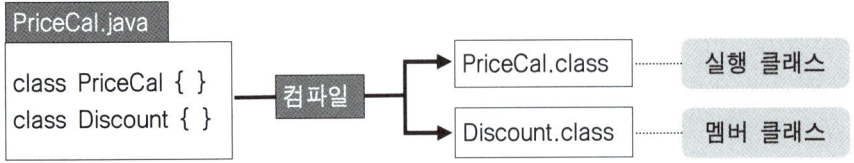

그 의미를 파악하기 위해서 이제 또 다른 프로그램인 다음의 AnotherProgram.java를 컴파일하고 실행시켜보자.

소스코드
AnotherProgram.java

```
01 class AnotherProgram {
02     public static void main(String args[]) {
03
04         Discount cal1 = new Discount();
05         cal1.price = 180000;
06         cal1.dcRate = 0.3;
07         cal1.dcCal();
08
09         Discount cal2 = new Discount();
10         cal2.price = 220000;
11         cal2.dcRate = 0.1;
12         cal2.dcCal();
13
14     }
15 }
```

AnotherProgram은 main()이 있는 실행 클래스이다.

멤버 클래스인 Discount 클래스를 기술하고 있으나, 이 프로그램 내에는 Discount 클래스가 없다.

실행 결과

정가는 180000원 입니다
할인가는 126000원 입니다

정가는 220000원 입니다
할인가는 198000원 입니다

이 프로그램은 04 라인과 09 라인에서 "new" 명령문과 함께 Discount 클래스를 기술하고 있다. 그러나 **이 프로그램의 소스 코드 내에는 Discount 클래스의 소스 코드가 전혀 없다.** 앞서 이미 컴파일되어 하드디스크의 myjava 폴더에 보관되어 있는 멤버 클래스 Discount.class를 **재사용한 것이다.** 이 프로그램에서는 공짜로 Discount.class를 사용한 셈이다.

다른 사람이 만든 이런 공짜 클래스가 많을수록 좋지 않겠는가? 여기서 우리는 자바의 "코드의 재사용과 범용성이 높다"는 특징을 엿볼 수 있다. 내가 모든 코드를 작성하지 않고 이미 만들어져 있는 코드를 재사용하는 거다. 이렇게 재사용되는 멤버 클래스가 여러 개일 수도 있다. 코드의 재사용과 범용성을 얼마든지 확장할 수 있는 것이다. 이것이 객체지향 프로그래밍의 가장 핵심적인 특성이다. 클래스의 원초적 존재 사유, 아주 중요!

5.3 객체와 인스턴스

앞서의 AnotherProgram.class는 main()을 포함하고 있는 실행 클래스이다. 반면에 Discount.class는 main()이 없어 홀로 실행될 수 없는 멤버 클래스이며, 실행 클래스인 AnotherProgram.class에서 멤버 클래스인 Discount.class를 사용하고 있다. 이렇게 **다른 프로그램의 실행 클래스나 동일한 프로그램의 실행 클래스에서 멤버 클래스 (Discount.class)를 사용할 수 있다.** 공유! 달리 말해 공짜!

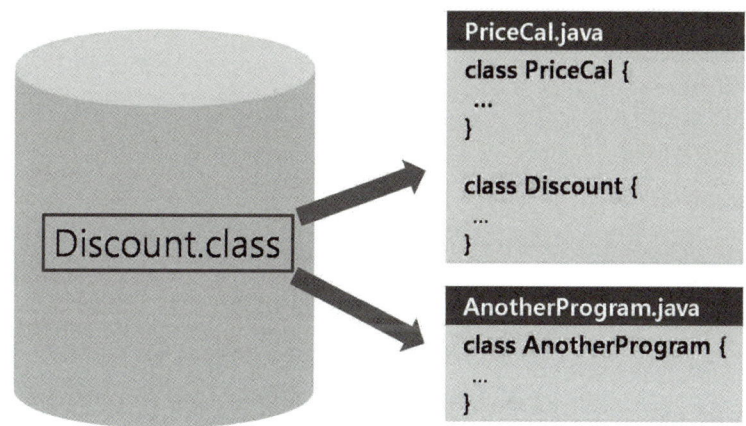

단, 이렇게 멤버 **클래스를 사용하려면 그 클래스를 객체(object)로 만들어야 한다.** 클래스를 객체로 만드는 작업을 "instancing"이라고 한다. 그래서 **특정 클래스로부터 만들어진 객체를 그 클래스의 인스턴스(instance)라고도 한다.** 일단 여기서는 인스턴스라는 용어를 주로 사용하기로 하자.

이제 특정 클래스의 인스턴스를 만들고, 사용하는 방법을 보기 위해 PriceCal.java의 소스 코드를 다시 자세히 들여다보자. 아까는 클래스의 의미를 알아보기 위해 대충 구조만 봤다. 이번에는 인스턴스(객체)의 의미를 알아채야 한다. 이것도 아주 중요! 집중하자!

소스코드
PriceCal.java

```
01  class PriceCal {
02      public static void main(String args[]) {
03
04          Discount cal1 = new Discount();
05          cal1.price = 20000;
06          cal1.dcRate = 0.2;
07          cal1.dcCal();
08
09          Discount cal2 = new Discount();
10          cal2.price = 40000;
11          cal2.dcRate = 0.4;
12          cal2.dcCal();
13      }
14  }
15
16  class Discount {
17
18      int price;
19      double dcRate;
20      int dcPrice;
21
22      void dcCal() {
23          dcPrice = (int)(price - price * dcRate);
24          System.out.println("정가는 " + price + "원 입니다");
25          System.out.println("할인가는 " + dcPrice + "원 입니다" + "\n");
26      }
27  }
```

> PriceCal은 main()이 있는 실행 클래스이다.

> new를 이용해 Discount 클래스의 인스턴스 cal1과 cal2를 만들어 Discount 클래스에 있는 변수와 메소드를 사용한다.

> Discount는 main()이 없는 멤버 클래스이다.

> 3개의 변수를 선언한다.

> dcCal이라는 메소드를 선언한다.

소스해설

이해를 돕기 위해 main()이 없는 멤버 클래스인 Discount 클래스부터 살펴본다.

소스라인 16-27 : 멤버 클래스 Discount를 선언한다. **클래스는 멤버변수와 메소드로 구성된다.**

소스라인 18-20 : 데이터를 저장할 멤버변수(member variable)를 선언한다.

소스라인 22-26 : 실행할 함수인 메소드(method)를 정의한다. void는 이 메소드가 반환하는 값이 없다는 의미이다. 이에 대해서는 뒤에서 다시 설명한다. 이제 main()이 있는 실행 클래스를 보자.

소스라인 04 : Discount 클래스의 인스턴스를 만들고 인스턴스의 시작 주소를 cal1 변수에 저장한다. 이렇게 **주소 값을 저장하는 변수를 참조변수라고 하며, 참조변수의 이름이 곧 인스턴스의 이름이 된다.**

인스턴스를 생성하는 구문은 다음과 같이 2가지 형식으로 사용한다. 중요!

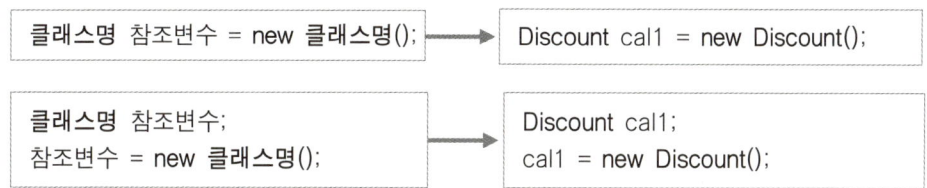

인스턴스가 생성되었다는 것은 다음과 같은 의미를 가진다.

❶ 인스턴스의 멤버변수를 위한 메모리 공간과 메소드 정보를 기록할 메모리 공간이 할당된다.
❷ 인스턴스의 멤버변수가 기본 값으로 초기화되고, 메소드에 대한 정보가 메모리에 기록된다.
❸ 인스턴스에 할당된 전체 메모리 공간의 시작 주소가 참조변수에 기억된다.

인스턴스 cal1에 할당된 메모리 공간의 시작 주소가 1000번지(16진수)라고 가정하면 메모리의 상태는 다음과 같다.

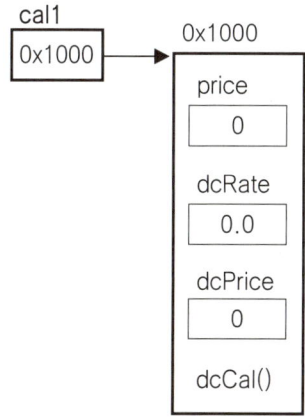

5장 객체지향 프로그래밍 1　**103**

Discount 클래스에 선언된 모든 멤버 변수와 메소드에 대한 정보까지 그대로 인스턴스로 만들어지고 초기화된다는 점을 주목해야 한다. **클래스는 인스턴스를 만드는 설계도이자 원판이기 때문이다.**

소스라인 05-06 : 인스턴스 cal1의 멤버변수에 값을 할당한다. 인스턴스의 멤버변수에 값을 할당할 때는 "참조변수.멤버변수" 형식으로 사용한다. 달리 표현하면 **"인스턴스명.멤버변수"** 형식으로 사용한다.

소스라인 07 : 인스턴스 cal1의 메소드를 실행한다. **"인스턴스명.메소드()"** 형식으로 사용한다. 이 메소드는 cal1 인스턴스의 멤버변수 값을 사용해서 실행된다.

소스라인 09 : Discount 클래스의 인스턴스를 또 하나 만든다. 인스턴스 cal2는 인스턴스 cal1과 동일한 클래스 Discount로부터 만들어졌지만 완전히 다른 객체이다. 메모리에도 별도의 공간이 할당된다.

인스턴스 cal2에 할당된 로드된 메모리의 시작 주소가 2000번지(16진수)라고 가정하면, 현재 메모리의 상태는 다음과 같이 표현할 수 있다.

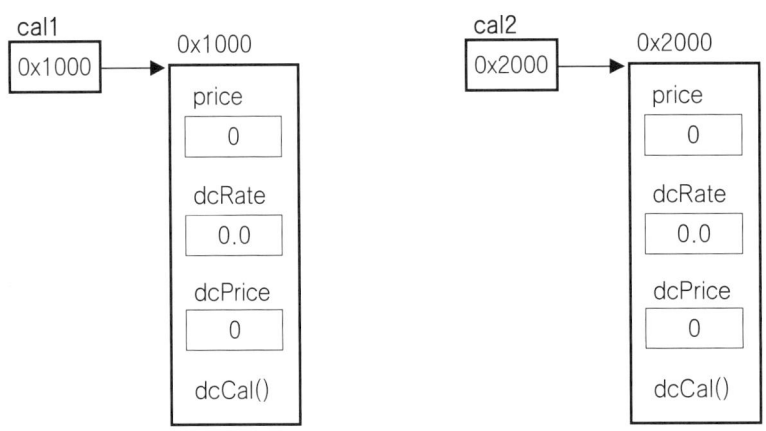

소스라인 10-11 : 인스턴스 cla2의 멤버변수에 값을 할당한다.

소스라인 12 : 인스턴스 cal2의 메소드를 실행한다. 이 메소드는 인스턴스 cal2의 멤버변수 값을 사용해서 실행된다. 인스턴스 cal2는 인스턴스 cal1과 동일한 메소드를 실행하되, 각 메소드가 사용하는 변수는 다르다.

실행 클래스인 PriceCal이 멤버 클래스인 Discount 클래스에 있는 메소드(함수)나 변수를 사용하기 위해서는 Discount 클래스의 인스턴스(객체)를 만들어야 한다는 것이 핵심이다.

사실 이 프로그램의 경우는 아주 간단한 작업만을 하기 때문에 구태여 2개의 클래스를 동원할 필요도 없다. 모든 명령문을 실행 클래스인 PriceCal에 넣어두고 실행해도 된다. 우리는 클래스와 인스턴스(객체)의 개념을 살펴보기 위해 2개의 클래스를 사용한 것이다.

그러나 프로그램이 복잡하고 커지면 이렇게 클래스별로 소스 코드를 나누어서 기능을 구현하는 것이 당연히 효율적이다. 예를 들어, 백화점 전체를 운영하기 위한 프로그램을 가정해보자. 필요한 프로그램이 한둘이 아니다. 그런 덩치 큰 프로젝트를 수행하면서 제일 중요한 게 뭘까?

바로 프로그램(프로젝트) 디자인이다. 절차적 프로그래밍을 하던 과거에는 서브 루틴(Sub routine)이라는 개념으로 덩치의 문제를 해결했다. 그러나 프로그램의 덩치가 커질수록 전체 기능을 잘 디자인해서 소스 코드를 기능별로 쪼개야 하며, 쪼개기는 하되 좀 더 효율적으로 쪼개는 방법들을 구상하면서 클래스, 객체와 같은 방법이 등장한 것이다.

앞으로 학습을 진행하다보면 점차 실감하겠지만 사실 객체에는 쪼개기 이상의 더 심오한 뜻이 숨어있다. 그 뜻을 파악하는 것이 객체지향 자바를 정복하는 것이라고 단언할 수 있다. 이 책에서는 객체와 관련된 개념과 기법들을 명료하게 이해시키기 위해 아주 간단한 코드들로 설명하고 있다. 하지만 클래스나 객체의 탄생 배경에는 갈수록 복잡해지고 대형화하는 프로젝트를 성공적으로 수행하기 위한 현실적인 필요가 있었던 것이다. 지금까지 살펴본 클래스와 객체를 다시 정리해보자.

❶ 자바 프로그램은 실행 클래스와 멤버 클래스로 구성된다.
❷ main()이 있는 클래스를 실행 클래스하고 하며, 실행 클래스는 항상 존재한다.
❸ main()이 없는 클래스는 멤버 클래스라고 하며, 멤버 클래스는 없을 수도 있고, 여러 개 있을 수도 있다.
❹ 멤버 클래스는 객체(인스턴스)로 만들어야 그 안에 정의된 변수나 메소드를 사용할 수 있다.

5.4 인스턴스 없이 사용하는 static 변수와 static 메소드

앞서 클래스와 인스턴스(객체)의 개념을 배우면서 알아본 바에 의하면 클래스는 인스턴스를 만들어서 사용해야만 했다. 그러나 **static 키워드를 사용하면 인스턴스를 만들지 않고도 클래스에 선언된 변수와 메소드를 사용할 수 있다.** 클래스 간에 공유할 필요가 있는 변수나 메소드는 static을 붙여서 선언한 후, 다음과 같이 인스턴스명이 아니라 클래스명을 직접 지정해서 사용할 수 있다.

클래스명.변수명
클래스명.메소드명()

static 변수와 static 메소드의 사용 예를 보여주는 다음의 PriceCal1.java를 보자.

소스코드
PriceCal1.java

```
01  class Discount1 {                  Discount1은 main()이 없는 멤버 클래스이다.
02
03      static int month;              Static이 붙은 2개의 변수를 선언한다.
04      static int count;
05
06      int price;
07      double dcRate;                 Static이 없는 3개의 변수를 선언한다.
08      int dcPrice;
09
10      static void title() {          Static이 붙은 title 메소드를 선언한다.
11          System.out.println("***" + month + "월 고객 감사 할인 행사***" + "\n");
12      }
13
14      void dcCal() {                 Static이 없는 dcCal 메소드를 선언한다.
15          dcPrice = (int)(price - price * dcRate);
16          System.out.println("정가는 " + price + "원 입니다");
17          System.out.println("할인가는 " + dcPrice + "원입니다");
18
19          count++;
20      }
21  }
22
23  class PriceCal1 {                  PriceCal은 main()이 있는 실행 클래스이다.
24      public static void main(String args[]) {
```

```
25
26          Discount1.month = 12;
27          Discount1.title();
28
29          Discount1 cal1 = new Discount1();
30          cal1.price = 20000;
31          cal1.dcRate = 0.2;
32          cal1.dcCal();
33          System.out.println("귀하는 " + Discount1.count + "번째 손님입니다" + "\n");
34
35          Discount1 cal2 = new Discount1();
36          cal2.price = 40000;
37          cal2.dcRate = 0.4;
38          cal2.dcCal();
39          System.out.println("귀하는 " + Discount1.count + "번째 손님입니다" + "\n");
40
41      }
42 }
```

26-27줄 설명: Discount1 클래스의 인스턴스를 만들지도 않고 Discount1 클래스에 있는 변수와 메소드를 사용한다. Static 변수와 메소드이기 때문이다.

29-32줄 설명: Discount1 클래스의 인스턴스를 만들고 나서 Discount1 클래스에 있는 변수와 메소드를 사용한다. Static이 없는 변수와 메소드이기 때문이다.

35줄 설명: Discount1 클래스의 count 변수는 static이기 때문에 인스턴스가 만들어질 때 초기화되지 않아 손님의 수를 누적해서 셀 수 있다.

실행결과

12월 고객 감사 할인 행사

정가는 20000원 입니다
할인가는 16000원 입니다
귀하는 1번째 손님입니다

정가는 40000원 입니다
할인가는 24000원 입니다
귀하는 2번째 손님입니다

소스해설

소스라인 03-04 : 2개의 static 변수를 선언한다. 이 변수들은 컴파일 후 "java 파일명" 명령에 의해 클래스가 처음 로딩될 때 **클래스 정보 영역에 생성되기 때문에 인스턴스를 생성하지 않고도 사용할 수 있다.** 그래서 이 변수들을 **"클래스 변수"** 라고도 한다.

소스라인 06-08 : 3개의 일반 변수를 선언한다. 이 변수들은 new가 실행되어 인스턴스가 만들어져야 그때 할당된 **인스턴스 영역에 생성되기 때문에 인스턴스를 생성한 후 사용할 수 있다.** 그래서 이들을 **"인스턴스 변수"** 라고도 한다.

소스라인 10-12 : static 메소드를 선언하고 있다. static 메소드도 static 변수와 마찬가지로 "java 파일명" 명령에 의해 클래스가 처음 로딩될 때 **클래스 정보 영역에 이 메소드에 대한 정보가 기록되기 때문에 인스턴스를 만들지 않고도 이 메소드를 사용할 수 있다.** 그래서 이런 메소드를 "클래스 메소드"라고도 한다.

소스라인 14-20 : 일반 메소드를 선언하고 있다. 이 메소드는 new에 의해 **인스턴스가 만들어져야 인스턴스 영역에 이 메소드에 대한 정보가 기록되기 때문에 인스턴스를 만든 후 사용해야 한다.** 그래서 이런 메소드를 "**인스턴스 메소드**"라고도 한다.

소스라인 26 : 인스턴스를 만들지 않은 상태에서 "클래스명.변수명" 형식으로 클래스 변수를 사용하고 있다.

소스라인 27 : 인스턴스를 만들지 않은 상태에서 "클래스명.메소드명()" 형식으로 클래스 메소드를 사용하고 있다.

소스라인 29-32 : Discount1 클래스의 인스턴스 cal1을 만들고 인스턴스 변수와 인스턴스 메소드를 사용하고 있다.

소스라인 33 : 클래스 변수의 값을 출력한다. **인스턴스가 생성되면서 인스턴스 변수들은 초기값으로 초기화되지만 클래스 변수는 값을 계속 유지한다.** 그래서 Discount1.count의 값은 계속 누적된다.

소스라인 35-38 : Discount1 클래스의 인스턴스 cal2를 만들고 인스턴스 변수와 인스턴스 메소드를 사용하고 있다.

소스라인 39 : 역시 클래스 변수의 값을 출력하고 있다. Discount1.count의 누적된 값이 출력된다.

한 가지 주의할 것은 인스턴스 메소드 내에서는 클래스 변수나 클래스 메소드를 자유롭게 사용할 수 있으나, Static이 붙은 클래스 메소드 내에서는 인스턴스 변수나 인스턴스 메소드를 사용할 수 없다는 점이다. 앞서 4.5절에서 "지역 변수"를 언급했다. **자바의 변수는 "지역 변수, 클래스 변수, 인스턴스" 변수가 있다.** 각 변수의 특징을 알아두자. 클래스와 객체를 한 번 더 정리하자.

❶ 자바 프로그램은 실행 클래스와 멤버 클래스로 구성된다.
❷ main()이 있는 클래스를 실행 클래스하고 하며, 실행 클래스는 항상 존재한다.
❸ main()이 없는 클래스는 멤버 클래스라고 하며, 멤버 클래스는 없을 수도 있고, 여러 개 있을 수도 있다
❹ 멤버 클래스는 객체(인스턴스)로 만들어야 그 안에 정의된 변수나 메소드를 사용할 수 있다.
❺ 그러나 멤버 클래스에 static으로 정의된 변수나 메소드는 객체를 만들지 않고 사용할 수 있다.

5.5 매개변수와 return 문을 사용하는 메소드

지금까지 사용한 메소드의 형식은 다음과 같았다.

메소드 선언	메소드 호출

void 메소드명 {
    명령문들;
}
	인스턴스명.메소드명();

가장 간단한 위의 형식은 특정 메소드를 호출하면 그 메소드에 정의된 명령문들이 실행될 뿐이다. 그러나 **메소드를 호출할 때 값(매개변수)을 넘겨줄 수 있으며, 그 처리 결과를 돌려받을 (return) 수도 있다.**

이 경우 다음과 같은 형식으로 기술한다.

메소드 선언	사용 예

반환타입 메소드명 (매개변수1, 매개변수2, ...)
{
    명령문들;
    return 반환값;
}
	int add (int a, int b) {
	    int res = a + b;
	    return res;
	}

메소드 호출	사용 예
인스턴스명.메소드명(매개변수1, 매개변수2, ...);	arith.add(10, 3);

❶ 메소드를 선언할 때의 "반환타입"은 "반환값"의 타입을 지정한다.
❷ 메소드 선언과 메소드 호출의 매개변수들은 서로 타입이 정확히 일치하거나, 묵시적 형 변환이 가능한 타입이어야 한다.
❸ 메소드가 반환하는 값이 없을 때는 "반환타입"에 void를 기술한다.

매개변수의 사용 예를 보여주는 다음의 간단한 사칙연산 소스 코드를 보자.

소스코드
CalCall.java

```java
01 class Cal {                              // 멤버 클래스이다.
02
03     int add (int a, int b) {             // add 메소드는 res 값을 반환하고
04         int res = a + b;                 // res는 int 형 변수이다.
05         return res;
06     }
07
08     int subtract (int a, int b) {        // subtract 메소드는 a-b 값을 반환
09         return a - b;                    // 하고 반환값은 int 형이다.
10     }
11
12     int multiply (int a, int b) {        // multiply 메소드는 a*b 값을 반환
13         return a * b;                    // 하고 반환값은 int 형이다.
14     }
15
16     double divide (double a, double b) { // divide 메소드는 a/b 값을 반환하
17         return a / b;                    // 고 반환값은 double 형이다.
18     }
19 }
20
21 class CalCall {                          // 실행 클래스이다.
22     public static void main(String args[]) {
23
24         Cal arith = new Cal();           // cal 클래스의 인스턴스를 만든다.
25
26         int res1 = arith.add(10, 3);     // 메소드를 호출하는데 괄호 안에
27         int res2 = arith.subtract(10, 3); // 인수가 있다. 이 인수가 해당 메소
28         int res3 = arith.multiply(10, 3); // 드로 넘겨지며 결과 값을 돌려받
29         double res4 = arith.divide(10, 3); // 아 변수에 저장한다.
30
31         System.out.println ("덧셈 = " + res1);
32         System.out.println ("뺄셈 = " + res2);
33         System.out.println ("곱셈 = " + res3);
34         System.out.println ("나눗셈 = " + res4);
35
36     }
37 }
```

실행결과

덧셈 = 13
뺄셈 = 7
곱셈 = 30
나눗셈 = 3.3333333333333335

소스해설

소스라인 01-19 : 사칙연산을 하는 메소드들을 선언한 Cal 멤버 클래스이다.

소스라인 21-37 : Cal 클래스에 선언된 메소드를 호출하고 결과를 돌려받아 출력하는 CalCall 실행 클래스이다.

소스라인 03 : add 메소드의 선언부이다. 메소드 이름 앞의 int는 add 메소드가 반환하는 값의 타입이다. 이 메소드는 res 변수 값을 반환하며 res 변수가 int 타입이기 때문에 메소드 이름 앞에 int를 기술한다. ( ) 안에는 값을 넘겨받을 매개변수 타입과 매개변수의 이름을 기술한다.

소스라인 04 : 덧셈을 해서 int 타입의 res 변수에 계산 결과를 할당한다.

소스라인 05 : return 문으로 res 변수의 값을 반환한다. **return 문은 한 개의 값만을 반환할 수 있다.** 여러 개의 값을 반환하려면 배열을 사용할 수 있다.

소스라인 08-10 : subtract 메소드를 선언한다. return 뒤에 수식을 직접 기술해도 된다.

소스라인 12-14 : mutiply 메소드를 선언한다. 역시 return 뒤에 수식을 직접 기술했다.

소스라인 16-18 : divide 메소드를 선언한다. 나눗셈의 결과를 double 형으로 반환한다.

소스라인 24 : Cal 멤버 클래스의 인스턴스 Arith를 생성한다.

소스라인 26 : add 메소드를 호출하고 돌려받은 계산 결과를 res1 변수에 할당한다. ( ) 안에는 전달할 값이나 변수를 기술한다. 여기서는 값을 직접 기술했으며, 이 값은 소스라인 03에 선언된 **매개변수와 타입이 정확히 일치하거나 묵시적 형변환이 가능한 타입이어야 한다.**

소스라인 27-28 : add 메소드와 동일하게 subtract와 multiply 메소드를 호출하고 각기 res2와 res3 변수에 계산 결과를 돌려받는다.

소스라인 29 : divide 메소드를 호출한다. 호출시 전달하는 값은 정수이지만 소스라인 16에 선언된 매개변수의 타입은 double이다. 이런 경우 정수형에서 double 형으로 묵시적 형변환이 일어난다. 돌려받는 값이 double 형이기 때문에 res4는 double 형으로 선언했다.

5.6 메소드 오버로딩

메소드 오버로딩(Method Overloading)은 메소드 이름을 중복해서 사용한다는 의미이다. 프로그램이 커지면 변수도 많아지고 메소드도 많아져 이름 짓기도 복잡해진다. 변수의 경우는 배열로 해결할 수 있다. 메소드는 메소드 오버로딩으로 해결한다. 기본적으로 변수와 마찬가지로 모든 메소드는 각기 다른 이름을 가져야 한다.

그런데 예를 들어, 덧셈을 하는 메소드인데 정수 연산을 하는 메소드도 필요하고, 실수 연산을 하는 메소드도 필요하며, 매개변수가 2개인 메소드도 필요하고, 매개변수가 4개인 메소드로 필요하다면 이들을 각기 다른 이름으로 선언해야 할 것이다. 이런 경우 이런 **유사한 메소드들을 여러 개 만들되 메소드 이름을 동일하게 정의해서 사용하는 기법이 메소드 오버로딩이다.** 메소드 오버로딩은 다음과 같은 규칙이 있다.

❶ 동일한 이름으로 여러 개의 메소드를 선언한다.
❷ 그러나 각 메소드 매개변수(인수)의 "타입", "개수", "순서"가 달라야 한다.
❸ 메소드를 호출하면 매개변수(인수)의 "타입", "개수", "순서"에 맞춰 각기 다른 메소드가 실행된다.

먼저 매개변수의 타입이 다른 경우를 보여주는 다음의 Oltest1.java를 보자.

소스코드
Oltest1.java

```
01  class OverLoading1 {
02
03      void addition( int a, int b ) {
04          int sum = a + b;
05          System.out.println( sum );
06      }
07
08      void addition( float a, float b ) {
09          float sum = a + b;
10          System.out.println( sum );
11      }
12
13      void addition( double a, double b ) {
14          double sum = a + b;
15          System.out.println( sum );
16      }
```

addition 메소드.
인수가 int 형이다.

addition 메소드.
인수가 float형이다.

addition 메소드.
인수가 double 형이다.

```
17
18     void addition( String a, String b ) {
19         String sum = a + b;
20         System.out.println( sum );
21     }
22 }
23
24 class Oltest1 {
25     public static void main( String[] args ) {
26
27         OverLoading1 olt1 = new OverLoading1();
28
29         olt1.addition( 8, 9 );
30         olt1.addition( 4.1F, 5.5F );
31         olt1.addition( 6.29, 10.26 );
32         olt1.addition( "ok", "yes" );
33     }
34 }
```

> addition 메소드.
> 인수가 String 형이다.

> 모두 addition 메소드를 호출하나 각기 인수의 타입이 다르다.

실행결과

17
9.6
16.55
okyes

소스해설

소스라인 01-22 : OverLoading1 클래스에서 4개의 addition이라는 메소드를 선언하고 있다. **이름이 모두 addition으로 동일하나 매개변수의 타입이 전부 다르다.** 이름은 동일하지만 매개변수 타입으로 각 메소드가 구분된다.

소스라인 24-34 : 실행 클래스 Oltest1에서 멤버 클래스인 OverLoading1 클래스의 인스턴스 olt1을 만들고 메소드를 호출하고 있다. 모두 addition 메소드를 호출하나 매개변수 타입에 맞춰 각기 다른 메소드가 실행된다.

이번에는 매개변수의 개수가 다른 메소드 오버로딩의 예를 보여주는 다음의 Oltest2.java를 보자.

소스코드
Oltest2.java

```java
01 class OverLoading2 {
02
03    void addition( int a ) {
04        int sum = a + 100;
05        System.out.println( sum );
06    }
07
08    void addition( int a, int b ) {
09        int sum = a + b;
10        System.out.println( sum );
11    }
12
13    void addition( int a, int b, int c ) {
14        int sum = a + b + c;
15        System.out.println( sum );
16    }
17
18    void addition( int a, int b, int c, int d ) {
19        int sum = a + b + c + d;
20        System.out.println( sum );
21    }
22 }
23
24 class Oltest2 {
25    public static void main( String[] args ) {
26
27        OverLoading2 olt2 = new OverLoading2();
28
29        olt2.addition( 100 );
30        olt2.addition( 10, 20 );
31        olt2.addition( 10, 20, 30 );
32        olt2.addition( 10, 20, 30, 40 );
33    }
34 }
```

- addition 메소드.
  int 형 인수가 1개이다.
- addition 메소드.
  int 형 인수가 1개이다.
- addition 메소드.
  int 형 인수가 3개이다.
- addition 메소드.
  int 형 인수가 4개이다.
- 모두 addition 메소드를 호출하며 모두 int 형 인수를 넘겨주나 인수의 개수가 다르다.

실행결과

```
200
30
60
100
```

소스해설

소스라인 01-22 : OverLoading2 클래스에서 4개의 addition이라는 메소드를 선언하고 있다. **이름이 모두 addition으로 동일하나 매개변수의 개수가 전부 다르다.** 이름은 동일하지만 매개변수 개수로 각 메소드가 구분된다.

소스라인 24-34 : 실행 클래스 Oltest2에서 멤버 클래스인 OverLoading2 클래스의 인스턴스 olt2을 만들고 메소드를 호출하고 있다. 모두 addition 메소드를 호출하나 매개변수 개수에 맞춰 각기 알맞은 메소드가 실행된다.

마지막으로 매개변수의 순서가 다른 경우를 보여주는 다음의 Oltest3.java를 보자.

소스코드
Oltest3.java

```
01 class OverLoading3 {
02
03     void printInfo( String name, int age ) {
04         System.out.println( name + " 연령 : " + age );
05     }
06
07     void printInfo( int age, String name ) {
08         System.out.println( name + " 연령 : " + age );
09     }
10 }
11
12 class Oltest3 {
13     public static void main( String[] args ) {
14
15         OverLoading3 olt3 = new OverLoading3();
16
17         olt3.printInfo( "이병재", 10 );
```

> printInfo 메소드. 인수 순서가 name, age이다.

> printInfo 메소드. 인수 순서가 age, name으로 위와 다르다.

> 둘 다 printInfo 메소드를 호출하나 인수의 순서가 다르다.

```
18          olt3.printInfo( 20, "서혜숙" );
19      }
20 }
```

실 행 결 과

이병재 연령 : 10
서혜숙 연령 : 20

소 스 해 설

소스라인 01-10 : OverLoading3 클래스에서 2개의 printInfo라는 메소드를 선언하고 있다. **이름이 모두 printInfo으로 동일하나 매개변수의 순서가 전부 다르다.** 이름은 동일하지만 매개변수 순서로 각 메소드가 구분된다.

소스라인 12-20 : 실행 클래스 Oltest3에서 멤버 클래스인 OverLoading3 클래스의 인스턴스 olt3을 만들고 메소드를 호출하고 있다. 둘 다 printInfo 메소드를 호출하나 매개변수 순서에 맞춰 각기 알맞은 메소드가 실행된다.

이쯤에서 잠깐!
객체는 코드 쪼개기로부터 시작되었지만, 단순한 쪼개기가 아니라 더 편리한 여러 가지 기능이 숨어있다는 것을 느낄 수 있을 것이다. 우리는 5장과 6장에서 이런 객체의 다양한 특성을 하나씩 익혀가게 되며, 그것이 자바 학습의 가장 중요한 기본이다.

5.7 생성자 (Constructor)

생성자는 인스턴스가 만들어질 때 자동으로 실행되는 메소드이다. 인스턴스가 생성될 때 자동으로 처리해야 하는 작업이 있는 경우에 사용하며, 주로 인스턴스 변수의 초기화를 위해 사용한다. 생성자는 다음과 같은 특징을 갖는다.

❶ 메소드 이름이 클래스 이름과 동일해야 한다.
❷ 반환 값이 없으나 메소드 이름 앞에 void를 기술하지 않는다.
❸ 모든 클래스에는 생성자가 있다.

먼저 생성자를 사용하는 다음의 ConTest.java를 보자.

소스코드
ConTest.java

```
01  class Person {
02
03      String name;
04      int year;
05      int month;
06      int day;
07
08      Person( String arg_name, int arg_year, int arg_month, int arg_day ) {
09
10          name = arg_name;
11          year = arg_year;
12          month = arg_month;
13          day = arg_day;
14      }
15  }
16
17  class ConTest {
18      public static void main( String[] args ) {
19
20          Person human = new Person( "이병재", 2000, 8, 15 );
21
22          System.out.println( human.name );
23          System.out.println( human.year + "년 " + human.month + "월 " + human.day +"일 생");
24      }
```

> 클래스 이름이 Person이다.

> 클래스 이름이 Person인데 메소드 이름도 Person이다. 생성자이기 때문이다. 인수를 넘겨받게 정의되어 있다.

> new로 인스턴스를 만들면서 인수를 지정했다. 생성자인 Person 메소드가 실행된다.

25 }

실행결과

이병재
2000년 8월 15일 생

소스해설

소스라인 01-15 : Person이라는 클래스를 선언한다.

소스라인 08-14 : Person 클래스 내에 Person이라는 메소드를 선언했다. 이렇게 **클래스 이름과 동일한 이름을 가진 메소드를 생성자**라고 하며, 이 Person 클래스의 인스턴스가 만들어질 때 이 메소드가 자동으로 실행된다. 여기서는 4개의 매개변수를 전달받아 인스턴스 변수에 초기값을 할당하고 있다.

소스라인 20 : Person 클래스의 인스턴스를 만든다. Person 클래스에 Person이라는 생성자 메소드가 정의되어 있기 때문에 인스턴스가 만들어지면서 Person 메소드가 자동으로 실행된다.

인스턴스 변수의 초기화는 위와 같이 생성자를 사용하지 않고 다음과 같이 인스턴스를 만든 후 초기 값을 할당해도 된다.

```
Person human = new Person();
human.name = "이병재";
human.year = 2000;
human.month = 8;
human.day = 15;
```

그러나 **생성자를 사용하면 코드가 더 간단하고 직관적이라는 장점이 있다.** 뒤에서 보겠지만, 반드시 생성자를 사용해야 하는 경우도 있으며, 생성자도 메소드 오버로딩이 가능하기 때문에 여러 개의 생성자를 동일한 이름으로 선언해두고 사용할 수도 있다.

이제 "**모든 클래스에 생성자가 있다**"는 규칙을 알아보기 위해 다음의 GreetingTest.java를 보자. 단순히 "안녕하세요!"라는 메시지를 출력하는 간단한 코드이다.

```
01 class Greeting {
02     void message() {
03         System.out.println("안녕하세요!");
04     }
05 }
```

```
06 class GreetingTest {
07     public static void main( String[] args ) {
08         Greeting hi = new Greeting();
09         hi.message();
09     }
10 }
```

지금까지 우리는 인스턴스를 생성할 때 실행 클래스에서 다음과 같은 형식으로 명령문을 사용했다. 이제 이 명령문을 다시 생각해보자.

클래스명 참조변수 = new 클래스명(); ⟶ Greeting hi = new Greeting();

- new Greeting(); 부분을 보면 ()가 있다.
- ()가 붙은 것은 메소드이다.
- 그렇다면 Greeting()은 Greeting이라는 메소드를 실행하라는 의미이다.
- 그런데 Greeting은 클래스 이름이다.
- 그리고 Greeting 클래스 내에 Greeting이라는 메소드도 없다.

어찌 된 것일까? 비밀은 컴파일러에 있다. **우리가 생성자를 선언하지 않으면 자바 컴파일러가 컴파일하면서 내부적으로 생성자 코드를 삽입한다.** 컴파일러가 삽입하는 형식은 다음과 같다.

```
class Greeting {
    Greeting() { }
}
```

이렇게 **컴파일러가 기본으로 삽입하는 생성자를 기본 생성자라고 한다. 이 기본 생성자가 실행되면서 인스턴스 변수가 기본 값으로 초기화된다.** 우리가 지금까지 작성했던 모든 자바 프로그램에도 사실은 생성자가 삽입되었던 것이다. 이제 new 문은 다음과 같이 해석할 수 있다. 중요!

Greeting hi = new Greeting(); ⟶ 사용자가 선언한 생성자 Greeting()이 있으면 그 생성자 메소드를 실행하라. 그러나 사용자가 선언한 생성자가 없으면 컴파일러가 삽입한 기본 생성자인 Greeting()을 실행해서 변수들을 기본 값으로 초기화하고 새로운 인스턴스를 만들어라.

5.8 this의 사용

this라는 키워드는 "이 클래스의..."라는 의미로 동일한 이름의 변수와 메소드를 구분하기 위해 생성자와 함께 사용된다. 사용 형식은 다음과 같다.

> this.변수명
> this(매개변수들...)

먼저 변수의 경우를 보자. 다음의 ThisTest.java는 앞의 ConTest.java 프로그램에서 매개변수 이름과 생성자 내의 변수 이름만 바뀌었음을 주목하자.

소스코드
ThisTest.java

```
01 class Person {
02
03     String name;
04     int year;
05     int month;
06     int day;
07
08     Person( String name, int year, int month, int day ) {
09
10         this.name = name;
11         this.year = year;
12         this.month = month;
13         this.day = day;
14     }
15 }
16
17 class ThisTest {
18     public static void main( String[] args ) {
19
20         Person human = new Person( "이병재", 2000, 8, 15 );
21
22         System.out.println( human.name );
23         System.out.println( human.year + "년 " + human.month + "월 " + human.day +"일 생" );
24     }
25 }
```

> Person 클래스에 선언된 4개의 변수와 생성자 메소드 Person의 인수 4개가 이름이 동일하다.

> this는 "Person 클래스의..."라는 의미이다. 생성자 메소드의 인수 이름과 Person 클래스에 선언된 변수의 이름을 구분하는 역할을 한다.

실행결과

이병재
2000년 8월 15일 생

소스해설

소스라인 08-14 : 생성자 메소드이다. 앞의 ConTest.java와 이 부분을 비교해보자.

ConTest.java
```
class Person {
    String name;
    int year;
    int month;
    int day;

    Person( String arg_name, int arg_year, int arg_month, int arg_day ) {
        name = arg_name;
        year = arg_year;
        month = arg_month;
        day = arg_day;
    }
}
```

ThisTest.java
```
class Person {
    String name;
    int year;
    int month;
    int day;

    Person( String name, int year, int month, int day ) {
        this.name = name;
        this.year = year;
        this.month = month;
        this.day = day;
    }
}
```

ConTest와 달리 ThisTest에서는 Person 클래스의 03-06 라인에서 선언한 클래스(인스턴스)의 변수

이름과 08 라인의 매개변수 이름이 동일하다. 이 경우 매개변수와 클래스에서 선언된 변수 이름을 구분하기 위해서 클래스의 변수 이름 앞에 "이 클래스의..."라는 의미로 this를 붙여야 한다. 이렇게 this를 사용해서 매개변수와 클래스의 변수 이름을 동일하게 사용하는 것이 코드를 더 직관적이고 읽기 쉽게 한다는 장점이 있다. this의 실체는 Person 클래스의 인스턴스를 가리키는 참조변수이다.

this는 생성자에서 다른 생성자를 호출할 때도 사용된다. 다음의 ThisTest1.java에서는 생성자를 여러 개 선언하여 매개변수의 개수에 따라 생성자를 오버로딩하여 사용하되, this를 사용하여 생성자가 다른 생성자를 호출하도록 하였다.

소스코드
ThisTest1.java

```
01 class Phone {
02
03     String name;
04     String model;
05     String color;
06     int count;
07
08     Phone( String name, String model ) {
09         this(name, model, "white", 10);
10     }
11
12     Phone( String name, String model, String color ) {
13         this(name, model, color, 10);
14     }
15
16     Phone( String name, String model, String color, int count ) {
17         this.name = name;
18         this.model = model;
19         this.color = color;
20         this.count = count;
21     }
22
23     void printOrder() {
24         System.out.println( name );
25         System.out.println( "모델 : " + model + "  색 : " + color + "  대수 : " + count + "\n");
```

09 라인과 13 라인의 this는 16라인의 생성자를 호출한다.

```
26     }
27 }
28
29 class ThisTest1 {
30     public static void main( String[ ] args ) {
31
32         Phone order1 = new Phone( "홍대점", "베가");
33         order1.printOrder();
34
35         Phone order2 = new Phone( "신촌점", "갤럭시", "black");
36         order2.printOrder();
37
38         Phone order3 = new Phone( "합정점", "베가", "red", 4);
39         order3.printOrder();
40     }
41 }
```

실행결과

홍대점
모델 : 베가   색 : white   대수 : 10
신촌점
모델 : 갤럭시   색 : black   대수 : 10
합정점
모델 : 베가   색 : red   대수 : 4

소스해설

소스라인 08-10 : 2개의 매개변수를 받는 생성자를 선언한다. 이 생성자는 2개의 매개변수를 받아들인 후, 2개의 기본 값을 추가하여, 이 클래스 내에 있는(this) 4개의 매개변수를 받아들이는 생성자를 호출한다. 즉, 16번 라인의 생성자를 호출한다.

소스라인 12-14 : 3개의 매개변수를 받는 생성자를 선언한다. 이 생성자는 3개의 매개변수를 받아들인 후, 1개의 기본 값을 추가하여, 이 클래스 내에 있는(this) 4개의 매개변수를 받아들이는 생성자를 호출한다. 즉, 16번 라인의 생성자를 호출한다.

소스라인 16-21 : 4개의 매개변수를 받는 생성자를 선언한다. 이 생성자는 4개의 매개변수를 받아들여 초기 값을 설정한다. 실제로 모든 초기 값을 설정하는 것은 이 생성자가 실행한다. 이런 방식으로 생성자를 사용하면 기본 값을 설정해놓고 수정이 필요한 값만 매개변수로 넘겨서 초기 값을 설정할 수 있는 장점이 있다.

5.9 package와 import

자바를 구성하는 클래스의 묶음인 패키지의 개념을 살펴보고 패키지를 사용하기 위한 명령문인 package와 import의 사용법을 알아본다.

패키지와 import

자바는 객체 덩어리이다. 우리가 자바로 프로그래밍을 할 때도 클래스를 정의하고 객체를 생성하는 방식으로 프로그래밍을 하지만 **자바 시스템 자체가 많은 객체로 구성되어 있다.** 우리는 지금까지 출력을 할 때 아래와 같은 명령문을 사용했다.

  System.out.println();

지금까지는 명령문이라고 표현했지만 객체의 관점에서 보면 제일 뒤에 ()가 있으므로 메소드이다. System 클래스 내에 static으로 선언되어 있는 out 객체의 println()이라는 메소드를 사용한 것이다. 이와 같이 **자바의 명령문은 클래스 내의 객체로 제공되며 명령문을 제공하는 많은 클래스들을 구분하기 위해 클래스 상위에 패키지(package)라는 클래스 묶음을 제공하고 있다.**

패키지는 유사한 클래스들을 모아 놓은 것으로 패키지 안에 클래스가 있고 클래스 내에 객체와 메소드를 제공한다. 다음과 같이 알집으로 자바가 설치된 디렉토리를 찾아가서 rt.jar 파일 내의 java 디렉토리를 보면 패키지들을 볼 수 있다.

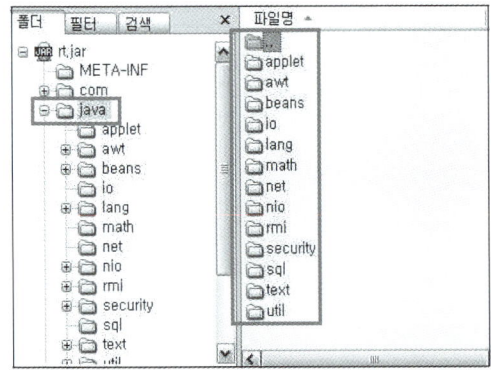 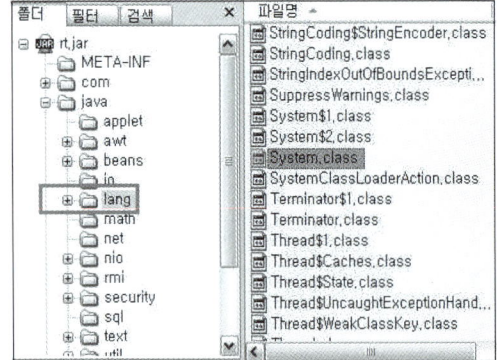

java 디렉토리에 있는 applet부터 util까지가 패키지들이다. 패키지의 실체는 관련 있는 클래스들을 모아 놓은 디렉토리(폴더)임을 알 수 있다. 그 중에서 lang 패키지를 클릭해보면 System.class가 보인다. 우리는 java.lang 패키지 내의 System 클래스를 사용한 것이다. **자바는 모든 프로그램에 자동으로 java.lang 패키지를 포함시킨다.** 그래서 System 클래스를 사용할 수 있었던 것이다. 그러나 **다른 패키지들은 import 문으로 포함시킬 패키지를 지정해야 한다.**

앞에서 우리는 다음과 같은 import 문을 사용한 적이 있다.

   import java.util.Scanner;

이 명령문은 java 디렉토리의 util 패키지 내의 Scanner 클래스를 포함시키라(import)는 의미이다. 그러나 다음과 같이 클래스 이름 대신에 "*"를 기술하면 util 패키지 전체를 포함시키게 된다.

   import java.util.*;

package 명령문

자바에서 제공하는 클래스들만 패키지로 묶을 수 있는 것은 아니다. **우리가 만드는 클래스들도 package라는 명령문을 사용해서 별도의 패키지(디렉토리)로 만들고 import 명령문으로 포함시켜서 사용할 수 있다.** 간단한 예제를 통해 패키지를 만드는 방법을 살펴본다.

우리가 자바 소스 코드를 보관하고 있는 C:\myjava 디렉토리(폴더)는 현재 다음과 같다. 5장의 예제들이 저장되어 있고 그 중에는 CallHello.java와 Hello.java가 있다.

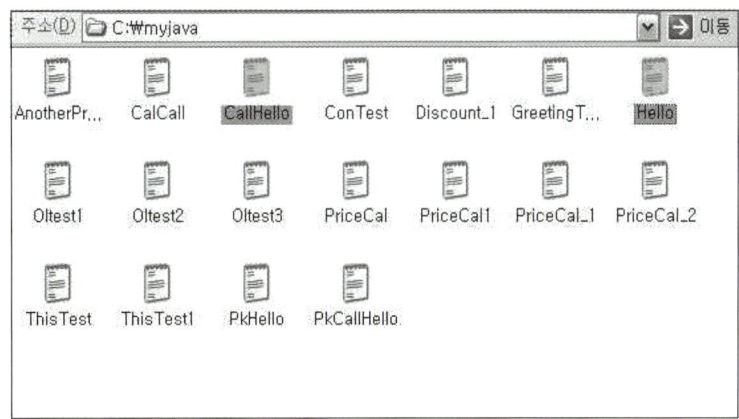

Hello.java의 소스 코드는 다음과 같다. 이 클래스는 단순히 문자열을 출력하는 printHello()라는 메소드 하나로만 구성되었으며, 실행 클래스가 아니므로 홀로 실행될 수는 없다.

```
class Hello {
    void printHello() {
        System.out.println( "Hello package!" );
    }
}
```

CallHello.java의 소스 코드는 다음과 같다. 실행 클래스이며, 앞서 본 Hello 클래스의 객체를 만들어 printHello() 메소드를 실행한다.

```
class CallHello {
    public static void main( String[] args ) {
        Hello hl = new Hello();
        hl.printHello();
    }
}
```

CallHello.java를 컴파일하고 실행하면 올바로 실행된다.

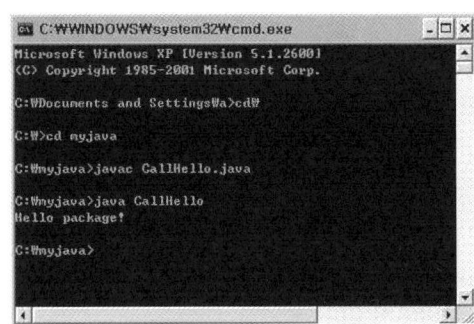
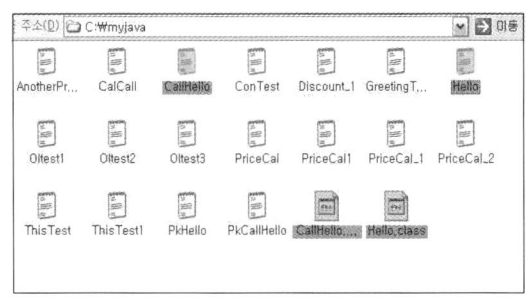

이제 우리만의 패키지(디렉토리)를 만들고 그 패키지의 클래스를 import해서 사용하는 방법을 알아보자. 현재 myjava 디렉토리에는 PkHello와 PkCallHello라는 소스 코드도 있다.

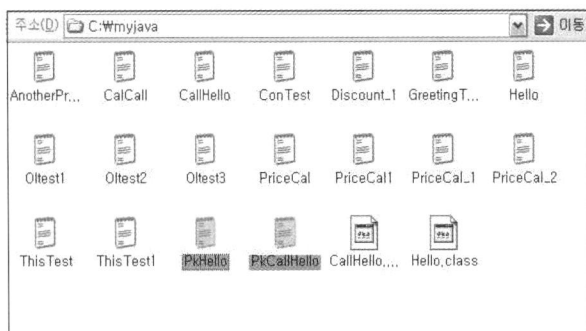

이 소스 코드들을 보자. PkHello.java는 다음과 같다.

```
package hello;
public class PkHello {
    public void printHello() {
        System.out.println( "Hello package!" );
    }
}
```

실행 클래스가 아닌 이 멤버 클래스에는 제일 위에 "Package hello;"라는 명령문이 추가되었다. 이 명령문은 이 **클래스를 컴파일할 때 hello라는 디렉토리 즉, hello라는 패키지를 만들어서 그 패키지 내에 클래스를 저장하라는 의미이다.** 그리고 패키지 간에 공유하려면 public class PkHello와 public void printhello()처럼 class와 메소드 앞에 public을 기술해야 한다. public에 대해서는 뒤에서 다시 살펴볼 것이다.

PkCallHello.java는 다음과 같다.

```
import hello.PkHello;
class PkCallHello {
    public static void main( String[] args ) {
        PkHello hl = new PkHello();
        hl.printHello();
    }
}
```

실행 클래스인 이 클래스의 제일 위에 "import hello.PkHello;"라는 명령문이 추가되었다. 이 명령문은 **이 클래스를 컴파일할 때 hello 패키지 내의 PkHello 클래스를 이 클래스에 포함시키라는 의미이다.**

이제 우리만의 패키지를 만들기 위해 c:\에 hellopackage라는 디렉토리를 만든다.

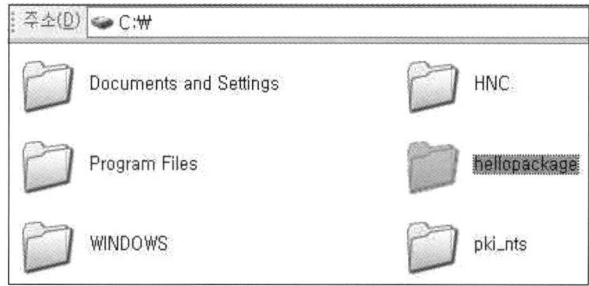

그리고 먼저 다음과 같이 옵션을 지정해서 PkHello.java를 컴파일한다.

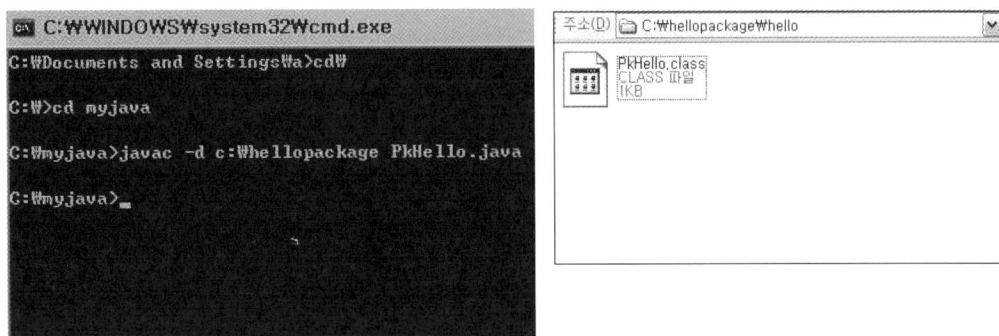

그러면 PkHello의 "package hello;" 명령문으로 인해 hellopackge 디렉토리 안에 hello 패키지가 생기고 그 안에 컴파일된 클래스가 저장된다. 이제 윈도우에서 "제어판 > 시스템 > 고급 > 환경 변수 > 시스템 변수"로 가서 다음과 같이 클래스 패스를 지정한다.

변수 값의 제일 앞에 있는 ".;"은 현재 디렉토리를 지정한 것이다. 이렇게 CLASSPATH를 시스템에 지정해두면 PkHello 클래스를 import하는 다른 클래스들을 컴파일할 때 클래스 패스를

알려주는 컴파일 옵션(-classpath)을 지정하지 않아도 된다. PkCallHello를 컴파일하고 실행해보자.

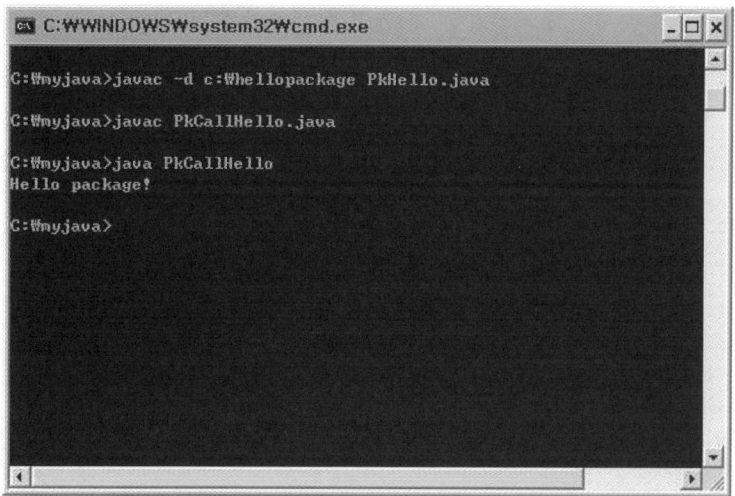

올바로 실행된다. 시스템에 클래스 패스를 지정해두었기 때문에 PkCallHello 뿐만 아니라, 다른 클래스에서도 "import hello.PkHello;" 명령문만 추가하면 언제든지 PkHello 클래스를 멤버 클래스로 사용할 수 있다.

5.10 배열

배열(Array)은 프로그래밍에서 자주 사용되는 중요한 자료 저장 형식의 하나이다. 자바에서는 배열이 객체이며 그로 인해 배열을 다양하게 사용할 수 있다.

배열의 개념과 생성

배열은 동일한 타입(type)의 여러 개의 변수를 한 묶음으로 사용하기 위한 변수의 집합체이다. 예를 들어, int 형의 변수가 100개가 필요한 경우, 100개의 변수를 선언해야한다. 하지만 배열을 사용하면 이런 작업이 아주 간단해진다. 배열은 다음과 같이 2가지 형식으로 생성할 수 있다.

| 타입[ ] 배열명; | int[ ] subject; |
| 타입 배열명[ ]; | int subject[ ]; |

- 타입 지정자 뒤나 배열명 뒤에 [ ]가 추가되는 것을 제외하고는 변수명과 동일한 이름 규칙을 적용받는다. 타입 지정자 뒤에 [ ]를 지정하는 첫 번째 형식을 많이 사용한다.

그러나 배열을 선언했다고 해서 배열이 생성되는 것은 아니다. 배열의 선언은 단순히 배열을 가리키는 참조변수만을 만든 것일 뿐이다. 배열을 생성하는 일반적인 형식은 다음과 같다.

| 배열 선언과 생성을 동시에 함 | int[ ] subject = new int[10]; |
| 배열을 선언과 생성을 분리함 | int[ ] subject;
subject = new int[10]; |

위와 같은 형식으로 배열을 만들면 메모리에 다음과 같이 형식으로 배열이 생성된다.

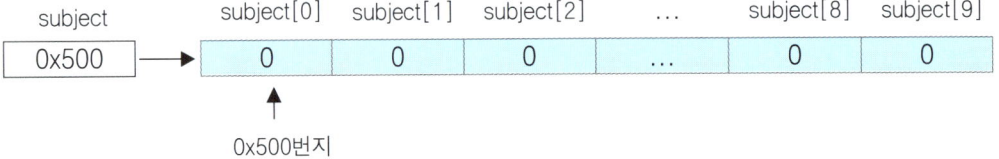

① 10개의 int 형 변수로 구성된 배열이 만들어진다.
② 배열을 구성하는 각 변수를 요소(element)라고 하며, 각 요소는 대괄호([ ]) 내에 기술된 0에서 9까지의 인덱스(index)로 구분된다.
③ 배열 이름(subject)은 배열을 가리키는 참조 변수의 이름이며 배열은 객체로 생성된다.

❹ 초기 값을 지정하지 않으면 배열의 요소는 선언된 데이터 형의 기본 값(int 형은 0)으로 초기화된다.

위의 2가지 형식 이외에 다음과 같은 형식으로 배열을 만들면서 원하는 초기 값을 할당할 수도 있다. 초기 값을 할당할 때는 배열 요소의 개수를 지정하지 않아도 초기 값의 개수만큼 요소가 자동 생성된다. 아래는 3개의 요소로 구성된 배열의 예이며, 초기 값은 중괄호 내에 기술한다.

배열의 선언, 생성, 초기값 할당을 동시에 함	int[ ] subject = new int[ ]{100,200,300};

new가 객체를 생성하는 명령문임에서 알 수 있듯이, 배열은 객체로 생성되기 때문에 배열에 사용할 수 있는 메소드와 변수가 존재한다.

new를 사용하지 않고 다음과 같이 간단하게 배열을 만들 수도 있다. 그러나 이 경우도 객체로 생성되는 것은 동일하나, 배열의 선언과 함께 사용자가 직접 초기 값을 할당해야 한다. 다음은 3개의 요소로 구성된 정수형 배열을 만드는 경우이다. 이 형식은 약간의 사용상의 제한은 있으나 이 형식도 자주 사용한다.

```
int[ ] subject = { 0, 0, 0 };
```

배열을 사용하는 다음의 ArrayTest1.java 프로그램을 보자. 8개의 점수를 더해서 총점을 구하는 프로그램이다.

소스코드
ArrayTest1.java

```
01  class ArrayTest1 {
02      public static void main( String[ ] args ) {
03
04          int[ ] subject = { 90, 80, 60, 70, 93, 100, 50, 66 };
05          // int[ ] subject = new int[ ] {90,80,60,70,93,100,50,66};
06
07          int total = 0;
08
09          for( int i = 0; i < subject.length ; i++ ) {
10              total += subject[i];
11          }
```

int 형 배열을 선언하고 각 요소에 초기값 8개를 할당한다. 05라인과 같이 선언해도 된다.

배열은 객체이기 때문에 배열 객체가 제공하는 length라는 변수를 사용해 배열의 크기를 지정할 수 있다.

```
12
13          System.out.println( "총점 = " + total );
14      }
15 }
```

실행결과

총점 = 609

소스해설

소스라인 04 : 정수형 배열 subject를 선언하고 8개의 정수 값을 할당한다. 이 경우 다음과 같은 형식으로 6개의 정수형 기억장소(요소)에 값들이 기억된다.

subject[0]	subject[1]	subject[2]	subject[3]	subject[4]	subject[5]	subject[6]	subject[7]
90	80	60	70	93	100	50	66

배열의 첫 번째 요소는 0부터 시작된다는 것을 주의해야 한다. 이 명령문은 05 라인처럼 기술해도 된다.

소스라인 09 : "배열명.length"라고 기술하면 자동으로 배열의 크기(요소의 개수)가 구해진다. length는 배열 객체에서 사용할 수 있는 변수로서 배열의 크기를 간직한다. 배열 크기의 지정할 때는 숫자보다 length 변수를 사용하는 것이 좋다.

소스라인 09-11 : 반복문을 실행해서 배열의 8개 요소 값을 모두 total 변수에 더한다. "subject[i]"에서 "i"의 값은 0에서 7까지 변하면서 배열 요소들의 값이 모두 더해진다.

다차원 배열

앞서 본 배열은 1차원 배열이다. 자바에서는 2차원, 3차원 등의 다차원 배열이 가능하다. 그러나 2차원 이상의 배열을 사용하는 것은 바람직하지 않다. 2차원 배열의 경우 다음과 같이 선언한다.

타입[][] 배열명;	int[][] subject;
타입 배열명[][];	int subject[][];
타입 [] 배열명[];	int[] subject[];

3차원의 경우 [ ]를 하나 더 추가하면 된다. 2차원 배열도 1차원 배열과 마찬가지로 배열의 선언만으로 배열이 만들어지는 것이 아니다. 예를 들어 4행 3열의 배열을 생성하려면 다음과 같은 형식으로 기술한다.

배열 선언과 생성을 동시에 함	int[ ][ ] subject = new int[4][3];
배열을 선언과 생성을 분리함	int[ ][ ] subject; subject = new int[4][3];

2차원 배열을 생성하면서 초기 값을 할당하려면 다음과 같은 형식으로 기술한다.

| 배열의 선언, 생성, 초기값 할당을 동시에 함 | int[ ][ ] subject = new int[ ][ ]{
                    {90,90,90},
                    {80,80,80},
                    {70,70,70},
                    {60,60,60},
                    }; |

2차원 배열의 경우도 위의 형식에서 "new int[ ] [ ]" 부분을 생략하고 사용할 수 있다. 이제 메모리에 생성된 배열의 모습은 다음과 같다.

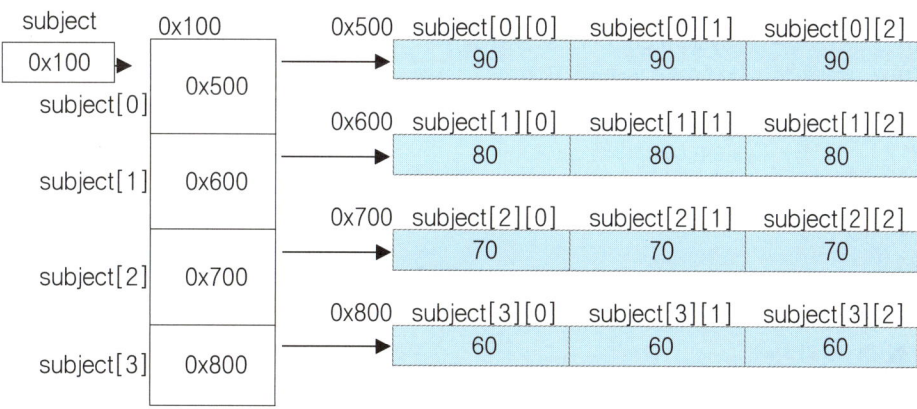

그림에서 보듯이 **2차원 배열은 1차원 배열의 모임으로 구성된다.** 즉, 4행 3열의 배열은 3열로 구성된 1차원 배열 4개로 구성된다. 따라서 subject.length의 크기는 참조 변수인 subject가

가리키는 배열의 크기이므로 행의 개수인 4가 되고, subject[0].length, subject[1].length, subject[2].length, subject[3].length는 열의 개수인 3이 된다.

4행 3열로 구성된 2차원 배열의 사용 예를 보여주는 다음의 프로그램을 보자

소스코드
ArrayTest2.java

```
01 public class ArrayTest2 {
02    public static void main( String[] args ) {
03
04        int[][] score = new int[][] {
05                        {70,80,90},
06                        {60,70,80},
07                        {50,60,70},
08                        {40,50,60},
09                        };
10
11        System.out.println("번호 자바 C# 실습 총점");
12
13        for(int i=0; i < score.length; i++) {
14            int total = 0;
15            System.out.print(" " + (i+1) + "   ");
16
17            for( int j = 0; j < score[i].length; j++ ) {
18                System.out.print(score[i][j]+"  ");
19                total += score[i][j];
20            }
21            System.out.println( total );
22        }
23    }
24 }
```

4행 3열의 배열이 생성되며 각 요소에 초기값이 할당된다.

score.length는 행의 개수인 4이다.

score[i].length는 열의 개수인 3이다.

실행결과

```
번호 자바 C# 실습 총점
  1   70   80   90   240
  2   60   70   80   210
  3   50   60   70   180
  4   40   50   60   150
```

소스해설

소스라인 04-09 : 4행 3열의 배열을 생성하고 초기 값을 할당한다.

소스라인 13-22 : 4행 3열의 배열 요소 값들을 출력하며, 행별로 요소 값들의 합계를 구한다.

소스라인 13 : i는 행을 지정하며 score.length는 행의 개수를 의미한다.

소스라인 17 : j는 열을 지정하며 각 행별로 열의 개수를 지정하기 위해 score[i].length를 사용하고 있다.

배열의 복사

배열을 복사하는 작업은 특정 배열의 요소들을 for 문을 이용하여 다른 배열의 요소에 할당하는 방법을 사용해도 된다. 그러나 System 클래스에서 제공하는 arraycopy()라는 메소드를 사용하면 간단해진다. 이 메소드는 다음과 같은 형식으로 사용한다.

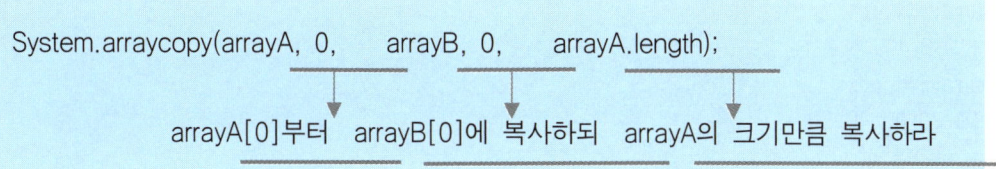

배열을 복사하는 다음의 예제 프로그램을 보자. 이 프로그램은 2개의 정수형 배열의 값들을 하나의 정수형 배열에 복사한다.

소스코드
ArrayTest3.java

```
01 public class ArrayTest3 {
02     public static void main( String[] args ) {
03
04         int[] arrayA = new int[] {1,2,3,4,5};
05         int[] arrayB = new int[] {10,20,30,40,50};
06
07         int[] arrayC = new int[arrayA.length + arrayB.length];
08         System.arraycopy(arrayA,0,arrayC,0,arrayA.length);
09         System.arraycopy(arrayB,0,arrayC,5,arrayB.length);
```

> 2개 배열의 크기를 더해 10개의 요소를 가진 arrayC 배열을 생성하고 2개 배열의 요소들을 arrayC 배열에 복사한다.

```
10
11      System.out.println("arrayA의 값");
12      for(int i =0; i < arrayA.length; i++)
13          System.out.print(arrayA[i] + " ");
14
15      System.out.println("\n" + "arrayB의 값");
16      for(int i =0; i < arrayB.length; i++)
17          System.out.print(arrayB[i] + " ");
18
19      System.out.println("\n" + "arrayC의 값");
20      for(int i =0; i < arrayC.length; i++)
21          System.out.print(arrayC[i] + " ");
22
23      }
24 }
```

arrayA 배열 요소들을 출력한다.

arrayB 배열 요소들을 출력한다.

arrayC 배열 요소들을 출력한다.

실 행 결 과

arrayA의 값
1 2 3 4 5
arrayB의 값
10 20 30 40 50
arrayC의 값
1 2 3 4 5 10 20 30 40 50

소 스 해 설

소스라인 04-05 : 5개 열로 구성된 1차원 배열 arrayA와 arrayB를 생성한다.

소스라인 07 : 2개 배열의 크기를 합친 크기의 배열 arrayC를 생성한다. 즉, 크기 10의 1차원 배열을 생성한다.

소스라인 08 : arrayA의 요소들을 arrayC의 0번 요소부터 4번 요소까지 복사(할당)한다.

소스라인 09 : arrayB의 요소들을 arrayC의 5번 요소부터 9번 요소까지 복사(할당)한다.

소스라인 11-23 : 3개 배열의 요소들을 출력한다.

지금까지 5장에서 객체에 대한 기본 개념들을 학습했다. 기본이 중요하다. 서둘지 말고, 이해가 잘 안 되었으면 다시 한 번 5장을 되새겨보자. 여기서 기본 개념을 놓치면 앞으로 내내 고생이다!

이 장의 요점

- 자바는 OOP(Object Oriented Programming) 언어 즉, 객체지향 프로그래밍 언어라고 불린다. 객체지향 프로그래밍은 객체를 기반으로 프로그램을 구성하는 개발 방법으로 이전의 절차적 개발 방법에 비해 매우 효율적인 프로그래밍이 가능하다.

- 자바의 모든 프로그램은 클래스 단위로 구성되며, 클래스 간의 관계를 설정하는 것이 곧 프로그램을 디자인하는 것이 된다.

- 클래스는 멤버변수와 메소드로 구성된다.

- main()을 포함하는 클래스를 "실행 클래스"라고 하며, 실행 클래스가 제일 먼저 메모리에 로드되어 실행된다. 실행 클래스를 제외한 다른 클래스를 "멤버 클래스"라고 한다.

- 클래스를 사용하려면 클래스를 객체(object)로 만들어야 한다. 클래스를 객체로 만드는 작업을 "instancing"이라고 한다. 그래서 특정 클래스로부터 만들어진 객체를 그 클래스의 인스턴스 (instance)라고도 한다.

- 인스턴스 메소드는 인스턴스명.메소드명(), 인스턴스 변수는 인스턴스명.변수명 형식으로 사용한다.

- static 키워드를 사용하면 인스턴스를 만들지 않고도 클래스에 선언된 변수와 메소드를 사용할 수 있다.

- 클래스 변수는 클래스 정보 영역에 생성되기 때문에 인스턴스를 생성하지 않고도 사용할 수 있다. 클래스 메소드는 클래스 정보 영역에 이 메소드에 대한 정보가 기록되기 때문에 인스턴스를 만들지 않고도 사용할 수 있다.

- 클래스 메소드는 클래스명.메소드명(), 클래스 변수는 클래스명.변수명 형식으로 사용한다.

- 메소드 앞에 반환 타입을 지정하여 메소드에 값(매개변수)을 넘겨줄 수 있으며, return 문으로 그 처리 결과를 돌려받을 수 있다.

- 메소드 오버로딩은 유사한 메소드들을 여러 개 만들되 메소드 이름을 동일하게 정의해서 사용하는 기법이다.

- 생성자는 인스턴스가 만들어질 때 자동으로 실행되는 메소드이다.

- this는 "이 클래스의…"라는 의미로 변수와 메소드를 구분하기 위해 생성자와 함께 사용된다. this는 생성자에서 다른 생성자를 호출할 때도 사용된다.

- 자바의 명령문은 클래스 내의 객체로 제공되며 명령문을 제공하는 많은 클래스들을 구분하기 위해 클래스 상위에 패키지(package)라는 클래스 묶음을 제공하고 있다.

- 자바는 모든 프로그램에 자동으로 java.lang 패키지를 포함시킨다. 그러나 다른 패키지들은 import 문으로 포함시킬 패키지를 지정해야 한다.

- package라는 명령문을 사용해서 사용자가 작성하는 클래스를 별도의 패키지(디렉토리)로 만들고 import 명령문으로 포함시켜서 사용할 수 있다.

- 배열은 동일한 타입 (type)의 여러 개의 변수를 한 묶음으로 사용하기 위한 변수의 집합체이다. 자바에서는 배열이 객체이다.

- 배열의 복사를 위해서는 System 클래스에서 제공하는 arraycopy()라는 메소드를 사용할 수 있다.

- 배열의 크기는 배열 객체가 제공하는 .length라는 변수를 사용할 수 있다.

Chapter 06

객체지향 프로그래밍 2

객체지향 프로그래밍의 꽃이라고 할 수 있는 상속을 비롯해서 상속과 관련이 있는 메소드 오버라이딩, 추상화, 인터페이스, 다형성 등을 배운다. 또한 클래스 간에 접근을 제어하기 위한 접근 지정자의 사용법을 배우며, 클래스를 중첩해서 사용하는 내부 클래스에 대해서도 살펴본다. 전체적으로 클래스 사용의 고급 기법들을 학습한다. 여기도 엄청 중요하다. 집중하자!

6.1 상속

상속은 다른 클래스를 사용하기 위한 방법의 하나이다. 자바에서 실행 클래스가 아닌 다른 클래스를 사용하기 위해서는 지금까지 보아왔듯이, new 명령문으로 다른 클래스의 객체를 만들고, 그 객체가 제공하는 메소드와 멤버 변수를 사용하는 방법이 있다.

그러나 **상속(inheritance)은 다른 클래스를 확장해서(extends) 재사용하는 기법이다. 다른 클래스를 상속받으면 상속을 해준 클래스에 있는 메소드와 멤버 변수를 사용할 수 있을 뿐 아니라, 자체적으로 다른 멤버 변수나 메소드를 추가해서 확장 사용할 수 있다**는 점이 다르다.

부모에게 물려받은 재산을 그대로 유지하는 것이 new라면, 물려받은 재산을 재테크를 통해 불려 나가는 것이 상속인 것이다. 상속을 받기 위해서는 extends라는 키워드를 사용한다.

다음의 예를 보자.

class Child extends Parent {
    // Child 클래스의 명령문들
}
	Child 클래스는 Parent 클래스를 상속받는다. 따라서 Child 클래스는 Parent 클래스가 가지고 있는 메소드와 멤버 변수를 사용할 수 있다. 또한 Child 클래스는 자체적으로 메소드와 멤버 변수를 추가로 정의해서 사용할 수 있다.

상속을 해주는 Parent 클래스를 흔히 "부모 클래스"라고 하며 "조상 클래스, 기반 클래스"라고도 부른다. 상속을 받는 Child 클래스는 "자식 클래스"라고 하며 "하위 클래스, 파생 클래스"라고도

부른다. 부모 클래스와 자식 클래스의 관계를 좀 더 구체적으로 살펴보자.

```
class Parent {
    String fatherName;
    int fatherAge;

    void fatherWork() {
        ....
    }
}

class Child extends Parent {
    String childName;
    int childAge;

    void childStudy() {
        ...
    }
}
```

이 경우 다음과 같은 포함 관계로 사용 범위를 표현할 수 있다.

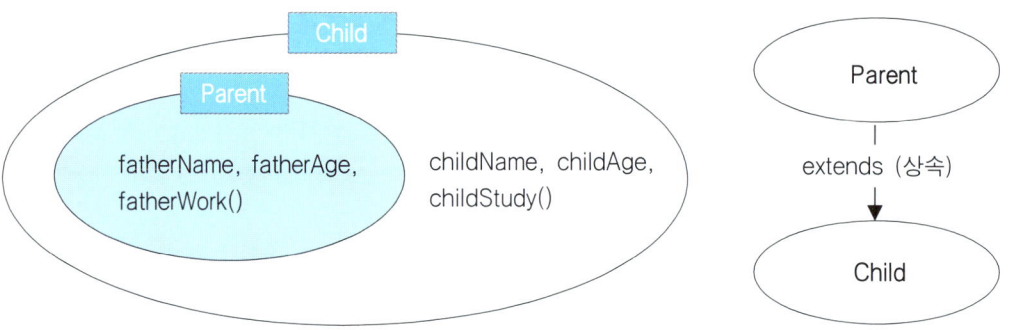

Parent 클래스의 멤버	Child 클래스의 멤버	
fatherName	fahterName	Parent로부터 상속 받음
fatherAge	fatherAge	
fatherWork()	work()	
	childName	Child 자체에서 추가로 정의
	childAge	
	childStudy()	

상속은 이렇게 한 개의 클래스만 또는 한 개의 레벨만 가능한 것은 아니다. 여러 개의 클래스에게 상속을 할 수 있으며, 상속받은 클래스가 다른 하위 클래스에게 또 상속을 해줄 수도 있다.

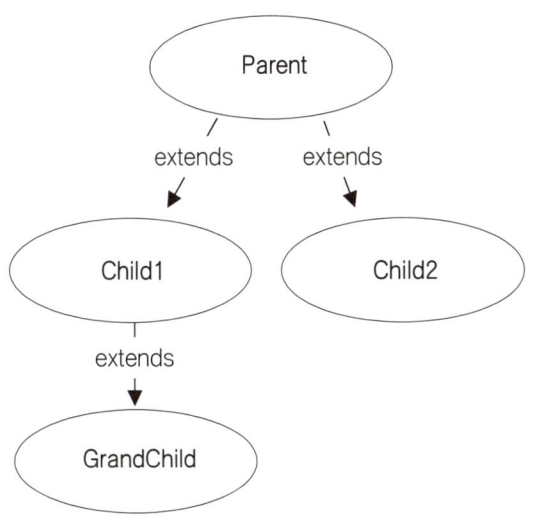

```
class Parent { }
class Child1 extends Parent { }
class Child2 extends Parent { }

class GrandChild extends Child1
```

상속은 다음과 같이 정리할 수 있다.

❶ 상속은 여러 개의 클래스에게 할 수 있다.
❷ 상속받은 클래스가 또 상속을 할 수도 있다.
❸ 자식 클래스에 멤버 변수와 메소드가 추가되어도 부모 클래스는 영향을 받지 않는다.
❹ 그러나 부모 클래스가 수정되면 상속받은 자식 클래스들은 자동으로 수정된다.
❺ 생성자 메소드나 초기화 블록은 상속되지 않는다.

상속을 사용하는 다음 프로그램을 보자.

소스코드
ShapeInfo.java

```
01 class CommonInfo {
02
03    double width;
04    double height;
05
06    void printCommon() {
07        System.out.println("width : " + width);
08        System.out.println("height : " + height);
09    }
10
11 }
12 class Rectangle extends CommonInfo {
13
14    String style;
15
16    double calArea() {
17        return width * height;
18    }
19
20    void printStyle() {
21        System.out.println("사각형의 종류 : " + style);
22    }
23
24 }
25
26 class ShapeInfo {
27
28    public static void main(String args[]) {
29
30        Rectangle r1 = new Rectangle();
31        Rectangle r2 = new Rectangle();
32
33        r1.width = 5.0;
34        r1.height = 5.0;
35        r1.style = "정사각형";
36
37        r2.width = 6.0;
```

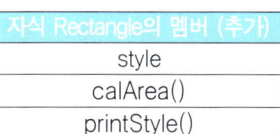

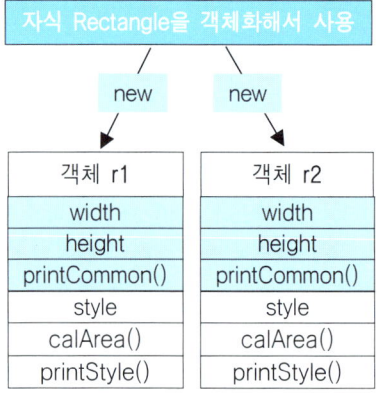

```
38      r2.height = 10.0;
39      r2.style = "직사각형";
40
41      System.out.println("r1 사각형 정보");
42      r1.printCommon();
43      r1.printStyle();
44      System.out.println("면적 : " + r1.calArea());
45
46      System.out.println("=====================");
47
48      System.out.println("r2 사각형 정보");
49      r2.printCommon();
50      r2.printStyle();
51      System.out.println("면적 : " + r2.calArea());
52    }
53 }
```

실행결과

r1 사각형 정보
width : 5.0
height : 5.0
사각형의 종류 : 정사각형
면적 : 25.0
=====================
r2 사각형 정보
width : 6.0
height : 10.0
사각형의 종류 : 직사각형
면적 : 60.0

소스해설

먼저 클래스 간의 관계를 살펴보면 다음과 같다.

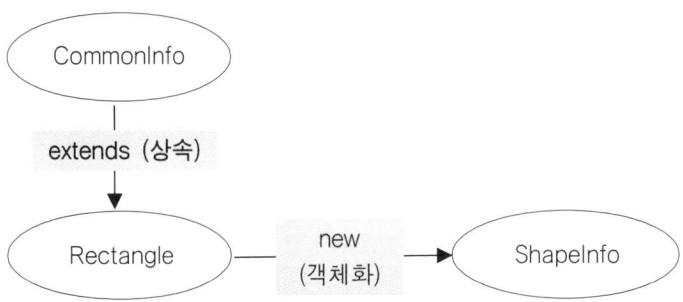

Rectangle 클래스는 CommonInfo 클래스를 상속받기 때문에 CommonInfo 클래스에 정의된 멤버 변수와 메소드가 모두 Rectangle 클래스에 포함되었다고 생각할 수 있다. 따라서 ShapeInfo 클래스에서 Rectangle 클래스를 객체로 만들면 ShapeInfo 클래스에서는 Rectangle 클래스와 Common 클래스의 멤버 변수와 메소드를 모두 사용할 수 있다.

소스라인 01-11 : 부모 클래스인 CommonInfo 클래스를 정의한다.

소스라인 12-24 : 자식 클래스인 Rectangle 클래스를 정의한다. 이 클래스는 Common 클래스를 상속받는다.

소스라인 26-53 : ShapeInfo 클래스를 정의한다. 이 클래스는 Rectangle 클래스를 객체로 만들어 사용한다. 따라서 이 클래스에서는 부모 클래스인 CommonInfo와 자식 클래스인 Rectangle 클래스의 멤버 변수와 메소드를 모두 사용할 수 있다.

소스라인 33-34 : 자식 클래스의 객체이며, 부모 클래스인 CommonInfo 클래스의 멤버 변수를 사용한다.

소스라인 35 : 자식 클래스의 객체이며, 자식 클래스인 Rectangle 클래스의 멤버 변수를 사용한다.

소스라인 37-38 : 자식 클래스의 객체이며, 부모 클래스인 CommonInfo 클래스의 멤버 변수를 사용한다.

소스라인 39 : 자식 클래스의 객체이며, 자식 클래스인 Rectangle 클래스의 멤버 변수를 사용한다.

소스라인 42, 49 : 자식 클래스의 객체이며, 부모 클래스인 CommonInfo 클래스의 메소드를 사용한다.

6.2 접근 지정자와 캡슐화

우리가 지금까지 사용해본 접근 지정자(Access Modifier)로는 public이 있다. **접근 지정자는 클래스와 메소드, 멤버 변수에 지정하며 이들에 대해 외부에서 접근할 수 있는 허용 범위를 지정한다.** 접근 지정자는 다음과 같이 4가지가 있다.

접근 지정자	접근 허용 범위
public	전혀 제한 없이 어디서나 접근할 수 있다.
protected	동일 패키지 내에서 접근할 수 있으며, 자식 클래스와 다른 패키지의 자식 클래스에서도 접근할 수 있다.
default	동일 패키지 내에서만 접근할 수 있다. 이 경우 "default"라고 기술하는 것이 아니라 아무 것도 기술하지 않는다.
private	동일 클래스 내에서만 접근할 수 있다. 자식 클래스에서도 접근할 수 없다.

접근 대상	사용할 수 있는 접근 지정자
클래스	public, default
메소드	public, protected, default, private
멤버 변수	public, protected, default, private

접근을 허용하는 범위를 기준으로 분류하면 다음과 같다. public이 제일 허용 범위가 넓고 private가 제일 범위가 좁다.

    public > protected > default > private

이런 접근 지정자를 사용하는 이유는 코드의 재사용과 관련이 있다. 자바에서는 자신이 작성하지 않은 다른 클래스를 사용할 수 있는 여러 가지 방법을 제공한다. 이것은 코드의 재사용이라는 측면에서는 좋지만, 또 한편으로는 그 클래스를 만든 사람의 의도에 어긋나게 사용될 수도 있다.

그래서 접근 지정자를 이용하면 함부로 수정하거나 변경해서는 안 되는 특정 데이터를 보호할 수 있으며, 특정 클래스 내에 정의된 메소드들만 그 클래스 내의 멤버 변수에 접근할 수 있게 하여 데이터를 감추는 작업도 할 수 있다. 이렇게 **데이터를 보호하고 감추는 작업을 캡슐화(encapsulation)**라고 한다.

캡슐화에서는 데이터 값을 설정하는 메소드를 setter 메소드, 데이터 값을 가져오는 메소드를 getter 메소드라고 하며 메소드 이름을 "set메소드이름()", "get메소드이름()" 형식으로 주로 사용한다.

setter와 getter 메소드의 사용 형식을 보여주는 다음 프로그램을 보자. 이 프로그램에서 주목할 것은 private으로 선언된 데이터는 다른 클래스에서 접근할 수 없기 때문에 private으로 선언된 데이터가 있는 클래스의 setxxx, getxxx 메소드를 통해서 접근한다는 점이다.

소스코드
EncapGust.java

```java
01 class EncapGuest {                     실행 클래스
02     public static void main( String[] args ) {
03
04         EncapPrice p = new EncapPrice();
05
06         p.setName( "이성미" );
07         p.setAge( 18 );
08         p.setPrice( 200000 );
09
10         System.out.println( "고객 이름 = " + p.getName() );
11         System.out.println( "나이 = " + p.getAge() );
12         System.out.println( "지불액 = " + p.getPrice() );
13     }
14 }
15
16 class EncapPrice {                     멤버 클래스
17
18     private String name;
19     private int age;
20     private int price;
21
22     public void setName( String name ) {
23         this.name = name;
24     }
25
26     public void setAge( int age ) {
27         this.age = age;
28     }
```

- EncapPrice 객체를 만들었는데도 그 객체의 변수 값을 할당하기 위해 객체의 메소드를 호출하고 있다.
- EncapPrice 객체를 만들었는데도 그 객체 내의 변수 값을 얻기 위해 객체의 메소드를 호출하고 있다.
- EncapPrice 객체 내의 변수들이 private으로 선언되어 다른 클래스에서 접근할 수 없다.
- setter 메소드들을 선언한다. 이 메소드들을 통해서만 이 클래스 내의 변수들에 값을 할당할 수 있다.

```
29
30    public void setPrice( int price ) {
31        if ( age < 20 )
32            this.price = (int)(price * 0.9);
33        else
34            this.price = price;
35    }
36
37    public String getName() {
38        return name;
39    }
40
41    public int getAge() {
42        return age;
43    }
44
45    public int getPrice() {
46        return price;
47    }
48 }
```

> getter 메소드들을 선언한다. 이 메소드들을 통해서만 이 클래스 내의 변수들의 값을 가져갈 수 있다.

실행결과

```
고객 이름 = 이성미
나이 = 18
지불액 = 180000
```

소스해설

소스라인 01-14 : EncapGuest 클래스이다.

소스라인 16-48 : EncapPrice 클래스이다. 소스라인 18-20에 private으로 멤버 변수들이 선언되어 있다. 이 클래스의 메소드들은 public으로 지정되어 있으나 public을 생략해도 된다.

이 클래스들 간에 데이터를 처리하는 방법은 다음과 같다.

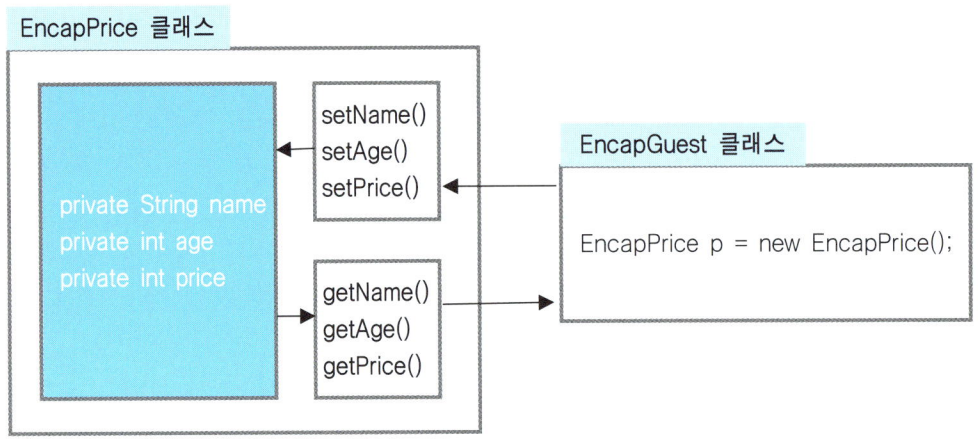

여기서 중요한 것은 EncapGuest 클래스에서 EncapPrice 클래스의 인스턴스(객체) "p"를 생성하고도 다음과 같은 형식으로 EncapPrice 클래스의 데이터(변수)에 직접 접근하지 못한다는 것이다.

    p.name = "이성미"
    p.age = "18"
    p.price = "200000"

이것은 EncapPrice 클래스에 이 멤버 변수들이 private으로 선언되어 다른 클래스인 EncapGuest 클래스에서 접근할 수 없기 때문이다.

EncapGuest 클래스에서는 EncapPrice 클래스 내에 선언되어 있는 setter 메소드인 setName(), setAge(), setPrice() 메소드와 getter 메소드인 getName(), getAge(), getPrice() 메소드를 통해서만 데이터에 접근할 수 있다.

여기서는 아주 간단하게 캡슐화의 개념만 보여주고 있지만, 이렇게 하면 EncapPrice의 데이터는 항상 EncapPrice의 setter, getter 메소드에 정의되어 있는 처리 방식대로만 접근되기 때문에 **데이터에 대한 처리를 정형화할 수 있으며 외부에 노출시키지 않을 수 있다. 이것이 캡슐화의 핵심 개념이다.**

6.3 메소드 오버라이딩

메소드 오버라이딩(Method Overriding)은 상속을 받은 후, 상속받은 클래스에 있는 메소드를 수정해서 사용하는 것을 말한다. (앞서 배운 메소드 오버로딩과 헷갈리지 말자) 대부분은 상속을 받으면 상속받은 클래스의 메소드와 멤버 변수를 그대로 사용하지만, 메소드를 수정해서 사용할 수 있으면 확장성이 좋아진다. 메소드 오버라이딩을 보여주는 다음 프로그램을 보자.

소스코드
OverridingTest.java

```
01 class Parent {
02     int discount = 3000;
03
04     public String output() {
05         return "할인금액 : " + discount;
06     }
07 }
08
09 class Child extends Parent {
10
11     public String output() {
12         return "할인금액 : " + (discount + 500);
13     }
14 }
15
16 class OverridingTest {
17     public static void main( String[] args ) {
18
19         Parent p = new Parent();
20         System.out.println( p.output() );
21
22         Child c = new Child();
23         System.out.println( c.output() );
24
25     }
26 }
```

부모 클래스에서 output 메소드를 정의하고 있다. "할인금액 : " + discount를 반환하고 있다.

부모 클래스를 상속 받는다.

부모 클래스를 상속 받아 output 메소드를 다시 정의하고 있다. "할인금액 : " + (discount + 500)을 반환하고 있다.

부모 클래스의 인스턴스를 만들고 output 메소드의 결과를 출력한다.

자식 클래스의 인스턴스를 만들고 재정의된 output 메소드의 결과를 출력한다.

실행결과

할인금액 : 3000
할인금액 : 3500

소스해설

소스라인 01-07 : 부모 클래스이다. output()이라는 메소드를 정의하고 있다.

소스라인 09-14 : 부모 클래스를 상속받는 자식 클래스이다. 상속받은 메소드 output()을 메소드 오버라이딩 즉, 수정해서 정의했다.

소스라인 19-20 : 부모 클래스의 인스턴스를 생성한 후, output() 메소드를 호출한다. 원래 부모 클래스의 정의대로 output() 메소드의 결과가 출력된다.

소스라인 22-23 : 자식 클래스의 인스턴스를 생성한 후, output() 메소드를 호출한다. 메소드 오버라이딩으로 수정된 output() 메소드의 결과가 출력된다.

부모 클래스의 메소드와 자식 클래스의 메소드 간에 메소드 오버라이딩을 할 때는 다음과 같은 규칙이 있다.

❶ 메소드 이름, 매개변수, 반환 값의 타입이 같아야 한다.
❷ 메소드의 접근 제어자를 더 좁은 범위로 수정할 수 없다. 예를 들어, 만일 부모 클래스의 메소드가 public이라면 이 메소드를 오버라이딩하면서 protected나 private으로 수정해서는 안 된다.

앞서 배운 메소드 오버로딩(Method Overloading)과 여기서 배운 메소드 오버라이딩(Method Overriding)을 혼돈하지 않아야 한다. 메소드 오버로딩은 메소드 이름을 중복해서 사용한다는 의미로, 유사한 메소드들을 여러 개 만들되 메소드 이름을 동일하게 정의해서 사용하는 기법이다. 반면에 메소드 오버라이딩은 상속받은 메소드를 수정해서 사용하는 기법이다.

6.4 super와 final

여기서는 상속에서 사용되는 super와 변경이나 상속을 금지하는 final 지정자를 살펴본다.

super

앞서 5.7절에서 "this"의 사용법을 배웠다. this는 "이 클래스의..."라는 의미로 생성자에서 동일한 이름의 변수나 메소드를 구분하기 위해 사용했다. 여기서 배우는 super는 "부모 클래스의..."라는 의미로 상속하면서 자식 클래스와 부모 클래스의 변수나 메소드가 동일한 경우 이들을 구분하기 위해 사용한다. 다음 프로그램은 변수에 대해 super를 사용하는 예를 보여준다.

소스코드
SuperTest.java

```
01 class Parent {
02     int discount = 3000;
03 }
04
05 class Child extends Parent {
06     int discount = 3500;
07
08     void output() {
09         System.out.println( "Parent discount = " + super.discount );
10         System.out.println( "Child discount = " + discount );
11     }
12 }
13
14 public class SuperTest {
15     public static void main( String[] args ) {
16
17         Child c = new Child();
18         c.output();
19     }
20 }
```

> 부모 클래스와 자식 클래스가 discount라는 동일한 이름의 변수를 사용하고 있다.

> super.discount는 부모 클래스의 discount를 의미한다.

실행결과

```
Parent discount = 3000
Child discount = 3500
```

소스해설

소스라인 01-03 : 부모 클래스를 정의한다. discount라는 정수형 변수에 3000을 할당한다.

소스라인 05-12 : 자식 클래스를 정의한다. 부모 클래스와 동일한 이름의 discount라는 정수형 변수에 3500을 할당한다. 09-10 라인은 자식 클래스의 메소드에서 discount 변수의 값을 출력한다. 이 때 부모 클래스와 이 클래스 즉, 자식 클래스의 discount를 구분하기 위해 부모 클래스의 discount는 super.discount, 자식 클래스의 discount는 그냥 discount로 기술하고 있다. 자식 클래스의 discount는 this.discount로 기술해도 된다.

부모 클래스에 생성자가 있으면 상속을 받은 자식 클래스는 자신의 생성자에서 제일 먼저 부모 클래스의 생성자를 호출해주어야 한다. 그 이유는 부모 클래스의 생성자를 이용해서 부모 클래스의 멤버 변수들이 초기화되어야 자식 클래스에서도 그 멤버 변수들을 사용할 수 있기 때문이다.

부모 클래스의 생성자를 호출하는 다음 프로그램을 보자.

소스코드
SuperTest1.java

```
01 class Parent {
02     int discount1 = 3000;
03
04     Parent(int discount1) {           // 부모 클래스의 생성자이다.
05         this.discount1 = discount1;
06     }
07 }
08
09 class Child extends Parent {
10     int discount2 = 3500;
11
12     Child(int discount1, int discount2) {
13         super(discount1);             // 자식 클래스에서 부모 클래스
14         this.discount2 = discount2;   // 의 생성자를 호출한다.
15     }
16 }
17
```

```
18 public class SuperTest1 {
19     public static void main( String[ ] args ) {
20
21         Child c = new Child( 2000, 2500 );
22         System.out.println( "discount1 = " + c.discount1 );
23         System.out.println( "discount2 = " + c.discount2 );
24     }
25 }
```

실행결과

```
discount1 = 2000
discount2 = 2500
```

소스해설

소스라인 01-07 : 부모 클래스를 정의한다. 생성자를 사용하고 있다.

소스라인 09-16 : 자식 클래스를 정의한다. 생성자를 사용하고 있는데 제일 먼저 부모 클래스의 생성자를 super로 호출하고 있다. 생성자 내에서의 super는 부모 클래스의 생성자를 의미하는 것이다.

final

final 지정자는 말 그대로 "마지막"임을 지정한다. 변경이나 수정을 금지한다는 의미로 클래스, 메소드, 변수에 모두 지정할 수 있으며 의미는 다음과 같다.

대상	의미	사용 형식
클래스	상속을 금지함	final class Parent { }
메소드	오버라이딩을 금지함	final public void output()
변수	초기 값을 재할당할 수 없음	final String name = "이성미"

변수의 경우 위와 같이 선언하면 이후 다른 명령문에서 xxx.name= "김미자"와 같은 형식으로 다른 값을 할당할 수 없다. 즉, 변수 name이 "이성미"라는 상수처럼 사용된다.

그러나 **변수를 final로 선언하되 초기 값을 할당하지 않고 이후 생성자를 이용하여 초기 값을 할당할 수 있다.** 물론 생성자를 이용하여 초기 값이 할당된 이후에는 다른 값을 재할당할 수 없다. 이렇게 하면 final로 지정되어 **재할당은 금지하면서도 인스턴스마다 다른 값을 지정할**

수 있다. 다음 프로그램의 예를 보자

소스코드
FinalTest.java

```java
01 class FinalAssign {
02     final int discount;
03
04     FinalAssign(int discount) {
05         this.discount = discount;
06     }
07 }
08
09 class FinalTest {
10     public static void main( String[] args ) {
11
12         FinalAssign fa = new FinalAssign( 3000 );
13         System.out.println( "FinalAssign = " + fa.discount );
14     }
15 }
```

> discount 변수는 final로 선언되었으며, 생성자에서 discount의 값을 할당한다.

> FinalAssign의 인스턴스를 만들면서 생성자에 3000을 전달한다.

실행결과

FinalAssign = 3000

소스해설

소스라인 01-07 : FinalAssign 클래스를 정의한다.

소스라인 09-15 : FinalTest 클래스를 정의한다.

소스라인 02 : discount 변수를 final로 선언했으나 초기 값을 지정하지 않았다.

소스라인 04-06 : 생성자를 정의한다. 생성자가 넘겨받은 매개변수 값을 discount에 할당한다. 따라서 생성되는 인스턴스가 넘겨주는 매개변수 값에 따라 final로 선언된 discount의 값이 달라진다.

소스라인 12 : FinalAssign 클래스의 인스턴스를 생성하면서 생성자에게 3000을 넘겨준다.

6.5 추상 클래스

추상 클래스(abstract class)는 선언부만 있고 실행부가 없는 미완성의 메소드를 가지고 있는 클래스를 의미한다. 미완성 메소드는 해당 클래스를 상속받은 클래스에서 완성을 해서 사용해야 한다. 추상 클래스를 선언할 때는 다음과 같이 **클래스 이름과 메소드 이름 앞에 "abstract"라는 키워드를 추가해야 한다.**

```
abstract class PayInfo {
    ....
    abstract void paySum();
    ....
}
```

위에서 paySum()이라는 메소드는 실행부가 없이 선언부만으로 구성되어 있다. 추상 클래스를 사용하는 예를 보자.

소스코드
PayOutput.java

```
01  abstract class PayInfo {                  // abstract로 추상 클래스를 정의한다.
02
03      String part;
04      int basepay;
05
06      public PayInfo ( String part, int basepay ){
07          this.part = part;
08          this.basepay = basepay;
09      }
10
11      public void printInfo() {
12          System.out.println( "부서 = " + part );
13          System.out.println( "기본급 = " + basepay );
14      }
15
16      abstract void paySum();               // 실행부가 없는 추상 메소드다.
17  }
18
19  class SalesDep extends PayInfo {          // 추상 클래스를 상속한다.
```

```
20
21      public SalesDep() {
22          super( "영업부", 2000000 );
23          printInfo();
24      }
25
26      public void paySum() {    // 상속받은 추상 메소드 작성
27          System.out.println( "총급여 = " + (basepay + 800000) );
28      }
29 }
30
31 class EditDep extends PayInfo {
32
33      public EditDep() {
34          super( "편집부", 2500000 );
35          printInfo();
36      }
37
38      public void paySum() {
39          System.out.println( "총급여 = " + (basepay + 500000) );
40      }
41 }
42
43 public class PayOutput {
44     public static void main( String[] args ) {
45
46          SalesDep s = new SalesDep();
47          s.paySum();
48
49          EditDep e = new EditDep();
50          e.paySum();
51     }
52 }
```

상속받은 추상 메소드의 실행부를 완성한다.

추상 클래스를 상속한다.

상속받은 추상 메소드의 실행부를 완성한다.

실행결과

부서 = 영업부
기본급 = 2000000
총급여 = 2800000
부서 = 편집부

기본급 = 2500000
총급여 = 3000000

소스해설

소스라인 01, 16 : PayInfo라는 추상 클래스와 PaySum이라는 추상 메소드를 선언한다. PaySum 메소드는 **명령문이 정의되지 않은 추상 메소드이며, 이런 추상 메소드를 하나라도 가지고 있으면 그 클래스는 추상 클래스이다.**

소스라인 19-29 : PayInfo 클래스를 상속해서 SalesDep를 정의한다. 소스라인 26-28에서 추상 메소드를 완성하고 있다.

소스라인 31-41 : PayInfo 클래스를 상속해서 EditDep를 정의한다. 소스라인 38-40에서 추상 메소드를 완성하고 있다.

이 추상 클래스나 바로 뒤에 배우는 인터페이스 등은 완성되지 않은 클래스라는 공통점이 있다. 차차 알게 되겠지만 자바에는 완성되지 않았거나 또는 사용자가 일부 수정해서 사용할 수 있는 클래스들이 있다.

완성되지 않은? 왜 이러는 걸까요? 자바의 기본 사고는 이렇다.

❶ 많은 클래스를 제공해서 기술적인 복잡한 프로그램을 쉽게 만들게 하자.
❷ 클래스를 그대로 사용하는 게 아니라 스스로 추가 개발해서 맞춤형으로 사용할 수도 있게 하자.

6.6 인터페이스

인터페이스(Interface)는 추상화의 일종으로 추상화를 심화시킨 것이다.

인터페이스의 사용

인터페이스의 특징은 다음과 같다.

- ❶ 모든 메소드가 추상 메소드만으로 구성된다. 즉, 모든 메소드가 선언부만 있으며 인터페이스를 상속받은 클래스에서 실행부를 작성한다.
- ❷ 인터페이스는 "interface 인터페이스이름" 형식으로 기술한다.
- ❸ 인터페이스 내의 모든 메소드는 "public abstract"이어야 하며, 모든 멤버 변수는 "public static final"이어야 하지만 둘 다 생략할 수 있다.
- ❹ 인터페이스를 상속받을 때는 "extends"가 아니라 "implements"를 기술한다.

사용 형식은 다음과 같다.

```
interface Car {
   ....
}

class Pride implements Car {
   ....
}

class Sonata implements Car {
   ....
}
```

- ❺ 인터페이스와 인터페이스 사이에도 상속을 할 수 있으며 이 경우는 "extends"를 사용한다. 규칙은 일반 상속과 동일하다.
- ❻ 하나의 자식이 여러 인터페이스로부터 상속을 받는 다중 상속이 가능하다.

추상화는 미완성 메소드와 완성 메소드가 섞여 있을 수 있으나, 인터페이스는 모든 메소드가 미완성이라는 점이 다르다. 추상 메소드만으로 구성되기 때문에 상속받은 클래스에서 추상 메소드들을 정의해야(오버라이딩)한다.

이렇게 모든 메소드를 실행 명령문이 없이 선언만 해두고 해당 인터페이스를 상속받은 클래스에서 실행 명령문을 작성하게 하면 2가지 효과를 기대할 수 있다. 첫 번째는 클래스를 정형화할 수 있다는 것이고, 두 번째는 클래스의 확장을 유연하게 할 수 있다는 것이다. 이제 인터페이스의 사용법을 보여주는 프로그램을 보자. 이 프로그램은 다음과 같이 구성된다.

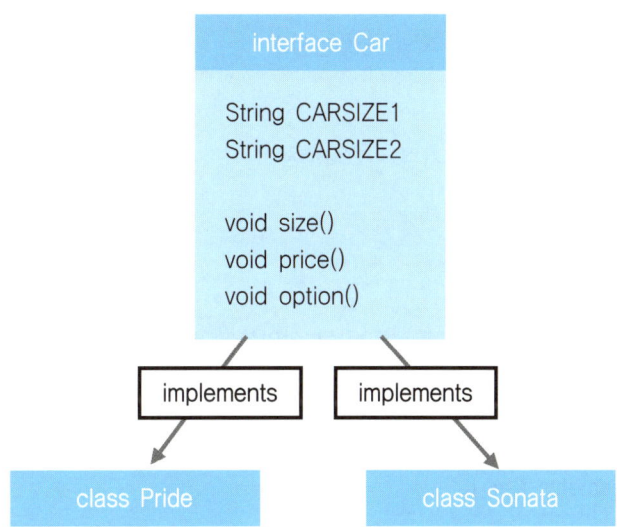

소스코드
CarInfo.java

```
01  interface Car {
02
03      // interface 멤버 변수 선언
04      public final static String CARSIZE1 = "small type";
05      String CARSIZE2 = "middle type";    // public final static 생략
06
07      // 추상 메소드 선언
08      public abstract void size();
09      public abstract void price();
10      void option();    // public abstract 생략
11  }
12
13  class Pride implements Car {
14
15      //추상 메소드 오버라이딩
```

클래스 이름 앞에 interface 기술

3개의 메소드가 모두 실행부가 없는 추상 메소드이다.

implements로 Car 인터페이스를 상속받음.

```java
16     public void size() {
17         System.out.println("자동차 크기 = " + CARSIZE1 );
18
19     }
20
21     public void price() {
22         System.out.println("최고 가격 = 1600만원");
23     }
24     public void option() {
25         System.out.println("풀옵션 가격 = 200만원");
26     }
27
28     // 자체 메소드 정의
29     public void discount() {
30         System.out.println("구형 교체 = 50만원 할인" + "\n");
31     }
32 }
33
34 class Sonata implements Car {
35
36     //추상 메소드 오버라이딩
37     public void size() {
38         System.out.println("자동차 크기 = " + CARSIZE2 );
39     }
40
41     public void price() {
42         System.out.println("최고 가격 = 3000만원");
43     }
44
45     public void option() {
46       System.out.println("풀옵션 가격 = 350만원");
47     }
48
49     // 자체 메소드 정의
50     public void discount() {
51         System.out.println("구형 교체 = 100만원 할인" + "\n" );
52     }
53 }
54
55 public class CarInfo {
```

> 상속받은 3개의 추상 메소드를 완성하고 있다.

> 3개의 상속받은 추상 메소드를 완성하고 있다.

```
56      public static void main( String[ ] args ) {
57
58          Pride pr = new Pride();
59          pr.size();
60          pr.price();
61          pr.option();
62          pr.discount();
63
64          Sonata so = new Sonata();
65          so.size();
66          so.price();
67          so.option();
68          so.discount();
69      }
70  }
```

실행결과

```
자동차 크기 = small type
최고 가격 = 1600만원
풀옵션 가격 = 200만원
구형 교체 = 50만원 할인

자동차 크기 = middle type
최고 가격 = 3000만원
풀옵션 가격 = 350만원
구형 교체 = 100만원 할인
```

소스해설

소스라인 01-11 : Car라는 인터페이스를 선언한다. class라는 키워드 대신에 interface를 기술하고 있다.

소스라인 13-32 : Pride라는 클래스를 선언한다. 이 클래스는 키워드 implements를 사용해서 Car 인터페이스를 상속받는다.

소스라인 34-53 : Sonata라는 클래스를 선언한다. 이 클래스는 키워드 implements를 사용해서 Car 인터페이스를 상속받는다.

소스라인 55-70 : CarInfo라는 실행 클래스를 선언한다. 이 클래스에서는 Pride와 Sonata 클래스의 인스턴스를 생성하여 메소드를 실행한다.

소스라인 04-05 : 인터페이스 내에서 멤버 변수를 선언한다. 이 멤버 변수들은 앞에 "public final static"를 기술해야 하나 생략할 수도 있음을 보여주고 있다. "public final static"로 지정하는 변수는 어디서나 사용할 수 있다는 의미에서 전역 변수라고 하며, 전역 변수는 대문자로 기술해야 한다.

소스라인 08-10 : 3개의 추상 메소드를 선언한다. 추상 메소드이기 때문에 실행부가 정의되지 않았다. 인터페이스는 이렇게 모든 메소드가 추상 메소드이어야 한다. 이 메소드 앞에는 "public abstract"를 기술해야 하나 생략할 수도 있음을 보여주고 있다.

소스라인 16-26 : Pride 클래스에서 Car 인터페이스로부터 상속받은 추상 메소드들을 완성하고 있다.

소스라인 37-47 : Sonata 클래스에서 Car 인터페이스로부터 상속받은 추상 메소드들을 완성하고 있다.

소스라인 58-62 : Pride 클래스의 인스턴스를 생성한 후 메소드들을 실행하고 있다. 이 메소드들은 Car 인터페이스로부터 상속받아 오버라이딩한 것도 있고, Pride 클래스에서 자체적으로 정의한 것도 있다.

소스라인 64-69 : Sonata 클래스의 인스턴스를 생성한 후 메소드들을 실행하고 있다. 이 메소드들은 Car 인터페이스로부터 상속받아 오버라이딩한 것도 있고, Sonata 클래스에서 자체적으로 정의한 것도 있다.

인터페이스의 다중 상속

인터페이스는 다중 상속이 가능하다. 즉, 하나의 자식 클래스가 여러 인터페이스로부터 상속을 받을 수 있다. 또한 하나의 자식 클래스가 여러 인터페이스로부터 상속을 받으면서 동시에 일반 부모 클래스를 상속받을 수도 있다.

앞의 예제 프로그램은 하나의 인터페이스를 2개의 자식 클래스가 상속받는 경우를 보여주었다. 여기서는 2개의 인터페이스와 1개의 부모 클래스를 상속받는 경우를 살펴보자. 이 경우 자식 클래스의 선언부는 다음과 같은 형식으로 기술한다.

```
class Pride extends CarTransfer implements Car, CarMaker { }
```

Pride 클래스는 일반 클래스 CarTransfer로부터 상속을 받으며, 인터페이스 Car와 CarMaker로부터도 다중 상속을 받는다.

이제 일반 클래스로부터도 상속을 받고, 인터페이스들로부터 다중 상속도 받는 프로그램을 살펴보자. 이 프로그램의 구성은 다음과 같다.

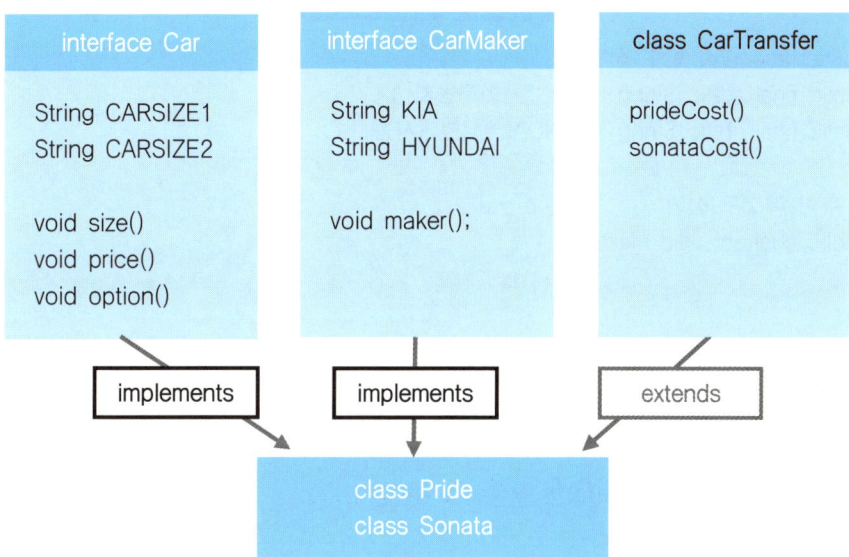

Pride와 Sonata 클래스는 각기 Car와 CarMaker라는 인터페이스를 상속받는다. 2개의 인터페이스로부터 상속을 받는다는 의미에서 다중 상속이다. 또한 일반 클래스인 CarTransfer 클래스로부터도 상속을 받는다. **다중 상속이라고 해서 일반 클래스를 여러 개 상속받을 수 있는 것은 아니다. 다중 상속은 인터페이스의 경우만 가능하다.**

이제 소스 코드를 보자.

소스코드
CarInfo1.java

```
01  interface Car {          Car 인터페이스를 선언
02
03      // interface 멤버 변수 선언
04      public final static String CARSIZE1 = "small type";
05      String CARSIZE2 = "middle type";    // public final static 생략
06
07      // 추상 메소드 선언
08      public abstract void size();
09      public abstract void price();
```

```
10    void option();     // public abstract 생략
11 }
12
13 interface CarMaker {        CarMaker 인터페이스를 선언
14
15    // interface 멤버 변수 선언
16    public final static String KIA = "기아자동차 ";
17    public final static String HYUNDAI = "현대자동차 ";
18
19    // 추상 메소드 선언
20    public abstract void maker();
21 }
22
23 // 일반 멤버 클래스 정의
24 class CarTransfer {        일반 부모 클래스를 선언
25
26    public void prideCost() {
27        System.out.println("프라이드 운송비 = 5만원");
28    }
29
30    public void sonataCost() {
31        System.out.println("소나타 운송비 = 10만원");
32    }
33 }
34
35 class Pride extends CarTransfer implements Car, CarMaker {     2개의 인터페이스와 1개의 일반 부모 클래스를 상속한 Pride 클래스
36
37    // Car 인터페이스의 추상 메소드 오버라이딩
38    public void size() {
39        System.out.println("자동차 크기 = " + CARSIZE1);
40    }
41
42    public void price() {
43        System.out.println("최고 가격 = 1600만원");
44    }
45
46    public void option() {
47        System.out.println("풀옵션 가격 = 200만원");
48    }
49
```

```
50      // CarMaker 인터페이스의 추상 메소드 오버라이딩
51      public void maker() {
52          System.out.println("제조사 = " + KIA + "\n");
53      }
54
55      // 자체 메소드 정의
56      public void discount() {
57          System.out.println("구형 교체 = 50만원 할인");
58      }
59  }
60
61  class Sonata extends CarTransfer implements Car, CarMaker {
62
63      // Car 인터페이스의 추상 메소드 오버라이딩
64      public void size() {
65          System.out.println("자동차 크기 = " + CARSIZE2);
66      }
67
68      public void price() {
69          System.out.println("최고 가격 = 3000만원");
70      }
71
72      public void option() {
73        System.out.println("풀옵션 가격 = 350만원");
74      }
75
76      // CarMaker 인터페이스의 추상 메소드 오버라이딩
77      public void maker() {
78          System.out.println("제조사 = " + HYUNDAI + "\n");
79      }
80
81      // 자체 메소드 정의
82      public void discount() {
83          System.out.println("구형 교체 = 100만원 할인");
84      }
85  }
86
87  public class CarInfo1 {
88      public static void main( String[] args ) {
89
```

2개의 인터페이스와 1개의 일반 부모 클래스를 상속한 Sonata 클래스

실행 클래스

```
90        Pride pr = new Pride();
91        pr.size();
92        pr.price();
93        pr.option();
94        pr.discount();
95         pr.prideCost();
96         pr.maker();
97
98        Sonata so = new Sonata();
99        so.size();
100       so.price();
101       so.option();
102       so.discount();
103       so.sonataCost();
104       so.maker();
105    }
106 }
```

실행결과

자동차 크기 = small type
최고 가격 = 1600만원
풀옵션 가격 = 200만원
구형 교체 = 50만원 할인
프라이드 운송비 = 5만원
제조사 = 기아자동차

자동차 크기 = middle type
최고 가격 = 3000만원
풀옵션 가격 = 350만원
구형 교체 = 100만원 할인
소나타 운송비 = 10만원
제조사 = 현대자동차

소스해설

소스라인 01-21 : Car와 CarMaker라는 2개의 인터페이스를 정의하고 있다. Pride와 Sonata 클래스에서 각기 이 2개의 인터페이스를 상속받을 것이다.

소스라인 24-33 : 일반 멤버 클래스인 CarTransfer를 정의하고 있다. Pride와 Sonata 클래스에서 각기 이 클래스를 상속받을 것이다.

소스라인 35 : Pride 클래스를 정의한다. 이 클래스는 일반 멤버 클래스인 CarTransfer와 2개의 인터페이스 Car와 CarMaker를 상속받고 있다.

소스라인 38-48 : Car 인터페이스의 추상 메소드를 오버라이딩한다.

소스라인 51-53 : CarMaker 인터페이스의 추상 메소드를 오버라이딩한다.

소스라인 56-59 : Pride 클래스 자체의 메소드를 정의한다.

소스라인 61-85 : Sonata 클래스를 정의한다. 모든 내용이 Pride 클래스와 동일하므로 Pride 클래스의 설명을 참조하자.

소스라인 87-106 : 실행 클래스를 정의한다. 여기서 Pride와 Sonata 클래스의 인스턴스를 만들고 메소드를 실행한다. Pride와 Sonata 클래스는 일반 멤버 클래스인 CarTransfer를 상속받고, 인터페이스인 Car와 CarMaker를 상속받아 메소드를 오버라이딩했기 때문에 CarTransfer, Car, CarMaker의 메소드를 모두 실행할 수 있다.

슬슬 복잡해지죠? 우선 추상 클래스와 추상 메소드, 인터페이스의 개념만은 확실히 해두자!

6.7 다형성

다형성(polymorphism)은 "하나로 다양한 작업을 할 수 있는 특성"을 의미한다.

다형성의 개념

자바에서의 다형성은 상속을 전제로 하며 **"하나의 클래스를 다양하게 활용하는 방법"**이라고 정의할 수 있다. 지금까지 우리가 배운 내용 중 다형성에 속하는 기법은 다음과 같은 것이 있다.

- 메소드 오버라이딩
- 추상 클래스
- 인터페이스

이들을 이용해서 클래스의 재사용, 확장, 유연성 등의 혜택을 얻을 수 있다. 다형성에는 이들 이외도 **"업캐스팅(upcasting)과 다운캐스팅(downcasting)"**이라는 기법이 있다. 업캐스팅(upcasting)과 다운캐스팅(downcasting)은 부모 클래스와 자식 클래스의 참조 변수를 사용하는 방법에 관한 것이다. 이 방법을 사용하면 공통적으로 사용되는 코드를 중복 기술하지 않게 되며, 이질적인 객체를 하나로 묶어서 관리할 수도 있다.

업캐스팅은 자식 타입을 부모 타입으로 형변환(casting)하는 것을 의미하며, 다운캐스팅은 부모 타입을 자식 타입으로 형변환하는 것을 의미한다. 업캐스팅과 다운캐스팅의 개념을 예를 통해 살펴보자.

업캐스팅

다음의 코드는 Parent 클래스와 Parent 클래스를 상속받은 Child 클래스로 구성된다.

```
class Parent {
    String office;
    void work() {...}
}

class Child extends Parent {
    String school;
    void study() {...}
}
```

이 경우 인스턴스를 생성할 때 다음과 같이 기술하는 것이 일반적인 방법이다.

```
Parent p = new Parent();
Child c = new Child();
```

그러나 다음과 같이 업캐스팅을 할 수도 있다.

```
Parent p = new Child();    // 업캐스팅
Child c = new Child();
```

자식 인스턴스를 만들어 부모 타입의 참조 변수에 할당했다. 자식 타입의 참조 변수 c는 당연히 자식 인스턴스를 가리킨다. 그런데 부모 타입의 참조 변수 p도 자식 인스턴스를 가리키게 한 것이다. 이 경우 참조 변수 p와 c는 모두 자식 인스턴스를 참조하지만 참조의 범위가 다르다.

참조 범위	Child 인스턴스
p로 참조할 수 있음	office
	work()
p로 참조할 수 없음	school
	study()

참조 범위	Child 인스턴스
c로 모두 참조 할 수 있음	office
	work()
	school
	study

부모 타입의 참조 변수가 자식 인스턴스를 참조하는 경우, 그 참조 변수로는 자신이 상속해준 멤버 변수와 메소드만 사용할 수 있는 것이다. 즉, "p.school"이나 "p.study()"와 같은 표기가 불가능하다. 위의 코드는 다음과 같이 기술할 수도 있다.

```
Parent p = (Child) new Child();    // 캐스팅 연산자 (Child)를 추가
Child c = new Child();
```

하지만 앞서 본 것처럼 업캐스팅의 경우는 캐스팅 연산자를 생략할 수 있다.

다운캐스팅

그러면 반대의 경우는 어떠한가? 반대의 경우는 성립하지 않는다. 다음의 코드를 보자.

```
Parent p = new Parent();
Child c = new Parent();    // 에러 발생
```

자식 타입의 참조 변수가 부모 인스턴스를 가리킬 수는 없다. 이것은 c 참조 변수가 원래 자식 인스턴스의 참조 변수로 사용되는데, 자식 클래스는 부모 클래스 보다 멤버 변수나 메소드가 많기 때문에 이렇게 멤버 변수나 메소드가 적은 부모 인스턴스를 참조하는 경우 c를 잘못 사용할 수 있어 금지한 것이다.

그럼 다운캐스팅은 무엇인가? 우선 다운캐스팅의 경우는 형변환 연산자를 반드시 기술해야 한다는 점을 주지하고 다음 코드를 보자.

```
Parent p = null;
Child c = new Child();
Child c1 = null;

p = c;      // p = (child)c도 가능. 자식 참조 변수를 부모 참조 변수에 할당할 때는 생략 가능
c1 = (child)p;   // 다운캐스팅
```

"c1 = (child)p"에 의해 부모 인스턴스를 자식 타입의 참조 변수가 가리키게 된 것처럼 보인다. 그러나 그 이전에 "p = c"를 통해 부모 타입 참조 변수에 자식 타입의 참조 변수를 할당했기 때문에 다운캐스팅이 가능한 것이다. 이제 c1 참조 변수로는 자식 인스턴스의 모든 멤버 변수와 메소드를 사용할 수 있다.

instanceof 연산자

이렇게 참조 변수 형변환을 사용하다보면 특정 참조 변수가 실제로 어떤 인스턴스를 참조하는 것인지 검사해야할 필요가 생길 수 있다. 이 경우는 다음과 같이 "instanceof" 연산자를 사용한다.

```
if ( c instanceof Parent ) {
   ….
} else if ( c instanceof Child ) {
   …
}
```

이렇게 참조 변수 간의 캐스팅은 소스 코드를 간략하게 하기 위해 매개 변수 전달에서도 유용하게 사용된다. 업캐스팅을 사용하는 다음 프로그램을 보자.

소스코드
Poly.java

```
01 class Car {
02    int price;
```

부모 클래스이며, 생성자를 통해 가격과 운송비를 설정한다.

```
03    int transCost;
04
05    Car(int price, int transCost) {
06        this.price = price;
07        this.transCost = transCost;
08    }
09 }
10
11 class Pride extends Car {
12    Pride() {
13        super(16000000, 50000);
14    }
15
16    public String toString() {
17        return "Pride";
18    }
19 }
20
21 class Sonata extends Car {
22    Sonata() {
23        super(30000000, 100000);
24    }
25
26    public String toString() {
27        return "Sonata";
28    }
29 }
30
31 class Calculate {
32    int tax;
33    int sum;
34
35    void calSum(Car c) {
36        tax = (int)(c.price * 0.1);
37        sum = c.price + c.transCost + tax;
38        System.out.println(c + " 합계 금액 = " + sum);
39    }
40 }
41
42 class Poly {
```

부모 클래스의 생성자이며 가격과 운송비를 설정한다.

Car를 상속한 자식 클래스이며 부모 클래스의 생성자에게 가격과 운송비를 전달한다.

Car를 상속한 자식 클래스이며 부모 클래스의 생성자에게 가격과 운송비를 전달한다.

일반 클래스이며 총 비용을 계산한다. calSum 메소드는 Car 즉, 부모 클래스 타입의 매개변수 c를 정의하고 있다. c는 아래의 실행 클래스에서 전달하는 자식 클래스의 인스턴스 참조변수 값을 전달받는다.

```
43   public static void main( String[ ] args ) {
44       Calculate cal = new Calculate();
45       Pride pr = new Pride();
46       Sonata so = new Sonata();
47
48       cal.calSum(pr);
49       cal.calSum(so);
50   }
51 }
```

> calSum 메소드를 호출하면서 자식 인스턴스들의 참조 변수 값을 전달한다. 이렇게 하면 CalSum 메소드의 c는 pr로도 사용되고 so로도 사용된다.

실행결과

```
Pride 합계 금액 = 17650000
Sonata 합계 금액 = 33100000
```

소스해설

소스라인 01-09 : Car 클래스를 정의한다. 이 클래스가 아래의 Pride와 Sonata 클래스의 부모 클래스로 사용된다. 생성자를 정의하고 있으며 생성자는 차량의 가격과 운송비를 설정한다.

소스라인 11-19 : Pride 클래스를 정의한다. 이 클래스는 Car 클래스를 상속받으며, 생성자에서 super() 명령문으로 부모의 생성자를 호출하여 가격과 운송비를 설정한다.

소스라인 21-29 : Sonata 클래스를 정의한다. 이 클래스도 Car 클래스를 상속받으며, 생성자에서 super 명령문으로 부모의 생성자를 호출하여 가격과 운송비를 설정한다.

소스라인 31-40 : Calculate 클래스를 정의한다. 이 클래스는 세금을 산출하고 합계 금액을 출력한다. 여기서 사용한 calSum() 메소드는 부모인 Car 타입의 참조 변수 c로 매개변수를 받는다는 것이 중요하다. 소스라인 48-49에서 각기 Pride 클래스의 참조 변수와 Sonata 클래스의 참조 변수를 매개변수로 지정해서 calSum() 메소드를 호출하고 있다. 이렇게 하면 부모 타입의 참조 변수 c는 Pride 인스턴스를 가리키는데도 사용될 수 있고, Sonata 인스턴스를 가리키는데도 사용될 수 있다. 즉, 이 클래스에 있는 작업들을 공유할 수 있게 된다.

소스라인 16-18 : 이 라인들과 소스라인 26-28에서도 동일하게 toString() 메소드를 오버라이딩하고 있다. calSum() 메소드와 같이 **객체를 매개변수로 받으면 참조 변수 c에는 전달받은 객체의 이름과 주소 정보가 담기는데 이를 내부적으로 처리하는 것이 toString() 메소드이다**. 그래서 c를 그냥 출력하면 " Pride@17e4ca, Sonata@adb1d4"와 같은 형식으로 출력된다. 이것을 "Pride"와 "Sonata"로 출력하기 위해 오버라이딩을 한 것이다.

소스라인 48-49 : calSum() 메소드를 호출하는데, 참조 변수를 매개변수로 넘기고 있다.

6.8 내부 클래스

내부 클래스(inner class)는 클래스 내에 선언된 클래스를 의미한다. 내부 클래스는 중첩 클래스라고도 하며 클래스의 개수를 줄이기 위해서 도입된 방법이다. 내부 클래스는 다음과 같이 4가지가 있다.

내부 클래스의 종류	특징
인스턴스 내부 클래스(instance inner class)	인스턴스 멤버와 같은 형식으로 선언, 사용
스태틱 내부 클래스(static inner class)	스태틱 멤버와 같은 형식으로 선언, 사용
메소드 내부 클래스(method inner class)	메소드 내부에 선언. 메소드 실행 시에 생성, 사용
익명 내부 클래스(anonymous inner class)	이름이 없는 형식으로 선언, 사용

인스턴스 내부 클래스(instance inner class)

인스턴스 내부 클래스는 가장 일반적인 내부 클래스로, 인스턴스 변수나 메소드와 동일한 위치에 기술하고 접근 제한도 인스턴스 멤버와 동일하다. 다음 프로그램을 보자.

소스코드
OuterMain1.java

```
01  class OuterClass1 {                              // 외부 클래스이다.
02
03      // OuterClass1의 멤버 변수
04      int price = 200000;
05      int discount = 50000;
06
07      // InstanceInnerClass의 정의
08      class InstanceInnerClass {                   // OuterClass 내에 선언된
09                                                   // 내부 클래스이다.
10          // InstanceInnerClass의 메소드
11          void salesInfo() {
12              System.out.println( "정가 = " + price );
13              System.out.println( "할인가 = " + (price - discount) );
14          }
15      }
16  }
17
```

```
18 class OuterMain1 {
19
20     public static void main( String[ ] args ) {
21
22         // OuterClass1의 객체 생성
23         OuterClass1 oc = new OuterClass1();
24
25         // OuterClass1의 객체를 이용해 InstanceInnerClass의 객체 생성
26         OuterClass1.InstanceInnerClass ii = oc.new InstanceInnerClass();
27
28         // InstanceInnerClass의 메소드 호출
29         ii.salesInfo();
30     }
31 }
```

> 외부 클래스의 객체 oc를 만든 후 그 객체를 이용해 내부 클래스의 객체 ii를 만들어 사용한다.

실행결과

```
정가 = 200000
할인가 = 150000
```

소스해설

소스라인 01-16 : OuterClass1이라는 클래스를 선언한다. 이 클래스는 2개의 멤버 변수를 가지며, InstanceInnerClass라는 내부 클래스가 선언되어 있다. 그래서 OuterClass1는 외부 클래스라고 부르지만, 내부에 다른 클래스가 선언되어 있을 뿐 그 외는 일반 클래스와 다른 것이 없다.

소스라인 08-15 : 내부 클래스이다. 하나의 메소드를 가지고 있다. 이 클래스는 일반 인스턴스 변수나 메소드와 동일한 규칙을 적용받는다.

소스라인 18-31 : 실행 클래스이다. 여기서는 **반드시 외부 클래스의 객체(인스턴스)를 생성한 후에 내부 클래스의 객체(인스턴스)를 생성해야 한다**. 소스라인 23에서 외부 클래스의 객체를 생성한 후, 소스라인 26에서 그 객체를 이용해서 내부 클래스의 객체를 생성하고 나서, 소스라인 29에서 내부 클래스의 메소드를 실행하고 있다.

스태틱 내부 클래스(static inner class)

스태틱 내부 클래스는 내부 클래스 앞에 static이라는 지정자가 부여되며, 외부 클래스의 객체를

생성하지 않고도 내부 클래스의 객체를 생성할 수 있다. 일반 static 멤버와 동일한 규칙을 적용받는 것이다. 한 가지 주의할 것은 static 내부 클래스에서는 외부 클래스에서 static이라고 선언된 멤버만 접근할 수 있다. 다음 프로그램을 보자.

소스코드
OuterMain2.java

```java
01 class OuterClass2 {                          // 외부 클래스이다.
02
03     // OuterClass2의 멤버 변수, static으로 선언
04     static int price = 200000;
05     static int discount = 50000;
06
07     // StaticInnerClass의 정의
08     static class StaticInnerClass {          // static 내부 클래스이다. 외부 클
09                                              // 래스에서 static으로 선언된 멤
10         // StaticInnerClass의 메소드          // 버 변수들을 사용하고 있다.
11         void salesInfo() {
12             System.out.println( "정가 = " + price );
13             System.out.println( "할인가 = " + (price - discount) );
14         }
15     }
16 }
17
18 class OuterMain2 {
19
20     public static void main( String[] args ) {
21
22         // OuterClass2의 객체 생성 없이 StaticInnerClass의 객체 생성
23         OuterClass2.StaticInnerClass si = new OuterClass2.StaticInnerClass();
24                                              // 외부 클래스인 OuterClass2의
25         // StaticInnerClass의 메소드 호출      // 객체를 만들지 않고 곧장 외부
26         si.salesInfo();                      // 클래스를 이용해서 내부 클래스
27     }                                        // 의 객체를 만들어 사용한다.
28 }
```

실행결과

정가 = 200000
할인가 = 150000

6장 객체지향 프로그래밍 2   175

소스해설

소스라인 01-16 : OuterClass2라는 외부 클래스를 선언한다. 이 클래스는 2개의 static 멤버 변수를 가지며, 내부에 static으로 선언된 내부 클래스가 선언되어 있다.

소스라인 04-05 : static 변수를 선언했다. 이것은 **내부 클래스가 static인 경우, 이 변수들을 사용하기 위해서는 외부 클래스의 변수가 static 변수이어야 하기 때문이다.**

소스라인 08-15 : 내부 클래스인데 static이다. 이 클래스는 일반 static 멤버와 동일한 규칙을 적용받는다.

소스라인 18-28 : 실행 클래스다. 내부 클래스가 static 클래스이기 때문에 소스라인 23과 같이 외부 클래스의 객체를 생성하지 않고 내부 클래스의 객체를 생성한 후, 소스라인 26과 같이 내부 클래스의 메소드를 실행할 수 있다.

메소드 내부 클래스(method inner class)

메소드 내부 클래스는 외부 클래스의 메소드 내에서 내부 클래스를 선언하고, 내부 클래스의 객체를 생성한다는 것이 특징이다. 이렇게 하면 외부 클래스의 해당 메소드를 실행하는 경우에만 내부 클래스의 객체가 생성되기 때문에 시스템 자원을 절약하는 효과도 있다.

소스코드
OuterMain3.java

```
01 class OuterClass3 {                       외부 클래스이다.
02
03     // OuterClass3의 멤버 변수
04     int price = 200000;
05     int discount = 50000;
06
07     // OuterClass3의 메소드 정의
08     void salesInfo() {                    외부 클래스의 메소드이다.
09
10         // salesInfo() 메소드 내에 내부 클래스 calculate 정의
11         class calculate {                 외부 클래스의 메소드 내에 있는
12                                           클래스이다.
13             void printInfo() {
14                 System.out.println( "정가 = " + price );
```

```
15                    System.out.println( "할인가 = " + (price - discount) );
16            }
17       }
18
19       // calculate 클래스의 객체 생성
20       calculate cc = new calculate();
21
22       // calculate 클래스의 메소드 실행
23       cc.printInfo();
24   }
25 }
26
27 class OuterMain3 {
28
29    public static void main( String[] args ) {
30
31       // 외부 클래스 OuterClass3의 객체 생성
32       OuterClass3 oc= new OuterClass3();
33
34       // 외부 클래스 OuterClass3의 salesInfo() 메소드 실행
35       oc.salesInfo();
36    }
37 }
```

> cc 객체는 외부 클래스의 salesInfo() 메소드가 실행되어야 생성되고 사용된다.

실행결과

정가 = 200000
할인가 = 150000

소스해설

소스라인 01-25 : OuterClass3이라는 외부 클래스이다. 이 클래스는 소스라인 08-24에 salesInfo()라는 메소드를 정의하고 있으며, 이 메소드 안에서 calculate라는 클래스를 선언하고 있다.

소스라인 11-17 : salesInfo() 메소드 내에서 calculate라는 클래스를 선언하고 있다. 소스라인 20에서 calculate 클래스의 객체를 생성한 후, 소스라인 23에서 calculate 클래스의 메소드를 실행한다. 따라서 **만일 salesInfo() 메소드가 실행되지 않는다면 이 클래스의 객체는 생성되지도 않는다는 것이 핵심이다.**

소스라인 32 : 실행 클래스에서 외부 클래스인 OuterClass3의 객체를 생성한다.

소스라인 35 : 외부 클래스의 salesInfo() 메소드를 실행한다. 이 salesInfo() 메소드의 실행으로 내부 클래스 calculate 클래스의 객체가 생성되고, calculate 클래스의 printInfo() 메소드가 실행된다.

익명 내부 클래스(anonymous inner class)

지금까지 본 내부 클래스들은 모두 이름을 가진다. 하지만 **익명 내부 클래스는 이름이 없는 내부 클래스이며, 상속을 사용한다.** 익명 내부 클래스는 다음과 같은 형식으로 사용한다.

```
new 부모 클래스 또는 인터페이스() {
   ....
};
```

익명 내부 클래스는 "class"로 별도의 이름을 정의하지 않고 "new"로 곧장 객체를 생성한다. 한번만 실행하면 되는 일회성 객체를 생성할 때 이 방법을 사용하며 뒤에서 배울 이벤트에서 많이 사용된다. 객체를 생성할 때는 부모 클래스나 인터페이스의 이름을 기술하며 extends나 implements 키워드를 사용하지 않는다.

소스코드
OuterMain4.java

```
01 //인터페이스의 선언
02 interface Anony {
03
04   int price = 200000;
05   int discount = 50000;
06
07   public void salesInfo();
08
09 }
10
11 class OuterMain4 {
12
13     // Annoy 인터페이스의 메소드를 완성하고, 객체를 만들고, 메소드를 실행하게 정의한다.
14     public void printInfo() {
```

```
15          new Anony() {
16              public void salesInfo() {
17                  System.out.println(" 정가 = " + price);
18                  System.out.println("할인가 = " + (price - discount));
19              }
20          }.salesInfo();
21      }
22
23      public static void main(String[ ] args) {
24
25          new OuterMain4().printInfo();
26
27      }
28  }
```

> Anony는 인터페이스인데 별도의 클래스에서 상속하는 과정 없이 메소드를 완성하고 실행한다. 즉, 익명의 클래스로 생성되어 실행된다.

소스해설

소스라인 02-09 : 인터페이스를 선언한다. 소스라인 07에 실행부가 없는 메소드가 정의되어 있다.

소스라인 14-21 : OuterMain4 클래스의 메소드 printInfo()를 선언한다. 이 메소드 내에서 Anony 인터페이스의 salesInfo 메소드를 완성하고, new로 Anony 클래스의 객체를 생성한 후, 그 객체의 salesInfo() 메소드를 실행하도록 정의하고 있다.

실행 클래스의 소스라인 25에서 OuterMain4 클래스의 객체를 생성하고 이 printInfo() 메소드를 실행하면 이 메소드에 정의된 모든 작업이 실행된다. Anony 인터페이스를 implements로 상속받아 클래스를 정의하는 작업이 없어진 것이다. 즉, Anony 인터페이스는 익명의 이름이 없는 클래스로 완성되고 실행된다.

익명 내부 클래스는 뒤에서 그래픽 사용자 인터페이스(GUI)를 배우면서 이벤트 처리를 위해 사용하게 되며, 왜 익명 내부 클래스가 필요한지는 그때 더 확실하게 이해하게 될 것이다.

이 장의 요점

- 상속(inheritance)은 다른 클래스를 확장해서(extends) 재사용하는 기법이다. 다른 클래스를 상속받으면 상속을 해준 클래스에 있는 메소드와 멤버 변수를 사용할 수 있을 뿐 아니라, 자체적으로 다른 멤버 변수나 메소드를 추가해서 확장 사용할 수 있다.

- 접근 지정자는 클래스, 메소드, 멤버 변수에 지정하며 이들에 대해 외부에서 접근할 수 있는 대상을 지정한다. public, private, protected. default가 있으며 캡슐화에 이용하기도 한다. 접근 범위는 public > protected > default > private 순이다.

- 메소드 오버라이딩(Method Overriding)은 상속을 받은 후, 상속받은 클래스에 있는 메소드를 수정해서 사용하는 것을 말한다.

- super는 "부모 클래스의…"라는 의미로, 상속하면서 자식 클래스와 부모 클래스의 변수나 메소드가 동일한 경우 이들을 구분하기 위해 사용한다.

- final 지정자는 마지막임을 지정한다. 변경이나 수정을 금지한다. 클래스는 상속을 금지하고, 메소드는 오버라이딩을 금지하며, 변수는 초기값을 재할당할 수 없다.

- 추상 클래스(abstract class)는 선언부만 있고 실행부가 없는 미완성의 메소드를 가지고 있는 클래스를 의미한다. 미완성 메소드는 해당 클래스를 상속받은 클래스에서 완성을 해서 사용해야 한다. 추상 클래스는 클래스 이름과 메소드 이름 앞에 "abstract"라는 키워드를 추가해야 한다.

- 인터페이스(Interface)는 모든 메소드가 추상 메소드만으로 구성된다. 모든 메소드가 선언부만 있으며 인터페이스를 상속받은 클래스에서 실행부를 작성한다. 인터페이스는 "interface 인터페이스이름" 형식으로 기술한다. 인터페이스를 상속받을 때는 "extends"가 아니라 "implements"를 기술하며 인터페이스는 다중 상속이 가능하다.

- 다형성은 상속을 전제로 하며 "하나의 클래스를 다양하게 활용하는 방법"이다. 다형성에 속하는 기법은 메소드 오버라이딩, 추상 클래스, 인터페이스, 업캐스팅(upcasting), 다운캐스팅(down casting)이 있다.

- 내부 클래스(inner class)는 클래스 내에 선언된 클래스를 의미한다. 중첩 클래스라고도 하며 클래스의 개수를 줄이기 위해서 도입된 방법이다.

Chapter 07

유용한 클래스와 컬렉션

자바는 많은 클래스를 제공한다. 패키지에서 보았듯이 클래스들은 계층 구조로 구성되는데, 최상위 클래스는 Object 클래스이다. Object 클래스는 기본 클래스로서, 모든 프로그램에 자동으로 상속되고 다른 클래스들에서 Object 클래스의 메소드를 오버라이딩해서 제공하기도 한다. 여기서는 자주 사용되는 클래스들과 데이터 구조를 표현하기 위한 컬렉션과 제네릭스도 사용해본다.

7.1 Object 클래스

Object 클래스는 자바 클래스의 최상위에 있는 기본 클래스이다. 따라서 우리가 자바 프로그램을 작성하면 자동으로 Object 클래스를 상속받은 것이며, 이 클래스는 11개의 메소드를 제공하는데 이들 중 일부는 자바의 다른 클래스에서 재정의해서 제공하기도 하며 차차 그런 경우를 보게 된다.

Object 클래스의 메소드	기능
protected Object clone()	객체의 복사본을 반환한다.
public boolean equals(Object obj)	동일한 객체인지 비교하는데, 참조 변수 값을 비교한다.
protected void finalize()	객체가 소멸될 때 가비지 컬렉터에 의해 자동으로 호출된다.
public Class getClass()	객체의 클래스 정보를 반환한다.
public int hashCode()	객체의 해시 코드를 반환한다.
public String toString()	객체의 클래스 이름과 주소 관련 값을 문자열로 반환한다.
public void notify()	객체를 사용하려는 쓰레드를 하나 깨운다.
public void notifyAll()	객체를 사용하려는 모든 쓰레드를 깨운다.
public void wait()	다른 쓰레드에서 notify()나 notifyAll()이 실행될 때까지 현재 쓰레드를 기다리게 하거나, 지정된 시간동안 기다리게 한다.
public void wait(long timeout)	
public void wait(long timeout, int nanos)	

7.2 Wrapper 클래스

Wrapper 클래스는 8개의 기본 데이터형(Primitive Data Type)을 객체형(Object Type)으로 변환하기 위해 사용하는 8개의 클래스를 통칭하는 이름이다. 객체형으로의 변환은 객체를 매개변수로 받는 메소드에 기본 데이터형의 값을 전달하기 위해 주로 사용되며 8개가 클래스가 있다.

기본 데이터형	Wrapper 클래스	사용 예
byte	Byte	Byte wrpv = new Byte(10); Byte wrpv = new Byte("10");
short	Short	Short wrpv = new Short(10); Short wrpv = new Short("10");
int	Integer	Integer wrpv = new Integer(10); Integer wrpv = new Integer("10");
long	Long	Long wrpv = new Long(10); Long wrpv = Long("10");
float	Float	Float wrpv = new Float(10.0f); Float wrpv = new Float("10.0f");
double	Double	Double wrpv = new Double(10.0); Double wrpv = new Double("10.0");
char	Character	Character wrpv = new Character('c'); Character wrpv = new Character('c');
boolean	Boolean	Boolean wrpv = new Boolean(true); Boolean wrpv = new Boolean("true");

다음 프로그램의 예를 보자.

소스코드
Wrapper1.java

```
01  class Wrapper1 {
02      public static void main( String[] args ) {
03
04          Integer iv1 = new Integer( "100" );
05          Integer iv2 = new Integer( 100 );
06
07          Float fv1 = new Float( "200.0f" );
```

기본 데이터 형을 객체형으로 변환한다.

```
08          Float fv2 = new Float( 200.0f );
09
10          Integer ires = iv1 + iv2;
11          System.out.println( "iv1 + iv2 : " + ires );
12
13          Float fres = fv1 + fv2;
14          System.out.println( "fv1 + fv2 : " + fres );
15
16          System.out.println( "iv1 == iv2 : " + (iv1==iv2) );
17          System.out.println( "iv1.equals(iv2) : " + iv1.equals(iv2) );
18
19          System.out.println( "fv1 == fv2 : " + (fv1==fv2) );
20          System.out.println( "fv1.equals(fv2) : " + fv1.equals(fv2) );
21      }
22  }
```

> 객체의 경우 ==은 객체의 주소를 비교하고 equals는 객체의 값을 비교한다.

실행결과

```
iv1 + iv2 : 200
fv1 + fv2 : 400.0
iv1 == iv2 : false
iv1.equals(iv2) : true
fv1 == fv2 : false
fv1.equals(fv2) : true
```

소스해설

소스라인 04-08: Integer 클래스와 Float 클래스로 iv1과 iv2, fv1, fv2라는 객체를 만들었다. 04, 07 라인에서와 같이 숫자를 문자열로 지정할 수도 있다.

소스라인 10-14: 객체임에도 연산을 할 수도 있다. 초기 자바에서는 객체로 만든 후에는 연산을 할 수 없었으며, 연산을 하려면 다음에 배울 메소드를 이용해서 다시 기본 데이터형으로 변환해야 했다. 자바가 업그레이드되면서 유연해진 기능이다. 하지만 이것은 자바의 기본 원칙에 어긋나기 때문에 참고 사항으로만 기억하기 바란다.

소스라인 16-20: 객체를 비교할 때 "=="연산자를 사용하면 참조 변수의 값인 객체의 주소를 비교하기 때문에 false이다. 그러나 **equals** 메소드를 사용하면 객체의 값을 비교하기 때문에 true이다. 이 메소드는 Object 클래스의 equals 메소드를 Wrapper 클래스에서 재정의해서 제공한 것이다.

기본 데이터형을 객체형으로 변환할 수 있듯이, **객체형을 다시 기본 데이터형으로 변환할 수도 있으며, 이 경우 intvalue(), floatvalue() 등의 메소드를 사용한다.** 다른 형은 메소드 이름에서 int, float 부분만 수정하면 된다. 다음 프로그램의 예를 보자.

소스코드

Wrapper2.java

```
01 class Wrapper2 {
02     public static void main( String[] args ) {
03
04         Integer iv = new Integer( "100" );        기본 데이터형을 객체형으로
05         Float fv = new Float( "200f" );           변환한다.
06
07         int piv = iv.intValue();                  객체형을 다시 기본 데이터형
08         float pfv = fv.floatValue();              으로 변환한다.
09
10         // int piv = Integer.valueOf(iv);         역시 객체형을 다시 기본 데이
11         // float pfv = Float.valueOf(fv);         터형으로 변환한다.
12
13         float res = piv + pfv;
14         System.out.println( "piv + pfv : " + res );
15     }
16 }
```

실행결과

piv + pfv : 300.0

소스해설

소스라인 04-05 : Integer 클래스와 Float 클래스로 iv와 fv라는 객체를 만든다.

소스라인 07-08 : 각 클래스의 메소드를 이용하여 객체형을 다시 기본 데이터형으로 변환한다.

소스라인 10-11 : valueOf() 메소드를 사용해도 된다. 또한 다음과 같이 사용할 수도 있다.

```
int piv = Integer.parseInt("100");
float pfv = Float.parseFloat("200f");
```

이 parseInt 메소드의 매개변수는 위와 같이 문자열 값이거나 문자열형(String) 변수이어야 한다.

7.3 String 클래스

String 클래스는 문자열 객체를 생성하는 클래스로, 문자열 객체를 다루는 다양한 메소드를 제공한다.

String의 생성자와 메소드	기능
String(String s)	문자열 s를 가진 String 객체를 생성한다.
String(char[ ] value)	문자열 value를 가진 String 객체를 생성한다.
char charAt(int index)	index 위치의 문자를 반환한다.
String concat(String str)	문자열 str을 기존 문자열 뒤에 덧붙인다.
boolean equals(Object obj)	obj 문자열을 비교하여 같지 않으면 false를 반환한다.
int indexOf(int ch)	ch 문자의 위치값을 반환한다. 문자가 없으면 -1을 반환한다.
int indexOf(String str)	str 문자열의 위치값을 반환한다. 문자열이 없으면 -1을 반환한다.
int length()	문자열의 길이를 반환한다.
String replace(char old, char nw)	기존 문자 old를 새로운 문자 nw로 바꾸어 반환한다.
String replace(charSequence old, charSequence nw)	기존 문자열 old를 새로운 문자열 nw로 바꾸어 반환한다.
String[ ] split(String regex)	문자열을 지정된 분리자 regex로 나누어 배열에 담아 반환한다.
String substring(int begin) String substring(int begin, int end)	begin 위치부터 end 위치까지 부분 문자열을 반환한다.
String toLowerCase()	문자열을 소문자로 변환하여 반환한다.
String toUpperCase()	문자열을 대문자로 변환하여 반환한다.
String toString()	객체에 있는 문자열을 반환한다.
String trim()	문자열의 왼쪽과 오른쪽 끝에 있는 공백을 제거하여 반환한다.
static String valueOf()	지정된 값을 문자열로 변환해서 반환한다.

String 객체

지금까지 우리는 문자열을 다음과 같은 형식으로 사용했다.

　String name = "이병재";

그러나 다음과 같이 new 연산자로 String 객체를 생성해서 사용할 수도 있다.

  String name = new String("이병재");

두 가지 형식을 모두 사용할 수 있으나 주의해야 할 미묘한 차이가 있다. 다음 프로그램의 예를 보자.

소스코드

String1.java

```
01 class String1 {
02    public static void main( String[ ] args ) {
03
04        String name1 = "이병재";
05        String name2 = "이병재";
06
07        String name3 = new String( "이병재" );
08        String name4 = new String( "이병재" );
09
10        System.out.println(" name1 == name2 : " + (name1==name2) );
11        System.out.println(" name1.equals(name2) : " + name1.equals(name2) );
12
13        System.out.println(" name3 == name4 : " + (name3==name4) );
14        System.out.println(" name3.equals(name4) : " + name3.equals(name4) );
15    }
16 }
```

> String 객체가 아닌 경우는 name1과 name2가 동일 문자열이기 때문에 모두 true

> String 객체인 경우는 name3과 name4가 동일 문자열이 아니기 때문에 false와 true가 된다.

실행결과

name1 == name2 : true
name1.equals(name2) : true
name3 == name4 : false
name3.equals(name4) : true

소스해설

동일한 문자열을 비교하고 있다. equals() 메소드를 사용하면 둘 다 "true"이다. 그러나 "==" 연산자를 사용하면 "true"와 "false"로 달라진다. 기본적으로 자바에서는 동일한 문자열이 여러 개 있으면 그 문자열을 하나만 저장하고 사용한다. 그러나 new 연산자를 사용하면 동일한 문자열이라도 각기 다른 객체가 생성된다. 다음 그림을 보자.

```
String name1 = "이병재";                String name3 = new String( "이병재" );
String name2 = "이병재";                String name4 = new String( "이병재" );
```

```
        0x100                                    0x200
       "이병재"                    name3  0x200  →  "이병재"

                                                 0x300
name1 0x100    0x100 name2       name4  0x300  →  "이병재"
```

new 연산자를 사용하지 않으면 동일한 "이병재"라는 String 객체가 하나만 생성되고 참조 변수 name1과 name2이 모두 그 객체를 가리킨다. 그러나 new 연산자를 사용하면 각기 String 객체가 생성되고 참조 변수 name3과 name4는 각기 해당 객체를 가리킨다.

그래서 참조 변수가 가리키는 객체의 내용을 비교하는 String 클래스의 equals 메소드는 모든 경우에 "true" 값을 리턴한다. 이 메소드는 Object 클래스의 equals 메소드를 String 클래스에서 재정의(오버라이딩)한 것이다. "==" 연산자는 참조 변수가 가지고 있는 주소 값을 비교하기 때문에 new 연산자를 사용했을 때는 false를 리턴한다.

String 클래스는 문자열 처리를 위한 다양한 메소드를 제공한다. 자주 사용하는 메소드들을 살펴보자.

length()와 charAt() 메소드

length() 메소드는 문자열의 길이를 구하는 메소드이고, charAt() 메소드는 문자열 내의 문자들에 하나씩 접근할 수 있는 메소드이다. 이 2개의 메소드를 응용하는 다음 프로그램의 예를 보자. 이 프로그램은 하나의 문장에서 'e' 문자의 위치를 모두 출력한다.

소스코드
String2.java

```
01 class String2 {
02     public static void main( String[] args ) {
03
04         String sentence= "Character Position in sentence";
05
```

```
06        int len = sentence.length();
07
08        for( int i=0 ; i < len ; i++ ) {
09            char c = sentence.charAt( i );
10                if( c == 'e' ) {
11                    System.out.println( "position = " + (i+1) );
12                }
13            }
14        }
15 }
```

> 공백을 포함해서 글자의 개수를 구한다.

> 글자의 개수만큼 반복하면서 "e"자의 위치를 찾고 출력한다.

실행결과

```
position = 8
position = 24
position = 27
position = 30
```

소스해설

소스라인 06 : sentence 객체의 크기를 구해 len 변수에 할당한다. 문자열 내에 있는 공백도 하나의 문자로 계산되어 len 변수에 문자열을 구성하는 문자의 총 개수가 구해진다.

소스라인 08-09 : 문자의 개수만큼 반복 수행하면서 charAt() 메소드를 이용하여 문자열 내의 각 문자를 하나씩 변수 c에 할당한다.

소스라인 10-11 : 해당 순번의 문자가 'e'이면 문자의 위치를 출력한다. 이 때 문자의 위치는 0부터 시작되므로 1을 더해 1부터 시작되는 위치 번호가 출력되게 했다.

indexOf() 메소드

이 메소드를 이용하면 다양한 형식으로 특정 문자의 위치나 특정 문자열의 시작 위치를 구할 수 있다. 다음 프로그램의 예를 보자.

소스코드
String3.java

```
01 class String3 {
02        public static void main( String[] args ) {
```

```
03
04          String sentence = "Character Position in sentence";
05
06          int position1 = sentence.indexOf( 'a' );
07          int position2 = sentence.indexOf( 97 );
08          System.out.println( "a : " + position1 );
09          System.out.println( "97 : " + position2 );
10
11          int position3 = sentence.indexOf( "in", 0 );
12          System.out.println( "in, 0 : " + position3 );
13
14          int position4 = sentence.indexOf( "java", 1 );
15          System.out.println( "java, 1 : " + position4 );
16      }
17 }
```

'a'자의 위치를 구한다. 97은 'a'자의 아스키 코드 값이다.

0번부터 시작해서 "in" 문자열의 시작 위치를 구한다.

1번부터 시작해서 "java" 문자열의 시작 위치를 구한다. 없으면 -1을 반환한다.

실행결과

```
a : 2
97 : 2
in, 0 : 19
java, 1 : -1
```

소스해설

소스라인 06-07 : 'a' 문자의 위치를 구한다. 97과 같이 'a' 문자의 아스키 코드(Ascii code) 값을 사용해도 된다. 위치는 0부터 시작한다.

소스라인 11 : 0번 문자부터 문자열 "in"의 시작 위치를 구한다. 이렇게 문자열을 지정할 수도 있다.

소스라인 14 : 1번 문자부터 문자열 "java"의 시작 위치를 구한다. 해당 문자열이 없는 경우 결과는 -1이 된다.

substring() 메소드

이 메소드는 문자열 전체를 검색해서 지정한 특정 부분 문자열을 추출한다. 다음 프로그램의 예를 보자.

소스코드
String4.java

```
01 class String4 {
02     public static void main( String[] args ) {
03
04         String sentence = "Character Position in sentence";
05
06         String sub1 = sentence.substring( 19 );
07         System.out.println( "sentence.substring( 19 ) : " + sub1 );
08
09         String sub2 = sentence.substring( 10, 18 );
10         System.out.println( "sentence.substring( 10, 18 ) : " + sub2 );
11     }
12 }
```

> 19번 문자부터 문자열의 끝까지 추출해서 출력한다.

> 10번부터 18번 문자까지 추출해서 출력한다.

실행결과

sentence.substring(19) : in sentence
sentence.substring(10, 18) : Position

소스해설

소스라인 06 : 19번 문자부터 끝까지 부분 문자열을 구한다.

소스라인 09 : 10번 문자부터 18번 문자까지 부분 문자열을 구한다.

trim() 메소드

이 메소드는 문자열의 앞이나 뒤에 포함된 공백 문자를 제거하고 문자열 자체만 리턴한다. 문자열의 중간에 있는 공백은 제거되지 않는다. 다음 프로그램의 예를 보자.

소스코드
String5.java

```
01 class String5 {
02     public static void main( String[] args ) {
03         String str1 = new String( "space delete   " );
04         String str2 = new String( "   space delete   " );
```

> 각기 앞과 뒤에 공백이 있는 문자열 객체를 생성한다.

```
05
06          System.out.println( str1.equals( str2 ));
07          System.out.println( str1.trim().equals( str2.trim() ));
08      }
09 }
```

> trim() 메소드는 문자열 앞뒤의 공백을 제거한다.

실행결과

```
false
true
```

소스해설

소스라인 03-04 : 2개의 문자열 객체를 생성한다. 이들은 앞, 뒤에 공백을 포함하고 있다.

소스라인 06 : equals 메소드는 공백을 포함해서 비교하므로 2개 문자열이 달라 false이다.

소스라인 07 : trim() 메소드로 공백을 제거하고 equals 메소드를 사용하면 2개 문자열이 같아지므로 true이다.

---

valueOf()와 tostring() 메소드

String 클래스의 valueOf() 메소드는 기본 데이터형을 문자열형으로 변환할 때 사용하며, tostring() 메소드는 Wrapper 클래스의 메소드로 생성된 객체형을 문자열형으로 변환할 때 사용한다. 이 메소드도 Object 클래스의 tostring() 메소드를 재정의(오버라이딩)한 것이다.

소스코드
String6.java

```
01 class String6 {
02      public static void main( String[ ] args ) {
03
04          int i = 100;
05          System.out.println( i + 11 );
06
07          String str1 = String.valueOf( i );
08          System.out.println( str1 + 11 );
09
10          Integer o = new Integer( 200 );
```

> 정수를 문자열형으로 변환한다.

> 정수를 객체형으로 변환한다.

```
11        String str2 = o.toString();
12        System.out.println( str2 + 22 );
13    }
14 }
```

객체형을 문자열형으로 변환한다.

실 행 결 과

111
10011
20022

소 스 해 설

소스라인 07 : 정수 기본 데이터형을 문자열 형으로 변환한다.

소스라인 10 : 정수를 Wrapper 클래스인 Integer 클래스를 사용해서 객체형으로 변환한다.

소스라인 11 : 10 라인에서 생성된 객체형을 문자열형으로 변환한다.

7.4 StringBuffer 클래스

String 클래스는 문자열 객체를 생성할 수는 있으나 생성된 문자열을 조작하는 작업은 할 수 없다. 그러나 StringBuffer 클래스를 사용하면 생성된 문자열 객체에 다른 문자열을 삽입, 추가, 삭제하는 등의 작업을 할 수 있다.

StringBuffer 클래스의 주요 메소드	기능
StringBuffer()	16개 문자를 간직할 수 있는 StringBuffer 객체를 생성한다.
StringBuffer(int length)	length 개의 문자를 간직하는 StringBuffer 객체를 생성한다.
StringBuffer(String str)	str 문자열을 간직한 StringBuffer 객체를 생성한다.
StringBuffer append()	() 값을 문자열로 변환해서 기존 문자열 뒤에 붙인다.
char charAt(int index)	index 위치의 문자를 반환한다.
StringBuffer delete(int start, int end)	start 위치부터 end 위치 이전까지의 문자를 삭제한다.
StringBuffer deleteCharAt(int index)	index 위치의 문자를 삭제한다.
StringBuffer insert(int pos, value)	두 번째 인수 value를 문자열로 변환해서 pos 위치에 추가한다.
int length()	문자열의 길이를 반환한다.
StringBuffer replace(int start, int end, String str)	start 위치부터 end 위치까지의 문자열을 str 문자열로 바꾼다.
StringBuffer reverse()	문자열의 순서를 거꾸로 만든다.
void setCharAt(int index, char ch)	index 위치의 문자를 ch 문자로 바꾼다.
void setLength(int newLength)	문자열의 길이를 newLength로 변경한다.
String toString()	객체의 문자열을 반환한다.
String substring(int start) String substring(int start, int end)	start 위치부터 end 위치까지의 부분 문자열을 반환한다. start만 지정하면 start부터 끝까지 반환한다.

StringBuffer 클래스를 사용하는 다음 프로그램의 예를 보자.

소스코드
StringBuffer1.java

```
01 class StringBuffer1 {
02     public static void main( String[] args ) {
03
04         StringBuffer str1 = new StringBuffer( "I am a boy" );
```

```
05        System.out.println( str1 );
06
07        str1 = str1.append( " of korea" );    str1 뒤에 문자열을 추가한다.
08        System.out.println( str1 );
09
10        str1 = str1.insert( 6, " happy" );    str1의 6번째 문자 위치에 문자열을 삽입한다.
11        System.out.println( str1 );
12
13        str1 = str1.delete( 7, 13 );          str1의 7번째 문자부터 13번 문자 앞까지 삭제한다.
14        System.out.println( str1 );
15    }
16 }
```

실행결과

I am a boy
I am a boy of korea
I am a happy boy of korea
I am a boy of korea

소스해설

소스라인 07 : 기존 문자열 객체 제일 뒤에 " of korea"라는 문자열을 추가한다.

소스라인 10 : 기존 문자열의 6번 문자 위치에 " happy"라는 문자열을 삽입한다. 문자 번호는 0번부터 시작됨을 기억하자.

소스라인 13 : 7번 문자 위치부터 13번 문자 위치 앞까지 삭제한다.

7.5 StringTokenizer 클래스

StringTokenizer 클래스는 문자열을 토큰(token)으로 나누는 작업을 하는 클래스이다. 토큰은 의미 있는 작은 문자열을 말하며 사용자가 지정하는 구분자(delimiter)를 기준으로 나누어진다. 예를 들어, "Lee:Kim:Park:Seo"와 같은 문자열이 있을 경우, 구분자는 ":"이며 Lee, Kim, Park, Seo 등은 토큰이다. 이 클래스는 util 패키지에 제공되기 때문에 "import java.util.*;" 명령문을 제일 위에 추가해야 한다.

StringTokenizer의 생성자와 메소드	기능
StringTokenizer(String str, String delim)	str 문자열을 delim 구분자로 나누는 StringTokenizer 객체를 생성한다.
StringTokenizer(String str, String delim, boolean returnDelim))	str 문자열을 delim 구분자로 나누는 StringTokenizer 객체를 생성한다. returnDelim을 true로 지정하면 delim도 토큰으로 취급된다.
int countTokens()	토큰의 전체 개수를 반환한다.
hasMoreTokens()	남은 토큰이 있는지를 알려준다.
nextToken()	다음 토큰을 반환한다.

다음 프로그램의 예를 보자.

소스코드
Tokenizer1.java

```
01 import java.util.*;         // StringTokenizerr 클래스를 사용하기 위해 추가되었다.
02
03 class Tokenizer1 {
04    public static void main( String[] args ) {
05
06       String name = "Lee:Kim:Park:Seo";
07       StringTokenizer st = new StringTokenizer( name, ":" );
08
09       while( st.hasMoreTokens() ) {
10          System.out.println( st.nextToken() ) ;
11       }
12    }
13 }
```

StringTokenizerr 클래스의 생성자에게 name 문자열 변수와 구분자를 넘겨 문자열과 구분자가 있는 객체 st를 만든다. st 객체는 StringTokenizer 클래스의 객체이므로 StringTokenizer의 메소드를 이용해서 작업한다.

실행결과

Lee
Kim
Park
Seo

소스해설

소스라인 01 : util 패키지를 포함시킨다.

소스라인 07 : StringTokenizer 클래스의 생성자를 이용해서 st 객체를 생성한다. 첫 번째 매개변수는 작업할 문자열(name), 두 번째 매개변수는 구분자(:)를 지정한다.

소스라인 09 : hasMoreTokens() 메소드는 st 객체 내에 토큰이 남아있는 한 true를 리턴한다.

소스라인 10 : nextToken() 메소드는 토큰들을 처음부터 끝까지 하나씩 리턴한다.

이제 여러 개의 구분자를 사용하며, 구분자도 토큰으로 취급하는 프로그램의 예를 보자.

소스코드

Tokenizer2.java

```
01 import java.util.*;
02
03 class Tokenizer2 {
04    public static void main( String[] args ) {
05
06       String name = "Lee:Kim,Park-Seo";
07       StringTokenizer st = new StringTokenizer( name, ":,-", true );
08
09       while( st.hasMoreTokens() ) {
10          System.out.println( st.nextToken() ) ;
11       }
12    }
13 }
```

3번째 인수를 "true"로 지정하여 3개의 구분자들도 토큰으로 취급한다.

실행결과

Lee
:
Kim
,
Park
-
Seo

소스해설

소스라인 06 : 문자열에 콜론, 콤마, 대시 등의 문자가 구분자로 사용되었다.

소스라인 07 : 생성자의 매개 변수를 지정할 때 두 번째 매개변수에 구분자를 여러 개 지정했고, 세 번째 매개변수를 true로 지정하면 구분자도 토큰으로 취급하게 된다. 그래서 구분자들도 출력이 되었다. true를 생략하거나, false를 지정하면 구분자는 토큰으로 취급되지 않는다.

7.6 Random 클래스

Random 클래스는 임의의 난수를 발생시키는 클래스이다. 이 클래스는 정수값과 실수값, 부울값 등의 난수를 발생시킨다. 난수를 얻기 위해서는 Math 클래스의 random() 메소드를 사용할 수도 있다.

Random의 생성자와 메소드	기능
Random()	현재 시간을 종자값으로 하는 Random 객체를 생성한다.
Random(long seed)	seed를 종자값으로 하는 Random 객체를 생성한다.
nextBoolean()	부울 타입의 난수를 반환한다.
double nextDouble()	double 타입의 난수를 반환한다.
float nextFloat()	float 타입의 난수를 반환한다.
double nextGaussian()	가우시안 분포에 따른 double 타입의 난수를 반환한다.
int nextInt()	int 타입의 난수를 반환한다.
int nextInt(int n)	0 ~ n 범위의 난수를 반환한다.
long nextLong()	long 타입의 난수를 반환한다.

먼저 Random 클래스를 사용하는 다음 프로그램의 예를 보자.

소스코드
Random1.java

```
01 import java.util.*;
02
03 class Random1 {
04     public static void main( String[] args ) {
05
06         Random r = new Random();          // 난수 객체를 생성한다.
07
08         int i = r.nextInt();              // 정수 난수를 구한다.
09         System.out.println(i);
10
11         i = r.nextInt(10);                // 10 미만의 정수 난수를 구한다.
12         System.out.println(i);
13
```

```
14          float f = r.nextFloat();          float형 난수를 구한다.
15          System.out.println(f);
16
17          double d = r.nextDouble();        double형 난수를 구한다.
18          System.out.println(d);
19
20          boolean b = r.nextBoolean();      부울 난수를 구한다.
21          System.out.println(b);
22      }
23  }
```

실행결과

```
1815281096
4
0.72210884
0.8199412273014933
false
```

소스해설

소스라인 06 : Random 클래스의 객체 r을 생성한다.

소스라인 08 : 임의의 정수 난수를 구한다.

소스라인 11 : 임의의 정수 난수를 구하되 10 미만의 난수를 구한다. 정수의 경우에만 이렇게 난수의 범위를 지정할 수 있다. 아래의 실수나 부울 값은 이런 지정이 불가능하다.

소스라인 14 : 임의의 float 난수를 구한다.

소스라인 17 : 임의의 double 난수를 구한다.

소스라인 20 : 임의의 부울 값을 구한다.

Random 클래스는 객체를 생성할 때 종자 값(seed value)을 지정할 수 있으며, 동일한 종자 값을 지정하면 그 객체들은 항상 동일한 난수를 발생시킨다. 이 점이 Math.random()과 다르다. 다음 프로그램의 예를 보자.

소스코드
Random2.java

```java
01 import java.util.*;
02
03 class Random2 {
04    public static void main( String[] args ) {
05
06       Random r = new Random(1);              // 종자값이 1인 난수 객체를 생성한다.
07
08       int i = r.nextInt();
09       System.out.println(i);
10
11       i = r.nextInt(10);
12       System.out.println(i);
13
14       float f = r.nextFloat();
15       System.out.println(f);
16
17       double d = r.nextDouble();
18       System.out.println(d);
19
20       boolean b = r.nextBoolean();
21       System.out.println(b);
22       System.out.println("==============");
23
24       Random r1 = new Random(1);             // 종자값이 1인 난수 객체를 생성한다.
25
26       int i1 = r1.nextInt();
27       System.out.println(i1);
28
29       i1 = r1.nextInt(10);
30       System.out.println(i);
31
32       float f1 = r1.nextFloat();
33       System.out.println(f1);
34
35       double d1 = r1.nextDouble();
36       System.out.println(d1);
37
```

```
38         boolean b1 = r1.nextBoolean();
39         System.out.println(b1);
40     }
41 }
```

실행결과

-1155869325
8
0.4100808
0.4074398012118764
false
================
-1155869325
8
0.4100808
0.4074398012118764
false

소스해설

먼저 출력을 보면 결과가 동일하다. 2개의 난수 객체를 사용했는데 난수의 원래 의미와 달리 결과가 동일하다. 이것은 06과 24 라인에서와 같이 객체를 생성할 때 동일한 종자 값 1을 지정했기 때문이다. 난수를 사용하되 동일한 난수가 필요한 경우 이와 같은 방법을 사용하면 된다.

7.7 Scanner 클래스

Scanner 클래스는 키보드나 파일로 부터 데이터를 읽어 들이는 기능을 제공하는 클래스이다. 정수, 실수, 부울 상수 등의 값은 물론 1개 라인 단위로도 읽어 들일 수 있다.

키보드 입력

키보드 입력 값을 읽어 들이는 간단한 예를 4장에서 보았다. 4장의 예를 조금 진전시킨 다음 프로그램을 보자. 키보드로 정수형 점수를 계속 입력하며, -1을 입력하면 작업이 끝난다.

소스코드
Scanner1.java

```
01 import java.util.Scanner;
02
03 class Scanner1 {
04    public static void main( String[] args ) {
05
06       Scanner UserIn = new Scanner(System.in) ;
07       int score = 0;
08
09       do {
10
11          System.out.print("점수를 입력하세요 : ");
12          score = UserIn.nextInt();
13
14          if (score != -1)
15             System.out.println(score + "점을 입력했습니다!" + "\n");
16          else
17             System.out.println("입력이 끝났습니다!");
18
19       } while (score !=-1);
20    }
21 }
```

> 키보드를 의미하는 표준입력스트림 객체를 인수로 스캐너 객체를 생성한다.

> nextInt() 메소드로 키보드에서 정수를 읽어 들인다.

실행결과

점수를 입력하세요 : 100점을 입력했습니다!

점수를 입력하세요 : 90점을 입력했습니다!

점수를 입력하세요 : 입력이 끝났습니다!

소 | 스 | 해 | 설

소스라인 06 : Scanner 클래스의 객체 UserIn을 생성한다. Scanner 클래스의 생성자 매개변수로 주어지는 System.in은 키보드를 의미하는 표준입력스트림 객체인데 이에 대해서는 12장에서 배운다.

소스라인 09-19 : 키보드에서 입력되는 숫자가 -1이 아니면 do - while 문을 실행하면서 계속해서 정수를 읽어 들인다. 입력 값이 -1이면 다른 메시지를 출력해야 하기 때문에 if - else 문을 사용하고 있다.

여기서는 정수를 읽어 들이기 때문에 nextInt() 메소드를 사용했으나 Scanner 클래스는 다음과 같은 메소드들을 제공하므로 타입에 따라 알맞은 메소드를 사용하면 된다.

> nextByte, nextShort, nextInt, nextLong, nextDouble, nextFloat, nextBoolean, nextLine

파일 입력

이번에는 텍스트 파일을 읽어서 총계와 평균을 구하는 프로그램의 예를 보자. 현재 우리가 연습하고 있는 myjava 폴더에 "data1.txt"라는 텍스트 파일이 있으며 그 파일의 내용은 다음과 같다.

100.1
200.1
300.1
400.1

한 줄에 하나씩 double 형의 데이터가 기록되어 있다.

소스코드
Scanner2.java

```
01 import java.util.*;
02 import java.io.*;     File 클래스를 사용하기 위해 추가되었다.
03
04 class Scanner2 {
05     public static void main( String[] args ) throws Exception {
```

```
06
07        Scanner data = new Scanner(new File("data1.txt"));
08        double tot = 0;
09        int cnt = 0;
10
11        while ( data.hasNextDouble() ) {
12
13            tot += data.nextDouble();
14            cnt++;
15        }
16
17        System.out.println( "총계 = " + tot );
18        System.out.println( "평균 = " + tot/cnt );
19    }
20 }
```

파일 객체를 생성한 후 그 객체를 인수로 스캐너 객체를 생성한다.

double 형 데이터를 읽어 들여 더한다.

실행결과

총계 = 1000.4
평균 = 250.1

소스해설

소스라인 02 : "import java.io.*;"가 추가되었다. 이는 05 라인에 있는 File 클래스를 사용하기 위한 것이다.

소스라인 05 : 제일 뒤에 "throws Exception"이 기술되었다. 이는 예외 처리를 위한 것인데 이에 대해서는 8장에서 배운다. 여기서는 그냥 문법처럼 기억하자.

소스라인 07 : Scanner 객체를 생성하기 위해 먼저 File 객체를 생성하며 File 클래스의 생성자로 데이터 파일인 "data1.txt"를 지정하고 있다. File 객체에 대해서는 12장에서 설명한다. 여기서는 이 명령문 전체를 Scanner 클래스에서 데이터 파일을 사용하기 위한 문법으로 기억하기 바란다. 만일 "data1.txt" 파일이 이 프로그램과 달리 myjava 폴더에 있지 않으면 괄호 안에 완전한 경로를 기술해야 한다.

소스라인 11 : hasNextDouble() 메소드는 다음의 double 형 데이터가 있으면 true를 아니면 false를 리턴한다. 이 메소드도 형에 따라 Double 부분만 수정해서 사용하며 된다.

소스라인 13 : 실제로 다음의 double 형 데이터를 파일에서 읽어 들인다.

이제 다음과 같이 한 개 라인에 여러 개의 값이 콤마(,)로 구분되어 기록되어 있는 데이터 파일 "data2.txt"를 읽어 들이는 경우를 보자. 데이터 파일의 각 라인에 있는 값의 개수도 각기 다르다. 이 파일도 myjava 폴더에 있는 것으로 가정한다.

60,60,60
70,70,70,70
80,80
100,100,100,100,100

소스코드
Scanner3.java

```
01  import java.util.*;
02  import java.io.*;
03
04  class Scanner3 {
05      public static void main( String[] args ) throws Exception {
06
07          Scanner data = new Scanner(new File("data2.txt"));
08
09          while (data.hasNextLine()) {          // 모든 라인을 읽어 들일 때까지 반복한다.
10
11              int cnt = 0;
12              int tot = 0;
13
14              String line = data.nextLine();
15              Scanner dataline = new Scanner(line).useDelimiter(",");   // 데이터 파일에서 1개 라인을 읽어 들인 후 구분자를 인식하는 객체를 생성한다.
16
17              while (dataline.hasNextInt()) {   // 1개 라인에서 구분자로 구분된 정수를 읽어 들인다.
18
19                  tot += dataline.nextInt();
20                  cnt++;
21
22              }
23
24              System.out.println("총계 = " + tot + " 평균 = " + tot/cnt);
25
26          }
27      }
28  }
```

실행결과

총계 = 180 평균 = 60
총계 = 280 평균 = 70
총계 = 160 평균 = 80
총계 = 500 평균 = 100

소스해설

소스라인 07 : Scanner 객체를 생성하기 위해 먼저 File 객체를 생성하며 File 클래스의 생성자로 데이터 파일인 "data2.txt"를 지정하고 있다.

소스라인 09-26 : "data2.txt" 파일에서 라인을 하나씩 읽어 들인다. 09 라인에서 "data2.txt" 파일에 다음 라인이 있는가를 검사한다. 다음 라인이 있으면 11 라인부터 실행하고, 다음 라인이 없으면 26 라인으로 이동해서 끝낸다.

소스라인 14 : 파일에서 다음 라인을 읽어 들인다.

소스라인 15 : useDelimiter() 메소드에 구분자를 지정하여 라인 단위로 구분자를 인식하는 Scanner 객체를 생성한다.

소스라인 17-22 : 한 개 라인 내에서 구분자로 구분된 정수를 읽어 들인다. 17 라인에서 한 개 라인 내에 정수가 남아 있는가를 검사한다. 남아 있으면 19, 20 라인을 실행하고 한 개 라인이 끝나면 24 라인으로 이동하여 라인 별로 총계와 평균을 출력한다.

7.8 컬렉션

컬렉션(collection)은 "객체 데이터"의 자료구조를 구현하기 위한 표준 라이브러리이다. 이 라이브러리는 인터페이스 형식으로 제공되며 다음과 같은 List, Set, Map이 핵심 컬렉션이다.

인터페이스	특징
List	순서가 있는 데이터 집합. 데이터의 중복 허용. 구현 클래스 : ArrayList, LinkedList, Stack, Vector
Set	순서 없는 데이터 집합. 데이터 중복 허용하지 않음. 구현 클래스 : HashSet, TreeSet
Map	키와 값의 쌍으로 구성된 데이터 집합. 키는 중복 불가, 값은 중복 허용 구현 클래스 : HashTable, HashMap, LinkedHashMap, TreeMap

이 인터페이스들을 상속받아 구현한 클래스들의 특징을 잘 파악하여 자신이 사용할 클래스를 선택해야 한다. 자바 1.5 버전부터는 내부적으로 이 인터페이스들을 표준화하기 위해 collection이라는 상위 인터페이스를 제공한다. List와 Set은 유사한 기능이 많아 이들의 공통부분을 별도로 정의한 인터페이스로 collection을 만든 것이다. 그러나 Map은 데이터를 처리하는 방식이 이들과 많이 달라 collection 인터페이스와 별도로 존재한다.

이들의 상속관계를 표시하면 다음과 같다.

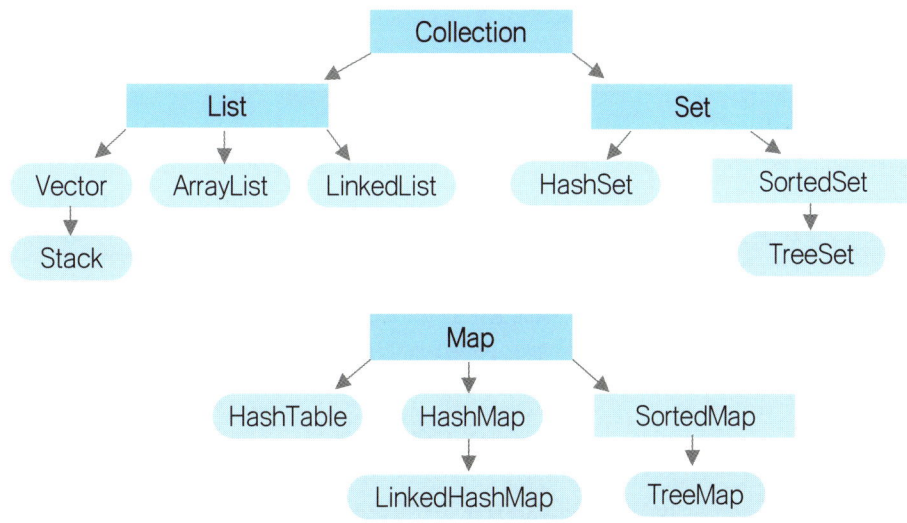

7.9 List

List 인터페이스를 구현한 클래스로는 ArrayList, LinkedList, Vector, Stack이 있다. 이 클래스들을 이용하는 객체 데이터는 데이터가 중복될 수 있으며, 데이터에 순서가 있어 인덱스를 사용하여 데이터에 접근할 수 있다.

List 인터페이스의 메소드	기능
void add(int index, Object element) boolean addAll(int index, Collection c)	element 객체나 컬렉션에 포함된 객체를 index 위치에 추가한다.
Object get(int index)	index 위치의 객체를 반환한다.
int indexOf(Object o)	객체의 위치값을 반환한다.
int lastIndexOf(Object o)	역방향으로 객체의 위치값 반환한다.
Object remove(int index)	index 위치의 객체를 삭제해서 반환한다.
Object set(int index, Object element)	index 위치에 객체를 저장한다.
List subList(int fromindex, int toindex)	fromindex 위치부터 toindex 위치까지의 객체를 반환한다.

여기서는 ArrayList 클래스를 사용하는 프로그램의 예를 살펴본다.

소스코드
List1.java

```
01 import java.util.*;
02
03 class List1 {
04     public static void main( String[] args ) {
05
06         ArrayList<Integer> al = new ArrayList<Integer>();   // ArrayList 객체를 생성한다.
07
08         al.add(new Integer(0));
09         al.add(new Integer(1));   // ArrayList에 3개의 객체를 추가한다.
10         al.add(new Integer(2));
11
12         int length = al.size();   // ArrayList의 크기를 출력한다.
13
14         System.out.println( "ArrayList의 객체 : " + al );
15         System.out.println( "ArrayList의 크기 : " + length );
```

```
16      System.out.println( "ArrayList의 두번째 데이터 : " + al.get(1) + "\n");
17
18      al.set(1,new Integer(10) );        1번 위치에 10을 추가한다. 번호는 0부터 시작한다.
19
20      System.out.println( "ArrayList의 객체 : " + al );
21      System.out.println( "ArrayList의 크기 : " + length );
22      System.out.println( "ArrayList의 두번째 데이터 : " + al.get(1) + "\n");
23
24      al.remove(1);       1번 위치의 데이터를 삭제한다.
25
26      System.out.println( "ArrayList의 객체 : " + al );
27      System.out.println( "ArrayList의 크기 : " + length );
28      System.out.println( "ArrayList의 두번째 데이터 : " + al.get(1) + "\n");
29    }
30 }
```

실행결과

```
ArrayList의 객체 : [0, 1, 2]
ArrayList의 크기 : 3
ArrayList의 두번째 데이터 : 1

ArrayList의 객체 : [0, 10, 2]
ArrayList의 크기 : 3
ArrayList의 두번째 데이터 : 10

ArrayList의 객체 : [0, 2]
ArrayList의 크기 : 3
ArrayList의 두번째 데이터 : 2
```

소스해설

소스라인 06 : ArrayList 객체를 생성한다. <Integer>는 컬렉션에 저장할 데이터의 타입을 지정하는 제네릭스(Generics)이다. 컬렉션에는 다양한 타입의 객체 데이터를 담을 수는 있으나 대개 동일한 타입의 데이터를 담는 경우가 많다. 그래서 **컴파일 시에 컬렉션에 담을 데이터의 타입을 미리 체크하도록 지정할 수 있으며 이를 제네릭스(Generics)라고 한다.** <String>, <Integer> 등의 타입을 지정할 수 있으며 사용자 정의 타입도 지정할 수 있다. 타입의 안정성을 위해 사용되며, 별도의 형 변환을 하지 않아도 되어 코드가 간결해진다는 정도만 알아두자.

소스라인 08-10 : ArrayList의 add() 메소드로 데이터를 추가한다.

소스라인 12 : size() 메소드를 이용하면 ArrayList의 크기를 구할 수 있다.

소스라인 16 : get() 메소드는 인덱스 번호를 지정하여 ArrayList 내의 해당 데이터를 가져온다.

소스라인 18 : set() 메소드는 인덱스 번호를 지정하여 해당 위치에 데이터를 저장한다.

소스라인 24 : remove() 메소드는 인덱스 번호를 지정하여 해당 위치의 데이터를 삭제한다.

7.10 Set

Set 인터페이스는 데이터를 순서 없이, 중복되지 않게 저장한다. 이 인터페이스를 구현한 클래스로는 HashSet, TreeSet이 있다. HashSet 클래스를 사용하는 다음 프로그램을 보자.

소스코드
Set1.java

```
01 import java.util.*;
02
03 class Set1 {
04    public static void main( String[] args ) {
05
06        HashSet<String> hs = new HashSet<String>();   // HashSet 객체를 생성한다.
07
08        hs.add( "0번" );
09        hs.add( "1번" );                              // HashSet에 3개의 데이터를 추가한다.
10        hs.add( "2번" );
11
12        System.out.println( "hs의 내용 : " + hs );
13        System.out.println( "hs의 크기 : " + hs.size() + "\n" );
14
15        hs.remove( "1번" );
16
17        System.out.println( "hs의 내용 : " + hs );
18        System.out.println( "hs의 크기 : " + hs.size() + "\n" );
19
20        if (hs.add("0번") == false)                   // 이미 있는 "0번" 데이터를 추가
21            System.out.println( "중복 데이터입니다!" ); // 하면 false 값을 반환한다.
22    }
```

23 }

> 실행결과

hs의 내용 : [0번, 2번, 1번]
hs의 크기 : 3
hs의 내용 : [0번, 2번]
hs의 크기 : 2
중복 데이터입니다!

> 소스해설

소스라인 06-22 : HashSet 객체를 만들고 데이터를 추가한다. 데이터를 추가하는 add(), 삭제하는 remove(), HashSet의 크기를 반환하는 size() 등의 메소드를 사용할 수 있다.

소스라인 20 : 중복된 데이터를 저장하면 "False"를 반환한다.

7.11 Map

Map 인터페이스는 키와 값의 쌍으로 구성된 데이터 집합을 저장하며, 키는 중복될 수 없으나 값은 중복이 허용된다. 구현 클래스는 HashTable, HashMap, LinkedHashMap, TreeMap 등이 있다.

Map의 메소드	기능
void clear()	Map의 모든 객체를 삭제한다.
boolean containsKey(Object key)	key 객체와 일치하는 Map의 Key 객체가 있는지를 확인한다.
boolean containsValue(Object value)	value 객체와 일치하는 Map의 value 객체가 있는지를 확인한다.
boolean equals(Object o)	동일한 Map인지를 비교한다.
Object get(Object key)	key 객체에 대응하는 value 객체를 반환한다.
int hashCode()	해쉬 코드를 반환한다.
boolean isEmpty()	Map이 비었는지를 확인한다.
Set keySet()	Map에 저장된 모든 key 객체를 반환한다.
Object put(Object key, Object value)	value 객체를 key 객체에 매핑시켜 저장한다.
void putAll(Map t)	Map의 모든 key-value 쌍을 추가한다.
Object remove(Object key)	key 객체와 일치하는 key-value 객체를 삭제한다.
int size()	Map에 저장된 key-value 쌍의 개수를 반환한다.
Collection values()	Map에 저장된 모든 value 객체를 반환한다.

HashMap 클래스를 사용하는 다음 프로그램을 보자.

소스코드
Map1.java

```
01 import java.util.*;
02
03 class Map1 {
04     public static void main( String[] args ) {
05
06         HashMap<String,String> hm = new HashMap<String,String>();
07
```

HashMap 객체를 생성한다.

```
08          hm.put("1","서혜숙");
09          hm.put("2","이병재");
10          hm.put("3","서혜숙");
11
12          System.out.println( "hm의 내용 : " + hm );
13          System.out.println( "hm의 크기 : " + hm.size() );
14
15          hm.remove("3");
16
17          System.out.println( hm.get("1") );
18          System.out.println( hm.get("2") );
19          System.out.println( hm.get("3") );
20      }
21  }
```

HashMap에 키와 값으로 구성된 3개의 데이터를 추가한다.

키가 "3"인 데이터를 삭제한다.

키가 "3"인 데이터는 삭제되어 null이 출력된다.

실행결과

```
hm의 내용 : {3=서혜숙, 2=이병재, 1=서혜숙}
hm의 크기 : 3
서혜숙
이병재
null
```

소스해설

소스라인 06-13 : HashMap 객체를 생성하고 put() 메소드로 키와 값을 저장한다. size() 메소드로 HashMap의 크기를 구할 수 있다.

소스라인 15-19 : remove() 메소드로 데이터를 삭제하며 get() 메소드에 키 값을 지정해서 해당 데이터를 가져올 수 있다.

이 장의 요점

- Wrapper 클래스는 8개의 기본 데이터형(Primitive Data Type)을 객체형(Object Type)으로 변환하기 위해 사용하는 8개의 클래스인 Byte, Short, Integer, Long, Float, Double, Character, Boolean 등을 통칭하는 이름이다. 객체형으로 변환하는 목적은 주로 객체를 매개변수로 받는 메소드에 매개변수로 전달하기 위해서이며, 객체형을 다시 기본 데이터형으로 변환할 수도 있다.

- String 클래스는 문자열 객체를 생성하는 클래스이다. new 연산자로 문자열 객체를 만들 수도 있고, new 연산자를 사용하지 않고 문자열 객체를 만들 수도 있다. 그러나 문자열 객체의 내용을 비교할 때는 이들 간에 차이가 발생할 수 있으므로 유의해야 한다.

- StringBuffer 클래스는 생성된 문자열 객체에 다른 문자열을 삽입, 추가, 삭제하는 등의 작업을 할 수 있다.

- StringTokenizer 클래스는 문자열을 토큰(token)으로 나누는 작업을 하는 클래스이다. 토큰은 의미 있는 작은 문자열을 말하며 사용자가 지정하는 구분자를 기준으로 나누어진다.

- Random 클래스는 임의의 난수를 발생시키는 클래스로 정수와 실수, 부울값 등의 난수를 발생시킨다. 이 클래스는 객체를 생성할 때 종자 값(seed value)을 지정할 수 있으며, 동일한 종자 값을 지정하면 그 객체들은 항상 동일한 난수를 발생시킨다.

- Scanner 클래스는 키보드나 파일로 부터 데이터를 읽어 들이는 기능을 제공하는 클래스이다. 정수, 실수, 부울 상수 등의 값은 물론 1개 라인 단위로도 읽어 들일 수 있다. 키보드에서 읽기 위해서는 System.in을 사용한다. 파일의 내용을 읽기 위해서는 Scanner 객체를 생성하기 위해 먼저 File 객체를 생성하며, File 클래스의 생성자로 데이터 파일을 지정해야 한다.

- 컬렉션(collection)은 "객체 데이터"의 자료구조를 구현하기 위한 표준 라이브러리이다. 이 라이브러리는 인터페이스로 제공되며 List, Set, Map이 핵심 컬렉션이다. 이 인터페이스들을 표준화하기 위해 collection이라는 상위 인터페이스기 제공된다. List와 Set은 유사한 기능이 많아 이들의 공통부분을 별도로 정의한 인터페이스로 collection이 있다.

Chapter 08
예외 처리

자바에서는 프로그래머가 미리 예견할 수 있는 프로그램 상의 실행 에러를 특별히 "예외"라고 정의하고 있으며, 이 예외를 처리하기 위한 클래스들을 제공하고 있다. 이런 예외 처리는 프로그램의 비정상적인 종료를 방지하기 위해 사용되며, 여러 개의 클래스로 구성되는 자바 프로그램의 특성 때문에 더 중요한 의미를 가진다. 이 장에서는 예외를 처리하는 클래스들을 사용해본다.

8.1 예외 처리 클래스

프로그램을 작성하고 나면 먼저 컴파일을 한다. 컴파일러는 소스 코드의 문법상의 에러(Error)를 알려주며, 우리는 그 에러를 수정해서 다시 컴파일하게 된다. 이런 문법 에러는 실행 전에 수정할 수 있는 컴파일 에러이다. 그러나 완전하게 컴파일이 끝난 클래스들도 실행하는 과정에서 논리적인 에러를 발생시킬 수 있으며 이런 에러는 실행 에러 또는 런타임 에러(Runtime Error)라고 한다.

런타임 에러 중에서도 프로그래머가 미리 예측해서 조치를 취할 수 있는 에러를 예외(Exception)라고 한다. 예를 들어, 0으로 나누거나, 배열에서 요소의 개수를 넘는 인덱스를 사용하는 등의 에러가 예외에 속한다. 그에 반해 시스템의 메모리가 부족하거나 스택이 오버플로우되는 등의 시스템 상의 오류는 에러(Error)로 분류된다. 예외는 프로그래머가 미리 예견할 수 있으며, 또는 특별한 목적으로 의도적으로 예외를 발생시키기도 한다. **자바에서 예외 처리를 하기 위해서는 Exception과 RuntimeException이라는 2개의 클래스를 사용한다.**

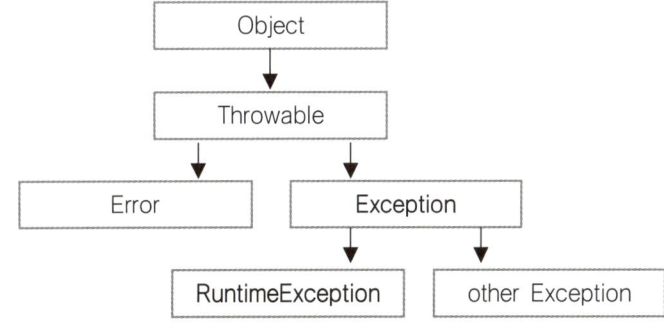

RuntimeException 클래스는 Exception 클래스를 상속받았다. 따라서 Exception 클래스가 제공하는 모든 메소드를 RuntimeException 클래스의 객체가 사용할 수 있으며, Exception 클래스의 객체로 예외를 처리하면 RuntimeException도 모두 처리된다. **RuntimeException 클래스는 좀 더 구체적으로 예외를 구분, 처리하기 위해 사용되며 하위에 다음과 같은 클래스가 있다.**

RuntimeException 클래스의 하위 클래스	처리하는 예외의 내용
ArithmeticException	0으로 나누었을 경우
ArrayIndexOutOfBoundsException	배열의 크기보다 더 많은 데이터를 저장할 경우
NullPointerException	객체를 생성하지 않고 멤버 변수나 메소드를 호출할 경우
ClassCastException	클래스 간에 Casting이 불가능할 경우
IllegalArgumentException	잘못된 인수를 메소드에 넘길 경우
NegativeArraySizeException	배열의 크기를 음수로 지정할 경우
EmptyStackException	빈 스택에서 데이터를 꺼내려고 할 경우
NoSuchElementException	존재하지 않는 데이터를 찾고자 할 경우
SecurityException	접근이 제한된 자원에 접근하고자 할 경우

8.2 try-catch 구문

예외 처리 클래스들을 사용해서 예외 처리를 하기 위해서는 try-catch 구문을 사용해야 한다. 가장 기본적인 구문 형식은 다음과 같다.

```
try {

    // 예외가 발생할 수 있는 명령문들

} catch (Exception e) {

    // 예외가 발생했을 때 실행할 명령문들

}
```

프로그램이 실행되면서 예외가 발생할 가능성이 있는 명령문들은 try { } 블록 내에 기술한다. 그리고 try 블록 내에서 예외가 발생하면 catch { } 블록 내의 명령문들이 실행된다. 만일 try { } 블록 내에서 예외가 발생되지 않으면 try-catch 구문 다음에 기술된 명령문이 실행된다. try-catch 구문의 사용법을 보기 위해서 다음 프로그램을 보자.

소스코드
Ex1.java

```
01  class Ex1 {
02      public static void main( String[] args ) {
03
04          int a = 0;
05          int b = 100;
06
07          int c = b/a;
08
09          System.out.println( c );
07      }
08  }
```

소스해설

이 프로그램을 실행하면 07 라인에서 예외가 발생한다. a 값이 0이기 때문에 연산이 불가능하여 다음과 같은 에러 메시지를 출력한다.

Exception in thread "main" java.lang.ArithmeticException: / by zero
    at Ex1.main(Ex1.java:7)

이제 위 프로그램에 try-catch 구문을 추가한 프로그램을 보자.

소스코드
Ex2.java

```
01  class Ex2 {
02      public static void main( String[] args ) {
03
04          int a = 0;
05          int b = 100;
06          int c = 0;
```

```
07
08        try {
09
10            c = b/a;
11
12        } catch (Exception e) {
13
14            c = b;
15
16        }
17
18        System.out.println( c );
19    }
20 }
```

여기서 예외가 발행하면

여기서 예외가 발행하지 않으면

여기가 실행된 후에

여기가 실행된다.

여기가 실행된다.

소 | 스 | 해 | 설

이 프로그램은 정상적으로 실행되어 100을 출력한다. 이전 프로그램에 비해 08-16 라인에 try-catch 구문이 추가되었다. try { } 블록 내에 기술된 10 라인에서 예외가 발생하는 지를 검사하여 예외가 발생하면 catch { } 블록 내의 14 라인이 실행된다. 만일 예외가 발생하지 않으면 catch { } 블록 내의 14 라인은 실행되지 않고 곧장 18 라인이 실행된다.

이제 다음 프로그램을 보자.

소스코드
Ex3.java

```
01 class Ex3 {
02    public static void main( String[] args ) {
03
04        int a = 0;
05        int b = 100;
06        int c = 0;
07
08        try {
09
10            c = b/a;
11
```

```
12        } catch (ArithmeticException ae) {
13
14            c = b;
15
16        }
17
18        System.out.println( c );
19    }
20 }
```

이 프로그램도 정상적으로 실행되며 역시 100을 출력한다. Ex2와 달라진 것은 12 라인뿐이다. Ex2에서는 catch 문의 괄호 안에서 "Exception e"를 사용했고, 여기서는 "ArithmeticException ae"를 사용했다.

Exception 클래스를 상속받은 것이 RuntimeException 클래스이고 Runtime Exception 클래스를 상속받은 것이 ArithmeticException 클래스이다. 따라서 어느 클래스를 사용해도 위와 같은 문제의 예외를 처리할 수 있다.

이제 다음의 두 개 명령문의 의미를 살펴보자.

  catch (Exception e)
  catch (ArithmeticException ae)

try 문이 실행되면서 예외가 발생했는지를 검사하고, 예외가 발생하면 catch 문에 기술된 Exception이나 ArithmeticException 클래스 타입의 예외 객체를 생성하고 참조변수 e나 ae에 객체를 할당한다.

이 때 생성된 **예외 객체에는 예외에 대한 정보가 담기며 이 객체들은 내부적으로 new가 실행되면서 자동으로 생성된다.** 이렇게 생성된 객체는 예외의 원인을 알려주는 메소드를 사용할 수 있게 한다. 다음 프로그램을 보자.

Ex4.java

```
01 class Ex4 {
02    public static void main( String[] args ) {
03
04        int a = 0;
```

```
05        int b = 100;
06        int c = 0;
07
08        try {
09
10            c = b/a;
11
12        } catch (Exception e) {
13
14            e.printStackTrace();
15            System.out.println("getMessage() 출력 : " + e.getMessage());
16            System.out.println("toString() 출력 : " + e.toString());
17
18        }
19    }
20 }
```

> Exception 클래스의 객체 e가 자동으로 생성된다. 이제 객체 e를 이용해 Exception 클래스의 메소드를 사용할 수 있다.

> Exception 클래스가 제공하는 예외 관련 3개의 메소드를 사용하여 예외 정보를 출력한다.

소스해설

이 프로그램은 다음과 같은 메시지를 출력한다.

```
java.lang.ArithmeticException: / by zero
    at Ex4.main(Ex4.java:10)
getMessage() 출력 : / by zero
toString() 출력 : java.lang.ArithmeticException: / by zero
```

printStackTrace() 메소드가 가장 자세하게 예외 메시지를 출력한다. getMessage() 메소드가 가장 간단하게 예외 메시지 문자열을 반환하며, toString() 메소드는 간단한 설명문을 반환한다. 필요에 따라 이런 예외 객체의 메소드를 이용해서 예외의 원인을 파악할 수 있다.

8.3 복수의 예외 검사

하나의 프로그램에서 하나의 예외만 발생하지는 않는다. RuntimeException 클래스의 하위 클래스가 여러 개 있는데 그들을 이용해서 2개의 예외를 검사하는 다음 프로그램을 보자.

소스코드
Ex5.java

```
01 class Ex5 {
02    public static void main( String[ ] args ) {
03
04       int val100 = 100;
05       int val0 = 0;
06
07       int[ ] Array = { 1, 2, 3 };
08
09       try {
10
11          int result = val100 / val0;
12          System.out.println( result );
13
14          int element = Array[4];
15          System.out.println( element );
16
17       } catch ( ArithmeticException ae ) {
18          System.out.println( ae.toString() );
19       } catch ( ArrayIndexOutOfBoundsException ai ) {
20          ai.printStackTrace();
21       }
22    }
23 }
```

> 2개의 예외 클래스를 사용하고 있다. 첫 번째 예외를 해결하고 다시 실행하면 두 번째 예외가 검사, 처리된다.

소스해설

이 프로그램은 다음과 같은 메시지를 출력한다.

java.lang.ArithmeticException: / by zero

여기서는 catch 문을 2개 사용하고 있다. 만일 더 많은 예외를 검사하고 싶으면 계속 catch 문을 추가하면 된다. 11 라인에서 0으로 나누고 있으며, 14 라인에서는 배열의 크기를 넘는 인덱스를 사용하고 있다.

그래서 catch { } 블록에서 2개의 예외를 검사하고 있는데 앞서 기술된 Arithmetic Exception이 먼저 발생하기 때문에 뒤에 기술된 ArrayIndexOutOfBoundsException은 처리되지 않은 것이다. ArithmeticException을 해결하고 나서 실행하면, ArrayIndexOutOf Bounds Exception이 검사, 처리된다.

8.4 try-catch-finally 구문

try-catch { } 블록에서 지정한 예외의 발생 여부와 상관없이 항상 실행되어야 할 명령문들을 finally { } 블록 내에 기술한다. 다음 프로그램을 보자.

소스코드
Ex6.java

```java
01 class Ex6 {
02     public static void main( String[] args ) {
03
04         int val100 = 100;
05         int val0 = 0;
06
07         int[] Array = { 1, 2, 3 };
08
09         try {
10
11             int result = val100 / val0;
12             System.out.println( result );
13
14             int element = Array[4];
15             System.out.println( element );
16
17         } catch ( ArithmeticException ae ) {
18             System.out.println( ae.toString() );
19         } catch ( ArrayIndexOutOfBoundsException ai ) {
20             ai.printStackTrace();
21         } finally {
```

2개의 예외를 검사하고 있다.

```
22                    System.out.println("예외를 검사했음!");
23              }
24       }
25 }
```

> 위의 2개의 예외의 발생 여부
> 와 관계없이 항상 실행된다.

소스해설

이 프로그램이 실행되면 다음과 같은 메시지가 출력된다.

java.lang.ArithmeticException: / by zero
예외를 검사했음!

try { } 블록 내의 11 라인에서 예외가 발생해서, 17-18 라인의 catch { } 블록이 실행된 후, 제일 뒤에 기술된 finally { } 블록이 실행되었다. 그러나 만일 예외가 발생하지 않았다면 17-18 라인의 catch { } 블록은 실행되지 않고 finally { } 블록 내의 명령문만 실행된다.

위 프로그램에서 보듯이 try-catch-finally 문은 다음과 같이 정리할 수 있다.

❶ 예외가 발생하면 try → catch → finally 순으로 실행된다.
❷ 예외가 발생하지 않으면 try → finally 순으로 실행된다.
❸ 예외가 발생하면 프로그램이 그냥 종료되는데, 종료되기 전에 반드시 실행해야 하는 작업이 있을 때는 finally를 사용한다.

8.5 throws와 throw

throws와 throw는 예외 처리의 흐름을 조절하는 명령문이다.

throws의 사용

자바에서는 클래스 단위로 그리고 클래스 내에서는 메소드 단위로 실행 루틴들을 묶어서 프로그램을 작성한다. 따라서 예외는 다양한 위치에서 발생할 수 있으며, 예외가 예상되는 코드마다 try-catch 구문으로 예외 처리를 해야 하지만, 예외 처리는 한 곳 처리하는 것이 바람직하다. 또한 작업의 성격 상 예외가 발생한 메소드에서 직접 처리해야 하는 예외도 있고, 반드시 호출한 메소드로 넘겨서 처리할 예외도 있게 된다.

이런 경우 **메소드 선언문에 throws 문을 사용하면 해당 메소드를 호출한 메소드로 예외 처리를 넘겨줄 수**(throws) **있다.** 다음 프로그램을 보자.

소스코드
Ex7.java

```
01  class Ex7 {
02
03      void div() throws ArithmeticException {
04
05          int result = 3/0;
06          System.out.println( result );
07
08      }
09
10      public static void main( String[] args ) {
11
12          Ex7 ins = new Ex7();
13
14          try {
15              ins.div();
16
17          } catch ( ArithmeticException ae ) {
18              System.out.println( "Exception이 발생 : " + ae.toString() );
19              System.out.println( "0으로 나눌 수 없습니다." );
20          }
21      }
```

❷ div 메소드를 실행하다가 예외가 발생하면

❸ 여기가 실행된다.

22 }

> **실행결과**

Exception이 발생 : java.lang.ArithmeticException: / by zero
0으로 나눌 수 없습니다

> **소스해설**

소스라인 03-08 : div 메소드이다. main() 메소드 외부에 기술되었으며 main() 메소드에서 이 메소드를 호출한다. 메소드 선언부에 throws ArithmeticException이 기술되었다. 따라서 이 메소드 내에서 ArithmeticException이 발생하면 이 메소드를 호출한 main() 메소드로 제어가 넘어가 main() 메소드에 있는 try-catch 구문이 실행된다.

소스라인 14-20 : main() 메소드에 try-catch 문이 기술되었으며 15 라인에서 div() 메소드를 호출한다. 이후 div 메소드가 실행되다가 ArithmeticException이 발생하면 18-19 라인이 실행된다.

이 프로그램은 div() 메소드에서 직접 예외 처리를 할 수도 있다(Ex8.java 참조). 그러나 div() 메소드에서는 발생할 수 있는 예외의 종류를 throws 뒤에 기술하고, 실제 예외 처리는 div()를 호출한 main()에서 하고 있다.

이렇게 **예외 처리의 권한을 넘길 수 있음으로 인해 예외 처리의 성격에 따라 다양한 위치에서 예외 처리를 할 수 있게 된다.** 넘겨야 할 예외가 많은 경우는 throws 뒤에 여러 개의 예외를 콤마로 구분해서 기술할 수 있다.

throw의 사용

throw 문은 사용자가 임의로 예외를 발생시킬 때 사용하며 throws와 함께 사용된다. 일반적인 예외 처리는 프로그램이 실행되면서 각 명령문을 실행해보고 예외 여부를 판단한다. 그러나 throw 문을 사용하면 프로그래머가 임의의 시점에 예외를 발생시켜 계획적으로 예외 처리 작업을 할 수 있다. 예외 처리 작업을 분산해서 처리할 때도 throw가 유용하다. 다음 프로그램을 보자.

소스코드

Ex9.java

```java
01 class Ex9 {
02     void arrOutput() throws ArrayIndexOutOfBoundsException {
03
04         int[] arr = { 1, 2, 3, 4, 5 };
05                ❶
06         try {            ❸
07
08             for( int i=0 ; i<10 ; i++ ) {
09                 System.out.println( arr[i] );
10             }                              ❷
11
12         } catch (ArrayIndexOutOfBoundsException ai) {
13
14             System.out.println( "배열의 index가 초과되었습니다." );
15
16             throw ai;
17
18         }
19     }
20
21     public static void main( String[] args ) {
22
23         Ex9 ins = new Ex9();
24
25         try {
26
27             ins.arrOutput();       ❹
28
29         } catch ( ArrayIndexOutOfBoundsException ai ) {
30
31             ai.printStackTrace();

32         }
33     }
34 }
```

실행결과

```
1
2
3
4
5
배열의 index가 초과되었습니다
java.lang.ArrayIndexOutOfBoundsException: 5
        at Ex9.arrOutput(Ex11.java:9)
        at Ex9.main(Ex11.java:27)
```

소스해설

이 프로그램은 main() 메소드와 arrOutput() 메소드에서 모두 예외 처리를 하고 있으며 이런 작업을 위해서 throw를 사용하고 있다는 것이 특징이다.

소스라인 06-18 : arrOutput() 메소드에서 예외를 처리하고 있다. 그러나 예외를 처리한 후 다시 16 라인에서 throw로 예외를 발생시키고 있다. 그러면 이 예외는 02 라인의 throws 문을 참조하여 main()의 try-catch 구문에서 처리된다.

소스라인 25-32 : main()의 예외 처리 구문이다. arrOutput() 메소드에서 넘어온 예외를 처리한다. 이렇게 throw를 이용하면 예외 처리를 분산해서 처리할 수 있다. **예외에 따라서 호출된 메소드에서 처리하는 것이 효율적인 것은 호출된 메소드에서 처리하고, main()에서 처리하는 것이 효율적인 것은 main()에서 처리할 때** 이런 방법을 사용한다. 대개 파일이나 데이터베이스 작업을 할 때 이런 작업이 많이 발생한다.

8.6 사용자 정의 예외 클래스

예외 처리를 위해서 자바가 제공하는 Exception 클래스나 그 하위 클래스를 이용하지 않고, 사용자가 직접 예외 처리 클래스를 정의해서 사용할 수도 있다. 하지만 예외 처리 기능을 갖추기 위해서 사용자 정의 클래스는 Exception 클래스를 상속받아야 하며, 상속을 받은 후 생성자를 재정의해서 사용한다. 다음 프로그램을 보자.

소스코드
Ex10.java

```
01  class UserExp extends Exception {
02
03      public UserExp() {
04      }
05
06      public UserExp( String msg ) {
07          super( msg );
08      }
09  }
10
11  class Ex10 {
12
13      void printNumber() throws UserExp {
14
15          for( int i=0 ; i<10 ; i++ ) {     ❷
16
17              if( i == 5 ) throw new UserExp( "사용자가 정의한 Exception입니다" );
18                  System.out.println( i );
19          }
20                  ❶
21      }
22
23      public static void main( String[] args ) {
24
25          Ex10 ins = new Ex10();
26
27          try {                             ❸
28
29                  ins.printNumber();
```

> Exception 클래스를 상속받아 사용자 정의 예외 클래스를 선언한다.

> 사용자 정의 클래스이기 때문에 new로 객체를 생성해야 한다.

```
30
31            } catch ( UserExp ue ) {    ❸
32
33                  System.out.println( ue.toString() );
34
35        }
36    }
37 }
```

실행결과

```
0
1
2
3
4
UserExp: 사용자가 정의한 Exception입니다
```

소스해설

소스라인 01-09 : 사용자가 정의한 예외 클래스이다. Exception 클래스를 상속 받고 있으며 2개의 생성자를 정의하고 있다. 03-04 라인은 인수가 없는 생성자를 재정의하고, 06-08 라인은 한 개의 인수를 사용하는 생성자를 재정의하며, 여기서는 super 문으로 상속을 해준 Exception 클래스의 생성자가 실행되게 했다.

소스라인 13-21 : main()에서 호출하는 메소드이다. 13 라인에서 throws로 예외 처리를 사용자 정의 예외 클래스로 넘기고 있으며, 17 라인에서 throw로 임의로 예외를 발생시킨다. 이 경우 사용자 정의 예외 클래스이므로 new 문으로 객체를 만들어야 하며 하나의 메시지를 인수로 전달하기 때문에 06-08 라인의 생성자가 실행된다.

소스라인 31 : catch 문에서 예외 처리를 할 때 사용자가 정의한 예외 클래스의 객체인 UserExp를 사용하고 있다.

이 장의 요점

- 예외(Exception)는 프로그래머가 프로그램을 통해 해결할 수 있는 소스 코드 상의 문제들을 말하며, Exception과 RuntimeException 클래스를 사용해서 프로그램 실행 시(Runtime) 발생하는 예외를 처리한다.

- try - catch 문을 사용하면 예외가 발생할 것으로 예상되는 소스 코드와 예외의 종류, 그리고 그 예외가 발생했을 때 실행될 소스 코드를 지정할 수 있다.

- try - catch 뒤에 finally { } 블록을 추가하면 이 블록은 예외가 발생하거나 하지 않은 경우에도 반드시 실행된다. 이 구문의 형식은 다음과 같다.

    try {
        예외 발생이 예상되는 명령문들;
    } catch (예외클래스이름1 객체이름1) {
        예외 발생시 실행될 명령문들;
    } catch (예외클래스이름2 객체이름2) {
        예외 발생시 실행될 명령문들;

        ....

    } finally {
        항상 실행되어야 하는 명령문들;
    }

- Exception 클래스나 그 하위 클래스들은 e.printStackTrace(), e.getMessage(), e.toString() 등의 메소드를 사용할 수 있다.

- 메소드 뒤에 "throws 예외 이름"을 기술하면 그 메소드에서 예외가 발생했을 때 그 메소드를 호출한 메소드로 예외 처리를 넘긴다.

- throw를 사용하면 프로그래머가 직접 예외를 발생시킬 수 있다.

- Exception 클래스를 상속받아 사용자가 임의의 예외 클래스를 만들어 사용할 수도 있다.

Chapter 09

쓰레드

쓰레드(Thread)는 시스템 내부에서 실행되는 코드의 최소 실행 단위를 의미한다. 자바에서는 사용자 프로그램을 통해 쓰레드를 생성하고, 멈추고, 재실행시키는 등의 제어가 가능하다. 쓰레드를 제어하는 작업도 역시 자바가 제공하는 클래스와 인터페이스를 이용한다. 이 장에서는 쓰레드의 개념과 쓰레드를 사용하는 방법들을 살펴본다.

9.1 쓰레드(Thread)의 개념

아주 간단히 말하면 **하나의 프로그램은 하나의 프로세스(process)이다.** 그래서 동시에 여러 개의 프로그램이 실행되면 이를 멀티프로세싱(Multiprocessing)이라고 한다. 예를 들어, 영화를 다운받으면서 기다리는 동안 게임을 한다면, 내 컴퓨터에서는 영화를 다운받는 프로그램과 게임 프로그램이 동시에 실행되고 있는 것이다. 이런 멀티프로세싱은 2가지 방식으로 실행된다.

첫 번째는 시(간)분할 방식(Time Slice)이다. 이 방식은 모든 프로세스에게 동일한 시간을 할당해서 골고루 돌아가면서 실행하는 방식이다.

두 번째는 선점형 방식(Primitive)이다. 이 방식은 프로세스들에게 우선순위를 주어서 높은 우선순위의 프로세스부터 실행하고 나서 낮은 우선순위의 프로세스를 실행한다. 그러나 높은 우선순위의 프로세스가 입력을 기다리거나 다른 이유로 대기 상태가 되면, 도중에 낮은 우선순위의 프로세스가 실행되다가, 높은 우선순위가 다시 실행 가능 상태가 되면 다시 높은 우선순위의 프로세스가 계속 실행된다.

어떤 방식으로 CPU를 할당해서 각 프로세스를 실행할 것인가 하는 것은 운영체제(Operating System)의 정책에 따라 달라진다. **쓰레드는 바로 이러한 프로세스 내의 또 다른 실행 단위이다.** 예를 들어, 게임을 하면서 게임 상대방과 채팅을 한다면 이것은 게임 프로그램 내에서 2개의 쓰레드가 실행되는 것이다. **자바의 쓰레드는 시분할 방식이 기본이며, 우선순위를 지정해서 실행 순서를 조절할 수 있다.**

9.2 쓰레드의 생성

쓰레드를 만드는 방법은 다음과 같이 2가지가 있다.

❶ Thread 클래스를 상속받아 사용하는 방법
❷ Runnable 인터페이스를 implements하는 방법

Thread 클래스를 상속받아 사용하면 간단하지만, 인터페이스를 사용하면 다중 상속이 가능하기 때문에 Runnable을 주로 사용한다. 먼저 Thread 클래스의 사용부터 살펴보자.

Thread 클래스의 사용

Thread 클래스를 사용하기 위해서는 다음과 같은 순서로 작업한다.

❶ Thread 클래스를 상속받는다.
❷ Thread 클래스의 public void run() 메소드를 재정의한다.
❸ 객체를 생성한 후 start() 메소드를 실행한다.

다음 프로그램의 예를 보자.

소스코드
Th1.java

```
01  class Th1 extends Thread {
02
03      public void run() {
04          for( int i=1 ; i<=20 ; i++ ) {
05              System.out.println( "run : " + i );
06          }
07      }
08
09      public static void main( String[] args ) {
10
11          Th1 t = new Th1();
12
13          t.start();
14
15          for( int i=100 ; i<=120 ; i++ ) {
16              System.out.println( "main : " + i );
17          }
18      }
```

> Thread 클래스를 상속받고 run() 메소드를 재정의한다. 이 run() 메소드 내의 명령문이 쓰레드로 실행될 명령문들이다.

> Thread 클래스의 객체를 만들고 start() 메소드로 쓰레드를 실행시킨다. 그러면 run() 메소드가 실행되며 동시에 main() 쓰레드도 실행되어 아래의 for 문도 실행된다.

19 }

실행결과

```
run : 1
run : 2
run : 3
run : 4
run : 5
run : 6
run : 7
run : 8
main : 100
run : 9
run : 10
main : 101
run : 11
...............
```

소스해설

먼저 실행 결과를 보자. run() 메소드와 main() 메소드가 같이 실행되었음을 알 수 있다. 즉, run()과 main()은 2개의 각기 다른 쓰레드이며, 우리는 Thread 클래스를 이용해서 2개의 쓰레드를 실행시킨 것이다.

소스라인 01 : Thread 클래스를 상속받아 Th1 클래스를 정의한다. 이후 Th1 클래스의 객체를 만들면 Thread 클래스의 메소드를 사용할 수 있다.

소스라인 03-07 : Thread 클래스가 제공하는 run() 메소드를 재정의한다. 이 run() 메소드가 곧 1개의 쓰레드이다.

소스라인 13 : Thread 클래스의 start() 메소드로 run() 메소드에 재정의된 쓰레드를 시작시킨다. 쓰레드는 이렇게 start() 메소드로 실행이 시작되며, 실제 실행되는 쓰레드의 내용은 run() 메소드 내에 재정의된 명령문들이다.

소스라인 15-18 : 일반적인 main() 내의 반복문이다. 이 반복문이 실행되는 동안 run() 메소드에 기술된 반복문도 동시에 실행된다. 그래서 이 프로그램에서는 2개의 쓰레드인 run()과 main()이 생성되고 실행되는 것이다.

Runnable 인터페이스의 사용

이번에는 Runnable 인터페이스를 사용해서 쓰레드를 구현해보자. Runnable 인터페이스를 사용할 때는 다음과 같은 순서로 작업해야 한다.

❶ Runnable 인터페이스를 상속받는다.
❷ public void run() 메소드를 재정의한다.
❸ Runnable 인터페이스를 상속받은 클래스의 객체를 생성한다.
❹ Thread 객체를 생성하되 앞서 생성한 객체를 인수로 전달한다.
❺ 생성한 Thread 객체의 start() 메소드를 실행한다.

Runnable 인터페이스는 단지 다중 상속을 위해 제공되며 실제로는 추상 메소드인 run()만을 제공한다. 그래서 Runnable 인터페이스를 상속받은 클래스의 객체를 생성하고 나서, 이를 다시 실제 쓰레드 기능을 제공하는 Thread 클래스의 인수로 전달해서 Thread 객체를 생성한 후, 그 객체를 사용해야 한다. 다음 프로그램을 통해 살펴보자.

소스코드
Th2.java

```
01  class Th2 implements Runnable {
02
03      public void run() {
04          for( int i=1 ; i<=20 ; i++ ) {
05              System.out.println( "run : " + i );
06          }
07      }
08
09      public static void main( String[] args ) {
10
11          Th2 tm = new Th2();
12
13          Thread t = new Thread( tm );
14          t.start();
15
16           for( int i=100 ; i<=120 ; i++ ) {
17              System.out.println( "main : " + i );
18          }
19
20      }
```

> Runnable 클래스를 implements로 상속받고 run() 메소드를 재정의한다.

> Runnable 클래스의 객체를 만든다.

> Runnable 클래스의 객체를 인수로 Thread 클래스의 객체를 만들고 start() 메소드로 실행시킨다.

21 }

실행결과

```
run : 1
main : 100
run : 2
main : 101
main : 102
run : 3
main : 103
main : 104
run : 4
main : 105
main : 106
run : 5
…………
```

소스해설

출력 결과는 이전과 동일하게 run() 메소드와 main() 메소드가 쓰레드로 실행되었다.

소스라인 01 : Runnable 인터페이스를 implements로 상속받는다.

소스라인 03-07 : Runnable 인터페이스에 정의되어있는 추상 메소드 run()을 재정의한다. Runnable 인터페이스에는 이 추상 메소드 하나만 정의되어 있다.

소스라인 08-092 : 클래스의 객체를 생성하고 생성된 객체를 인수로 지정해서 다시 Thread 객체를 생성한다. 이 점이 Thread 클래스를 상속해서 사용할 때와 다르다. 이것은 Runnable은 단지 다중 상속을 하기 위해 제공될 뿐 Runnable이 Thread 클래스와 같은 기능을 가지고 있지 않기 때문이다.

소스라인 10 : Thread 클래스의 start() 메소드를 실행해서 run() 메소드 내의 재정의된 명령문을 쓰레드로 실행한다.

9.3 쓰레드의 우선순위

앞서 살펴본 바에 의하면 쓰레드는 시분할 방식으로 쓰레드 간에 CPU 시간을 분배하여 실행된다. 그러나 이런 시분할 방식을 사용자가 임의로 조절할 수 있다. **쓰레드에 1 (제일 낮은 순위)에서 10 (제일 높은 순위)까지의 정수 값을 부여해 우선순위를 지정할 수 있다.** 우선순위를 지정하지 않으면 모든 쓰레드의 우선순위는 5로 동일하다.

우선순위를 지정하는 다음 프로그램을 보자. 이 프로그램에서는 우선순위 관련 메소드인 setPriority(), getPriority()와 쓰레드 이름과 관련된 메소드인 getName()을 사용하고 있다.

소스코드
Th3.java

```
01 class Th3 implements Runnable{
02
03     public void run() {
04         for( int i=1 ; i<21 ; i++ ) {
05             System.out.print(Thread.currentThread().getName() + " " );
06             for ( int j=1; j<10000000; j++);
07         }
08     }
09
10     public static void main( String[] args ) {
11
12         Th3 t = new Th3();
13
14         Thread one = new Thread( t, "P01" );
15         one.setPriority(1);
16         System.out.println( "one priority = " + one.getPriority() );
17
18         Thread five = new Thread( t, "P05" );
19         System.out.println( "five priority = " + five.getPriority() );
20
21         Thread ten = new Thread( t, "P10" );
22         ten.setPriority(10);
23         System.out.println( "ten priority = " + ten.getPriority() );
24
25         one.start();
26         five.start();
```

> Runnable 클래스를 상속받고 run() 메소드를 재정의한다. 실행되는 쓰레드의 이름을 20번씩 출력한다.

> 이 for문은 단순한 시간 지연용이다.

> 3개의 쓰레드 객체를 만들되 각 쓰레드 이름을 인수로 지정하고 setPriority() 메소드로 쓰레드의 우선순위를 지정한다.
> getPriority() 메소드로 우선순위 값을 얻는다.

> one, five, ten 순서로 쓰레드들을 실행시킨다. 이제 각기 run() 메소드를 실행한다.

```
27        ten.start();
28    }
29 }
```

실행결과

one priority = 1
five priority = 5
ten priority = 10
P01 P10 P05 P10 P05 P10 P05 P10 P05 P10 P05 P10 P05 P10 P05 P10 P01 P10 P01 P10
P01 P10 P01 P10 P01 P10 P01 P10 P01 P10 P05 P10 P05 P10 P05 P10 P05 P10 P05 P10
P05 P01 P05 P01 P05 P01 P05 P01 P05 P01 P05 P01 P05 P01 P05 P01 P01 P01 P01 P01

> one, five, ten 순서로 쓰레드들을 실행시켰지만 동시에 실행되기는 하되, 우선순위에 의해 P10, P05, P01순으로 실행되었다.

소스해설

소스라인 03-07 : 쓰레드로 실행될 코드이다. 여기서는 3개의 쓰레드를 만들어 실행시키며, 3개의 쓰레드를 구분하기 위해 14, 18, 21 라인에서 쓰레드 객체를 생성할 때 각 쓰레드에 P01, P05, P10과 같은 이름을 부여한다. 이런 쓰레드 이름들을 반환하는 메소드가 Thread.currentThread().getName()이다.

소스라인 06 : 의미 없는 반복문을 실행하고 있다. 이것은 쓰레드의 실제 작업 내용이 너무 없으면 우선순위 지정의 효과도 보이지 않기 때문에 삽입한 코드이다. 실제로 우선순위를 확실히 체험하려면 시간이 많이 걸리는 작업을 하는 쓰레드들이 있어야 한다. 그러나 여기서는 모두 동일하게 간단한 작업을 하는 3개의 쓰레드이기 때문에 가능한 작업 시간을 늘리기 위해 이 반복문을 삽입한 것이다.

소스라인 12 : 이 클래스의 객체를 만든다.

소스라인 14 : 생성된 객체 t를 인수로 쓰레드 객체 one을 만들되, 쓰레드의 이름을 P01로 부여한다.

소스라인 15 : setPriority() 메소드로 쓰레드 객체에 우선순위 1을 지정한다. 제일 낮은 우선순위를 지정했다.

소스라인 16 : 쓰레드 객체에 부여된 우선순위를 getPriority() 메소드로 읽어서 출력한다.

소스라인 18-19 : five라는 쓰레드 객체를 만들고 getPriority() 메소드로 우선순위를 출력한다. 쓰레드의 이름은 P05로 부여하며, 여기서는 우선순위를 부여하지 않았다. 따라서 우선순위는 기본 값 5가 된다.

소스라인 21-23 : ten이라는 쓰레드 객체를 생성하고 getPriority() 메소드로 우선순위를 출력한다. 쓰레드 이름은 P10이며, setPriority() 메소드로 가장 높은 우선순위인 10을 지정했다.

소스라인 25-27 : 쓰레드를 실행시킨다. one, five, ten의 순서로 실행시켰으나 실행 결과를 보면 우리가 지정한 우선순위대로 P10, P05, P01 순으로 실행이 끝난다. 우선순위가 높을수록 CPU 점유율이 높기 때문이다.

9.4 쓰레드의 라이프 싸이클

쓰레드는 여러 개가 동시에 실행되기 때문에 CPU의 할당 여부나 우선순위에 따라 시스템 내부에서 몇 가지 상태 변화를 가지게 된다. 사용자가 특별히 우선순위를 지정하지 않으면 쓰레드들은 모두 동일한 우선순위를 가지며 다음과 같은 상태 변화가 발생하면서 실행된다.

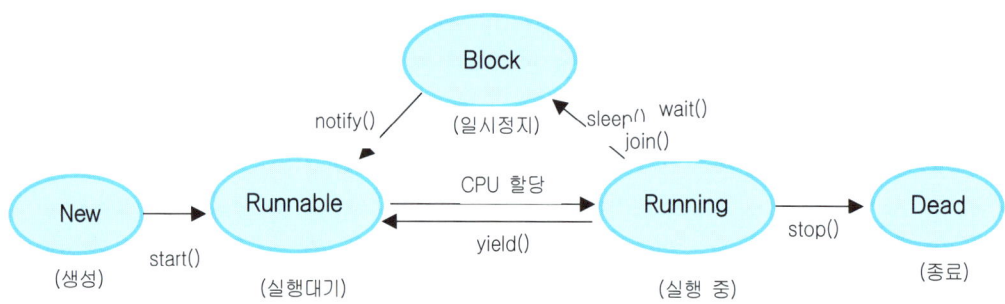

상태	의미
Runnable	실행을 대기하는 상태. 이 상태의 쓰레드 중 하나가 CPU를 할당 받음.
Running	CPU가 할당되어 실행 중인 상태.
Block	실행되다가 입출력이나 sleep(), join(), wait() 같은 메소드의 실행으로 잠시 실행을 멈춘 상태.
Dead	실행이 완전히 끝남.

위의 그림에서 보듯이 쓰레드는 내부적으로 일정한 상태 변화를 계속하면서 실행되며 이런 상태의 변화를 임의로 조절할 수 있는 메소드들이 제공된다. 이 절에서는 sleep(), yield, join() 메소드를 살펴본다.

sleep() 메소드

sleep() 메소드는 1000분의 1초(millisecond) 단위로 시간을 지정해서 실행 중인 쓰레드를 block 상태로 만들 수 있다. block 상태로 전이된 쓰레드는 지정된 시간이 지나면 다시 runnable 상태가 되어 대기하다가, CPU의 할당을 받으면 멈추었던 부분부터 이어서 실행을 한다. sleep() 메소드의 효과를 보여주는 다음 프로그램을 보자.

소스코드
Th4.java

```
01  class Th4 {
02
03      public static void main( String[] args ) {
04
05          Th4_1 t1 = new Th4_1();
06          t1.setPriority( 10 );
07
08          Th4_2 t2 = new Th4_2();
09
10          t1.start();
11          t2.start();
12      }
13  }
14
15  class Th4_1 extends Thread {
16
17      public void run() {
18
19          for( int i=1 ; i<20 ; i++ ) {
20
21              System.out.print( "t1  " );
22
23              try {
24
25                  Thread.sleep( 1000 );
26
27              } catch ( InterruptedException ie ) {
28
29                  System.out.println( ie.toString() );
30
```

2개의 쓰레드 객체 t1, t2를 만든다.
t1은 제일 높은 우선순위를 지정했다.

2개의 쓰레드를 실행시킨다.
t1부터 실행된다.

매 반복 회차마다 sleep 메소드가 실행 되어 block 상태가 된다.

```
31              }
32
33          }
34      }
35 }
36
37 class Th4_2 extends Thread {
38
39      public void run() {
40
41          for( int i=1 ; i<20 ; i++ ) {
42
43              System.out.print( "t2  " );
44
45          }
46      }
47 }
```

> sleep 메소드가 실행되지 않기 때문에 계속 실행된다.

실행결과

t1 t2 t2 t2 t2 t2 t2 t2 t2 t2 t2 t2 t2 t2 t2 t2 t2 t1 t1 t1 t1
t1 t1 t1 t1 t1 t1 t1 t1 t1 t1 t1 t1

> t1 쓰레드부터 실행되나 t2가 먼저 실행이 끝났다.

소스해설

소스라인 15-35 : Thread 클래스를 상속받은 Th4_1 클래스를 정의한다.

소스라인 37-47 : Thread 클래스를 상속받은 Th4_2 클래스를 정의한다.

소스라인 05-08 : Th4-1 클래스와 Th4_2 클래스로 t1, t2이라는 2개의 쓰레드 객체를 만든다. t1 객체에는 제일 높은 우선순위인 10을 부여한다. 그러나 t1 객체는 15 라인에서 보듯이 쓰레드 실행 중에 sleep() 메소드 의해 계속해서 1초 동안 block 상태로 전이된다. 그래서 t1의 출력은 1초 간격으로 천천히 출력된다.

소스라인 10-11 : 2개의 쓰레드를 실행시킨다. t1을 먼저 실행시켰을 뿐 아니라, t1은 최고의 우선순위를 가지고 있다. 그러나 실행 결과를 보면 t2가 먼저 실행이 끝난다. 이것은 t1이 sleep() 메소드에 의해 block 상태가 된 사이에 t2가 실행되었기 때문이다.

소스라인 23-31 : try-catch 구문이 사용되었다. sleep() 메소드는 예외 처리를 해주어야 하며, 참조 변수를 사용하지 않고 곧장 클래스 이름을 사용하여 Thread.sleep() 형식으로 사용해야 한다.

yield() 메소드

yield() 메소드는 실행 중인 쓰레드가 할당받은 CPU를 다른 쓰레드에게 양보(yield)하고 block 상태가 되는 것이 아니라, 곧장 runnable 상태로 전이된다. 전이된 후에는 바로 실행될 수 있는 대기 상태이므로 OS 스케줄에 따라 실행이 재개된다. 먼저 실행된 쓰레드가 다른 쓰레드에게 실행을 양보하는 다음 프로그램을 보자.

소스코드
Th5.java

```
01 class Th5 {
02
03     public static void main( String[] args ) {
04
05         Th5_1 t1 = new Th5_1();
06         Th5_2 t2 = new Th5_2();
07
08         t1.start();
09         t2.start();
10     }
11 }
12
13 class Th5_1 extends Thread {
14
15     public void run() {
16
17         for( int i=1 ; i<30 ; i++ ) {
18             System.out.print( "t1   " );
19             if ( i==5 ) Thread.yield();
20
21         }
22     }
23 }
24
25 class Th5_2 extends Thread {
26
27     public void run() {
28
29         for( int i=1 ; i<30 ; i++ ) {
```

- 2개의 쓰레드 객체 t1, t2를 만든다.
- t1, t2 순서로 쓰레드를 실행한다.
- 5회차에 yield() 메소드로 running 상태에서 runnable 상태로 변환된다.

```
30
31              System.out.print( "t2  " );
32
33         }
34     }
35 }
```

> yield() 메소드로 인해 t1 쓰레드가 5번만 실행되고 t2 쓰레드가 실행되었다.

실행결과

t1 t1 t1 t1 t1 t2 t2 t2 t2 t2 t2 t2 t2 t2 t2 t2 t2 t2 t2 t2 t2 t2
t2 t2 t2 t2 t2 t2 t2 t2 t2 t1 t1 t1 t1 t1 t1 t1 t1 t1 t1 t1 t1 t1
t1 t1 t1 t1 t1 t1 t1 t1

소스해설

이 프로그램의 실행 결과를 보면 t1이 실행되다가 t2가 실행되었다. 08 라인에서 t1을 실행시키고, 09 라인에서 t2를 실행시킨다. 실행은 t1이 먼저 하지만, 19 라인에서 Thread.yield() 메소드로 t1의 실행을 양보하고 있기 때문이다. t1은 running 상태에서 runnable 상태로 전이되면서 CPU의 사용권을 잃게 되며, t2가 CPU 사용권을 얻어 실행된 후 t1가 실행되었다.

그러나 반드시 위와 같은 결과가 나오는 것은 아니다. t1이 runnable 상태가 되면 이후 t1과 t2의 실행은 운영체제의 스케줄에 따르기 때문에, 또한 t1이 실행되면서 i가 5가 되기 전에도 OS가 실행 순서를 스케줄링할 수 있기 때문에 반드시 위와 같은 결과만 나오는 것은 아니다.

join() 메소드

join() 메소드는 특정 쓰레드의 실행이 끝날 때까지 경쟁 상태의 다른 쓰레드가 실행되지 못하게 block 상태로 만든다. 실행 순서를 지켜야 하는 쓰레드들을 제어할 수 있는 메소드이다.

다음 프로그램을 보자. 이 프로그램에서는 하나의 쓰레드가 실행을 완료할 때까지 다른 쓰레드의 상태를 block으로 만들어 실행을 못하게 한다.

소스코드
Th6.java

```
01 class Th6 {
02     public static void main( String[] args ) {
```

```
03
04          Th6_1 t1 = new Th6_1();
05          Th6_2 t2 = new Th6_2();
06
07          System.out.println("--- 쓰레드 실행 시작! ---");
08
09          t1.start();
10
11          try {
12
13              t1.join();
14
15          } catch ( InterruptedException ie ) {
16
17              System.out.println( ie.toString() );
18          }
19
20          t2.start();
21
22          try {
23
24              t2.join();
25
26          } catch ( InterruptedException ie ) {
27
28              System.out.println( ie.toString() );
29          }
30
31          System.out.println("--- 쓰레드 실행 완료! ---");
32      }
33 }
34
35 class Th6_1 extends Thread {
36
37      public void run() {
38
39          for( int i=1 ; i<30 ; i++ ) {
40
41              System.out.print( "t1  " );
42
```

> main() 쓰레드에 의해 메시지가 출력되고, t1 쓰레드의 실행이 시작되나 join() 메소드에 의해 t1 쓰레드를 제외한 다른 쓰레드들의 실행이 block된다.

> t1 쓰레드의 실행이 모두 끝나고 t2 쓰레드에서j join() 메소드가 실행되어 main() 쓰레드는 다시 block 상태가 된다.

> t2 쓰레드의 실행도 모두 끝나고 이제 main() 쓰레드가 실행되어 메시지가 출력된다.

```
43      }
44    }
45 }
46
47 class Th6_2 extends Thread {
48    public void run() {
49
50       for( int i=1 ; i<30 ; i++ ) {
51           System.out.print( "t2   " );
52       }
53    }
54 }
```

실행결과

--- 쓰레드 실행 시작! ---
t1 t1 t1 t1 t1 t1 t1 t1 t1 t1 t1 t1 t1 t1 t1 t1 t1 t1 t1 t1
t1 t1 t1 t1 t1 t2 t2 t2 t2 t2 t2 t2 t2 t2 t2 t2 t2 t2 t2 t2
t2 t2 t2 t2 t2 t2 t2 t2 t2 --- 쓰레드 실행 완료! ---

소스해설

이 프로그램은 t1, t2 그리고 main 쓰레드 등 3개의 쓰레드가 실행된다. main 쓰레드의 실행이 시작되면서 07 라인의 메시지가 출력된다.

09 라인에서 t1이 실행되고 이후 13 라인에서 t1.join()이 실행되면 t1의 실행이 끝날 때까지 다른 쓰레드가 실행되지 못한다. main과 t2가 block 상태가 된다.

20 라인에서 t2가 실행되고 24 라인에서 t2.join()이 실행되면서 t2의 실행이 끝날 때까지 다른 쓰레드는 실행되지 못한다. 즉, main이 block 상태가 된다.

t2의 실행이 끝나면 비로소 main 쓰레드가 실행되어 31 라인의 마지막 메시지가 출력된다. 이 프로그램은 다시 실행시켜도 항상 "main → t1 → t2 → main" 쓰레드 순으로 실행된다. join() 메소드를 사용했기 때문이다.

9.5 쓰레드의 동기화

앞에서 쓰레드의 실행을 제어할 수 있는 몇 가지 메소드를 보았다. 그러나 그 메소드들로 할 수 있는 일은 쓰레드에 우선순위를 지정하거나 쓰레드의 실행을 일지 정지시키는 정도이다.

synchronized

쓰레드가 여러 개 실행될 때 즉, 멀티쓰레드 환경에서는 쓰레드 간에 손발이 척척 맞아야 하는 경우가 많다. 쓰레드 간에 실행 순서를 맞춰 모순이 발생하지 않게 하는 것을 쓰레드 동기화(Synchronization)라고 한다.

예를 들어, 창고에 상품이 1000개 있는데 t1과 t2라는 2개의 쓰레드가 각기 한번에 100개씩 상품을 출고하고, 재고를 기록하는 경우를 생각해보자. 이 경우 재고가 정확하려면 한 개 쓰레드가 출고하고 재고를 기록한 다음에, 다른 쓰레드가 출고하고 기록하는 순서를 반드시 지켜야 한다. 만일 t1 쓰레드가 100개를 출고하고 재고를 기록하기 전에 t2 쓰레드로 제어가 넘어가서 t2 쓰레드가 또 100개를 출고하고, 다시 t1 쓰레드로 제어가 넘어와 t1 쓰레드가 재고를 기록한다면 t1 쓰레드가 기록하는 재고는 맞지 않게 될 것이다.

이를 위해서 출고하고 기록하는 **메소드에 synchronized라는 키워드를 지정한다.** 그러면 특정 쓰레드에 의해 그 메소드가 실행되는 도중에 다른 쓰레드가 그 메소드를 호출할 수 없다. 즉, 쓰레드 별로 메소드의 독립적인 실행을 보장하는 것이다. 다음 프로그램을 보자.

소스코드
Th7.java

```
01  class Th7 {
02
03      public static void main( String[] args ) {
04
05          Th7_1 t = new Th7_1();
06
07          Thread t1 = new Thread(t);
08          Thread t2 = new Thread(t);
09
10          t1.start();
11          t2.start();
12
13      }
```

> Runnable로 선언된 Th7 클래스의 객체를 만들고 그 객체를 인수로 t1과 t2 쓰레드 객체를 만든다.

> t1과 t2 쓰레드를 실행시킨다.

```
14 }
15
16 class Th7_1 implements Runnable {
17
18     int product = 1000;
19
20     public void run() {
21
22         while ( product > 0 ) {
23
24             for ( int i=1; i<10000000; i++);
25
26             carry();
27
28         }
29     }
30
31     public void carry() {
32
33 // public synchronized void carry() {
34
35         product -= 100;
36         System.out.println(Thread.currentThread().getName() + " 재고 : " + product);
37
38     }
39 }
```

> 재고를 감소시키고 나머지 재고를 기록하는 carry 메소드를 호출한다.

> synchronized 키워드가 붙은 메소드는 메소드 실행 도중에 다른 쓰레드에 의해 실행될 수 없다. 따라서 하나의 쓰레드에 의해 재고 감소와 재고 출력까지 완전히 실행된 후에 다른 쓰레드가 실행할 수 있다.

실행결과

```
Thread-1 재고 : 800
Thread-0 재고 : 800
Thread-1 재고 : 700
Thread-0 재고 : 600
Thread-1 재고 : 500
Thread-0 재고 : 400
Thread-1 재고 : 300
Thread-0 재고 : 200
Thread-1 재고 : 100
Thread-0 재고 : 0
```

소|스|해|설

실행 결과를 보면 올바른 결과가 아니다. 소스 코드에서 33번 라인의 주석 표시 "//"를 지우고, 31번 라인의 제일 앞에 주석 표시인 "//"을 추가하여 다시 실행시켜보면 아래와 같이 올바른 결과가 출력된다.

```
Thread-1 재고 : 900
Thread-0 재고 : 800
Thread-1 재고 : 700
Thread-0 재고 : 600
Thread-0 재고 : 500
Thread-1 재고 : 400
Thread-0 재고 : 300
Thread-1 재고 : 200
Thread-0 재고 : 100
Thread-1 재고 : 0
```

31 라인과는 달리 33 라인에는 "synchronized"가 기술되어 있다. 이것은 carry() 메소드는 한번 실행되면 도중에 다른 쓰레드가 이 메소드를 호출할 수 없다는 의미이다. carry() 메소드는 2개의 작업을 한다. 재고에서 100을 감소시키고, 재고를 출력한다. 이 메소드에 "synchronized"를 지정했다는 것은 이 2개의 작업이 반드시 중단 없이 실행되어야 함을 의미하는 것이다.

따라서 어떤 쓰레드가 이 메소드를 실행하더라도 다른 쓰레드에 의해 이 2개의 작업이 도중에 중단되지 않기 때문에 올바른 결과가 출력된다.

wait()와 notify() 메소드

여러 개의 쓰레드가 실행되는 상황에서 프로그래머가 직접 그 쓰레드들의 실행 순서를 정확하게 제어해야 하는 경우가 있다. 예를 들어, 아주 간단하게 상자 만드는 작업을 가정해보자. 여기서 책상에는 1개의 상자만 올려놓을 수 있다고 가정한다.

이 경우 책상(desk)과 상자를 만드는 사람(producer), 상자를 가져가는 사람(consumer)의 관계를 설정해야 한다. producer는 desk에 상자를 올려놓고 consumer가 상자를 가져갈 때까지 기다려야(wait)한다. 반면에 consumer는 desk에서 상자를 가져간 후에 다음 상자가 올라올 때까지 기다려야(wait)한다.

단순히 기다리기만 해서는 모두가 아무 작업도 안하는 상태(교착 상태; DeadLock)가 지속될 수 있다. 따라서 producer는 desk에 상자를 올려놓았음을 consumer에게 알려야(notify) 할 것이다. consumer도 역시 desk에서 상자를 가져갔음을 producer에게 알려야(notify) 할 것이다.

이런 작업을 하려면 **쓰레드 간에 교신이 필요하게 되며 이를 위해 wait()와 notify()라는 메소드를 사용할 수 있다.** 이 메소드들은 Object 클래스에 정의되어 있으며, Syncronized 메소드 블록에서만 사용할 수 있다는 특징이 있다.

이 2개의 메소드를 사용하는 다음 프로그램을 보자.

소스코드
Th8.java

```
01  class Th8 {
02
03      public static void main( String[] args ) {
04
05          Desk d = new Desk();
06
07          Producer pro = new Producer( d );
08          Consumer con = new Consumer( d );
09
10          Thread t1 = new Thread( pro );
11          Thread t2 = new Thread( con );
12
13          t1.start();
14          t2.start();
15      }
16  }
17
18  class Producer implements Runnable {
19
20      private Desk desk;
21
22      public Producer( Desk desk ) {
23
24          this.desk = desk;
25
26      }
```

> Runnable로 선언된 Desk 클래스의 객체 d를 만들고 d 객체를 인수로 pro와 con 객체를 만든다. 이 과정에서 Producer와 Consumer 클래스의 생성자에게 객체 d가 전달된다.

> 2개의 쓰레드 객체 t1, t2를 만들고 실행시킨다. Thread 클래스는 쓰레드로 만들 객체만을 인수로 지정할 수 있기 때문에 07, 08 라인이 추가되었다.

> 상자를 올려놓는 클래스이다. 생성자를 통해 d를 받아 desk에 할당한다. 이후 desk를 통해 Desk 클래스의 메소드를 호출한다.

```
27
28    public void run() {
29
30        for ( int i=0; i<10; i++ ) {
31
32            desk.putProduct();
33
34        }
35    }
36 }
37
38 class Consumer implements Runnable {
39
40    private Desk desk;
41
42    public Consumer( Desk desk ) {
43
44        this.desk = desk;
45
46    }
47
48    public void run() {
49
50        for ( int i=0; i<10; i++ ) {
51
52            desk.getProduct();
53
54        }
55    }
56 }
57
58 class Desk {
59
60    String product = null;
61
62    public synchronized void getProduct() {
63
64        while( product == null ) {
65
66            try {
```

Desk 클래스의 상자를 올려놓는 메소드를 호출한다.

상자를 가져가는 클래스이다. 생성자를 통해 d를 받아 desk에 할당한다. 이후 desk를 통해 Desk 클래스의 메소드를 호출한다.

Desk 클래스의 상자를 가져가는 메소드를 호출한다.

실제 모든 작업을 처리하는 클래스로 상자를 가져가는 메소드와 상자를 올려놓는 메소드가 synchronized로 선언되어 있다. product 변수가 null이면 책상이 비었다는 의미이다.

상자를 가져가는 메소드이다. synchronized로 선언되어 있다.

```
67              wait();
68           } catch( Exception e ) {}
69        }
70
71        System.out.println( "상자 가져감!" + "\n" );
72        product = null;
73        notify();
74
75     }
76
77     public synchronized void putProduct( ) {
78
79        while( product == "상자" ) {
80
81           try {
82              wait();
83           } catch( Exception e ) {}
84
85        }
86
87        System.out.println( "상자 놓았음!" );
88        product = "상자";
89        notify();
90
91     }
92  }
```

product가 null이면 상자가 없다는 의미이므로 상자를 올려놓을 때까지 대기한다.

product가 null이 아니면 상자를 가져갔다는 메시지를 출력하고 product를 null로 설정한 후 상자를 놓는 putProduct에게 알리기 위해 notify()를 실행한다.

상자를 올려놓는 메소드이다. synchronized로 선언되어 있다.

product가 "상자"이면 아직 상자를 가져가지 않았다는 의미이므로 상자를 가져갈 때까지 대기한다.

product가 "상자"가 아니면 상자를 놓았다는 메시지를 출력하고 product를 "상자"로 설정한 후 상자를 가져가는 getProduct에게 알리기 위해 notify()를 실행한다.

실행결과

상자 놓았음!
상자 가져감!

상자 놓았음!
상자 가져감!

상자 놓았음!
상자 가져감!

상자 놓았음!
상자 가져감!

상자 놓았음!
상자 가져감!

상자 놓았음!
상자 가져감!

상자 놓았음!
상자 가져감!

상자 놓았음!
상자 가져감!

상자 놓았음!
상자 가져감!

상자 놓았음!
상자 가져감!

소스해설

이 프로그램에는 Producer, Consumer, Desk 등 3개의 클래스가 있다. 이중에서 핵심 클래스는 Desk 클래스이다. 상자를 올려놓는 Producer 클래스나 상자를 가져가는 Consumer 클래스도 실제 작업은 Desk 클래스의 메소드를 호출해서 처리하고 있기 때문이다. 그러한 큰 구조를 염두에 두고 소스 코드를 살펴보자.

소스라인 01-17 : main()이 있는 실행 클래스로서 Desk 클래스, Producer 클래스, Consumer 클래스의 객체를 만들고 쓰레드를 실행시키는 작업을 한다.

소스라인 05 : Desk 클래스의 객체를 생성한다.

소스라인 07-08 : Desk 클래스의 객체를 인수로 지정해서 Producer와 Consumer 클래스의 객체를 만든다. Producer와 Consumer 클래스에 정의된 생성자에 Desk 클래스의 객체가 전달된다.

소스라인 10-11 : Producer와 Consumer 객체를 이용해서 2개의 쓰레드 t1과 t2를 만든다.

소스라인 13-14 : 2개의 쓰레드를 실행시킨다.

소스라인 18-36 : 상자를 올려놓는 Producer 클래스이다. 22-26 라인에는 생성자가 정의되어 있으며, 28-35 라인에는 run() 메소드가 정의되어 있다. run() 메소드에서는 Desk 클래스의 putProduct() 메소드를 10번 실행한다.

소스라인 38-56 : 상자를 가져가는 Consumer 클래스이다. 42-46 라인에는 생성자가 정의되어 있으며, 48-56 라인에는 run() 메소드가 정의되어 있다. run() 메소드에서는 Desk 클래스의 getProduct() 메소드를 10번 실행한다.

소스라인 58-92 : Desk 클래스를 정의한다. 이 클래스는 Producer가 사용하는 getProduct()와 Consumer가 사용하는 putProduct() 메소드를 정의하고 있다.

소스라인 60 : product 변수에 null을 대입한다. product 변수의 값이 "null"이면 책상에 상자가 안올려진 것이고, product 변수의 값이 "상자"이면 상자가 올려진 것이다.

소스라인 62 : Consumer가 사용하는 getProduct() 메소드의 선언부이다. syncronized로 선언되어 있음을 유의하자.

소스라인 64-69 : 상자가 안올려져 있으면 wait() 메소드를 실행해서 대기 상태로 들어가며, wait() 메소드는 예외처리를 해주어야 한다. 대기 상태로 들어간 이 쓰레드는 다른 쓰레드 즉, 여기서는 putProduct() 메소드에서 notify() 메소드를 실행해야 다시 실행 가능 상태가 된다.

소스라인 71-73 : 책상에 상자가 있으면 상자를 가져간다는 메시지를 출력하고, product를 "null"로 만든 후 notify() 메소드를 실행한다. 이 notify() 메소드는 putProduct() 메소드에 의해 대기 상태에 들어가 있는 쓰레드를 실행 가능 상태로 만든다. 즉, 이제 상자를 가져갔으니 상자를 올려놓으라고 통지(notify)하는 것이다.

소스라인 77 : Producer가 사용하는 putProduct() 메소드의 선언부이다. syncronized로 선언되어 있음을 유의하자.

소스라인 79-85 : 책상에 상자가 있으면 wait() 메소드를 실행해서 대기 상태로 들어간다. 대기 상태로 들어간 이 쓰레드는 다른 쓰레드 즉, 여기서는 gerProduct() 메소드에서 notify() 메소드를 실행해야 다시 실행 가능 상태가 된다.

소스라인 71-73 : 책상에 상자가 없으면 상자를 올려놓았다는 메시지를 출력하고, product를 "상자"로 만든 후 notify() 메소드를 실행한다. 이 notify() 메소드는 getProduct() 메소드에 의해 대기 상태에 들어가 있는 쓰레드를 실행 가능 상태로 만든다. 즉, 이제 상자를 올려놓았으니 상자를 가져가라고 통지(notify)하는 것이다.

여기서 중요한 것은 쓰레드의 실행을 상호 간에 제어할 수 있으며 이를 위해 wait()와 notify() 메소드를 사용한다는 점이다.

이 장의 요점

- 쓰레드는 프로세스 내의 또 다른 실행 단위이다. 자바의 쓰레드는 시분할 방식이 기본이며, 우선순위를 지정해서 실행 순서를 조절할 수 있다.

- 쓰레드를 만드는 방법은 Thread 클래스를 상속받아 사용하는 방법과 Runnable 인터페이스를 implements하는 방법이 있다.

- 쓰레드에 1 (제일 낮은 순위)에서 10 (제일 높은 순위)까지의 정수 값을 부여해 우선순위를 지정할 수 있다. 우선순위를 지정하지 않으면 모든 쓰레드의 우선순위는 5로 동일하다. 우선순위 관련 메소드는 setPriority(), getPriority()가 있다.

- 쓰레드는 여러 개가 동시에 실행되기 때문에 CPU의 할당 여부나 우선순위에 따라 시스템 내부에서 다음과 같은 몇 가지 상태 변화를 가지게 된다. 쓰레드는 내부적으로 일정한 상태 변화를 계속하면서 실행되며 이런 상태의 변화를 임의로 조절할 수 있는 sleep(), yield, join()과 같은 메소드들이 제공된다.

상태	의미
Runnable	실행을 대기하는 상태. 이 상태의 쓰레드 중 하나가 CPU를 할당받음.
Running	CPU가 할당되어 실행 중인 상태.
Block	실행되다가 입출력이나 sleep(), join(), wait() 같은 메소드의 실행으로 잠시 실행을 멈춘 상태.
Dead	실행이 완전히 끝남.

- 쓰레드 간에 실행의 모순이 발생하지 않게 하는 것을 쓰레드 동기화(Synchronization)이라고 한다. 이를 위해 메소드에 synchronized라는 키워드를 지정하면 메소드가 실행되는 도중에 다른 쓰레드가 그 메소드를 호출할 수 없다.

- 여러 개의 쓰레드가 실행되는 상황에서 프로그래머가 직접 그 쓰레드들의 실행 순서를 정확하게 제어해야 할 때 쓰레드 간에 교신이 필요하게 되며 이를 위해 wait()와 notify()라는 메소드를 사용할 수 있다. 이 메소드들은 Object 클래스에 정의되어 있으며, Syncronized 블록에서만 사용할 수 있다는 특징이 있다.

Chapter 10

AWT

AWT는 그래픽 유저 인터페이스(GUI)를 만들기 위해 제공되는 패키지이다. AWT 패키지 내의 클래스들을 사용하면 창, 버튼, 목록, 텍스트 상자 등 다양한 GUI를 만들 수 있다. AWT를 완전하게 활용하려면 GUI 요소들을 만든 후 그 요소들을 클릭했을 때 이벤트가 발생해서 알맞은 작업이 실행되어야한다. 이 장에서는 단순히 GUI를 만드는 방법을 배우며 이벤트는 다음 장에서 배운다.

10.1 AWT 패키지 내의 클래스 구성

AWT는 자바에서 제공되는 패키지이며 패키지 안에 있는 많은 클래스들을 이용해서 GUI를 구현한다. 이 패키지 내의 주요 클래스는 다음과 같은 상속 구조로 구성된다.

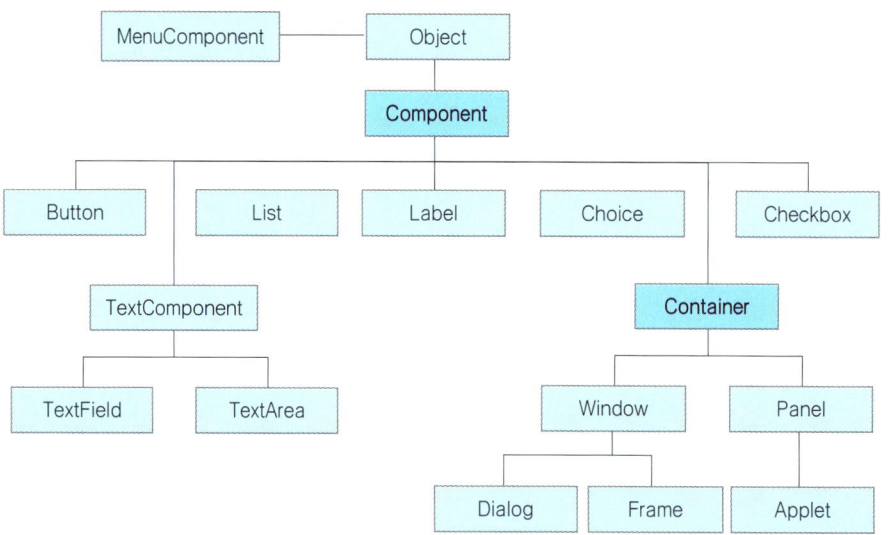

여기서 주목할 것은 Component(컴포넌트)와 Container(컨테이너) 클래스이다. 컴포넌트는 버튼이나 목록, 레이블과 같은 GUI 요소를 자체를 의미하며, 컨테이너는 이러한 GUI 요소들을

담는 역할을 한다. 컴포넌트는 컨테이너에 담은 후 컨테이너를 출력하는 방식으로 사용한다. **Component** 클래스는 모든 컴포넌트의 조상으로 이 클래스가 제공하는 아래의 메소드들을 모든 컴포넌트가 사용할 수 있다. 앞으로 이 메소드들을 활발하게 사용하게 되므로 잘 봐두기 바란다. Component는 추상 클래스로서 제공하는 주요 메소드는 다음과 같다.

Component 클래스의 메소드	기능
Color getBackground()	컴포넌트의 배경색을 반환한다.
void setBackground()	컴포넌트의 배경색을 지정한다.
Color getForeground()	컴포넌트의 전경색을 반환한다.
void setForeground()	컴포넌트의 전경색을 지정한다.
void setBounds(int x, int y, int width, int height)	컴포넌트의 위치와 크기를 함께 지정한다.
Rectangle getBounds()	컴포넌트의 위치와 크기를 함께 반환한다.
Point getLocation()	컴포넌트의 위치를 반환한다.
void setLocation(int x, int y)	컴포넌트의 위치를 지정한다.
Dimension getSize()	컴포넌트의 크기를 반환한다.
void setSize(int width, int height)	컴포넌트의 크기를 지정한다.
void setVisible(blean b)	컴포넌트가 화면에 보이거나 보이지 않게 한다.
Cursor getCursor()	컴포넌트에 지정된 커서를 반환한다.
void setCursor(Cursor c)	컴포넌트에 커서를 지정한다.
boolean hasFocus()	컴포넌트가 포커스를 가지고 있는지를 알려준다.
void requestFocus()	컴포넌트에 포커스를 지정한다.
void setEnabled(boolean b)	컴포넌트를 사용하거나 사용하지 못하게 한다.

Container 클래스도 여러 가지 메소드를 정의하고 있는데 이들은 주로 컨테이너에 추가되는 컴포넌트들에 관한 것으로 자주 사용되는 메소드는 다음과 같다.

Container 클래스의 메소드	기능
Component add(Component comp)	컨테이너에 컴포넌트를 추가한다.
void remove(Component comp)	컨테이너에서 컴포넌트를 삭제한다.
void setLayout(LayoutManager mgr)	컨테이너에 레이아웃 관리자를 지정한다.
LayoutManager getLayout()	컨테이너에 지정되어 있는 레이아웃 관리자를 반환한다.

10.2 Frame 만들기

Frame은 창을 의미하며, 컨테이너이기 때문에 다양한 컴포넌트들을 담을 수 있다.

Frame의 생성자와 메소드	기능
Frame(String title)	프레임을 생성한다. title은 프레임의 타이틀 바에 표시되는 제목이다.
String getTitle()	타이틀 바에 있는 제목을 반환한다.
void setTitle(String title)	타이틀 바의 제목을 설정한다.
void setState(int state)	프레임의 상태를 변경한다. state는 다음 중 하나의 값이다. Frame.ICONIFIED : 프레임을 최소화 상태로 만든다. Frame.NORMAL : 프레임을 정상 상태로 만든다.
int getState()	프레임의 상태를 반환한다.
void setResizable(boolean resizable)	프레임 크기의 변경 가능 여부를 지정한다.

여기서는 Frame 클래스를 사용해서 간단한 창을 하나 만들어본다. 다음 프로그램을 보자

소스코드
FrameTest.java

```
01 import java.awt.*;          // awt 패키지를 포함(import)시킨다
02
03 class FrameTest {
04
05     public static void main( String args[] ) {
06
07         Frame f = new Frame( "Frame Test" );   // Frame 객체를 만든다. 인수는 타이틀 바에 표시될 제목이다.
08
09         f.setSize( 400, 300 );
10         f.setLocation( 100, 100 );             // Frame의 크기, 위치, 배경색을 지정한다.
11         f.setBackground( Color.blue );
12         f.setVisible( true );                  // Frame을 표시한다.
13
14     }
15 }
```

실행결과

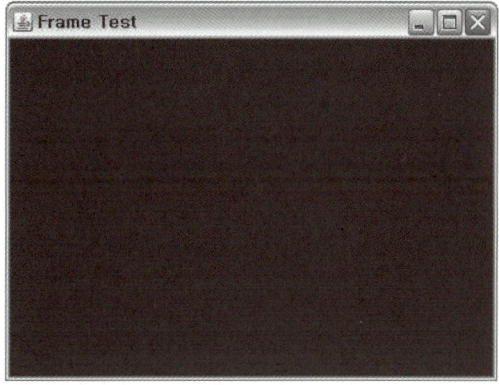

소스해설

"Frame Test"라는 제목을 가진 파란색의 창이 하나 표시된다. 이 창은 닫기 버튼을 클릭해도 닫히지가 않을 것이다. 창을 닫으려면 콘솔(DOS) 창에서 Ctrl + C 키를 누르거나, 윈도우에서 Ctrl + Alt + Del 키를 누른 후 작업 관리자 창에서 java.exe를 클릭하면 된다. 이 문제의 해결책은 잠시 후 살펴본다.

소스라인 01 : awt 패키지를 포함시킨다. GUI 기능을 제공하는 클래스들은 awt 패키지에 제공되기 때문에 awt 패키지를 import해야 한다.

소스라인 07 : Frame 객체 f를 만든다. 인수는 프레임의 제목으로 사용된다.

소스라인 09 : 프레임의 가로 (400)와 세로 (300) 크기를 픽셀 단위로 지정한다.

소스라인 10 : 프레임의 출력 위치를 픽셀 단위로 지정한다.

소스라인 11 : 프레임의 배경색을 지정한다.

소스라인 12 : 프레임이 보이게 한다. 프레임을 만들고 나서 이렇게 활성화를 지정해야 출력된다.

이제 다음의 "FrameTest1" 프로그램을 실행시키고 프레임의 닫기 버튼을 클릭하면 프레임이 닫힌다. 닫기 버튼은 이벤트를 지정해야 닫을 수 있는데 이벤트는 잠시 후 배울 것이다.

우선 앞의 "FrameTest" 프로그램에 아래와 같이 02, 10-14 라인의 이벤트 관련 코드를 추가하면 닫기 버튼이 작동된다는 것만 알아두자.

```
01 import java.awt.*;
02 import java.awt.event.*;     java.awt.event 패키지를 추가한다.
03
04 class FrameTest1 {
05
06   public static void main( String[] args ) {
07
08 Frame f = new Frame( "Frame Test" );
09
10       f.addWindowListener( new WindowAdapter() {
11          public void windowClosing( WindowEvent e ) {
12             System.exit( 0 );
13          }
14       });
15
16       f.setSize( 400, 300 );
17       f.setLocation( 100, 100 );
18       f.setBackground( Color.blue );
19       f.setVisible( true );
20
21   }
22 }
```

> 이벤트 코드를 추가한다. 이렇게 코드를 추가하면 "닫기" 버튼이 작동한다.

10.3 Panel 만들기

Panel(패널)은 단순한 평면 사각으로 타이틀 바나 닫기, 확대/축소 버튼이 없으며, 이 역시 컨테이너이기 때문에 다른 컴포넌트를 담을 수 있다. 하지만 Panel은 혼자 출력되는 것이 아니라, Frame에 담아서 출력해야 한다. 즉, Frame이 큰 그릇이라면 패널은 작은 그릇인 셈이며, 출력은 항상 Frame 단위로 해야 한다.

이렇게 하면 Panel에 다양한 컴포넌트들을 배치한 후, 그 Panel을 Frame에 추가하기 때문에 단순히 Frame만 사용하는 것보다 더 다양한 창을 디자인할 수 있게 된다. Panel을 사용하는 다음 프로그램을 보자.

소스코드
PanelTest.java

```
01 import java.awt.*;
02 import java.awt.event.*;
03
04 class PanelTest {
05
06     public static void main ( String args[ ] ) {
07
08         Frame f = new Frame( "Panel Test" );
09         Panel p = new Panel();
10
11         f.addWindowListener( new WindowAdapter() {
12             public void windowClosing( WindowEvent we ) {
13                 System.exit(0);
14             }
15         });
16
17         f.setLayout( null );
18
19         f.setBackground( Color.yellow );
20         p.setBackground( Color.blue );
21
22         f.setSize( 300, 200 );
23         p.setSize( 100, 100 );
24
25         f.add( p );
26         f.setVisible( true );
```

> 프레임 객체와 패널 객체를 만든다.

> 프레임과 패널의 배경색을 지정한다.

> 프레임과 패널의 크기를 지정한다.

> 패널을 프레임에 추가하고 프레임을 출력한다.

```
27
28    }
29 }
```

실행결과

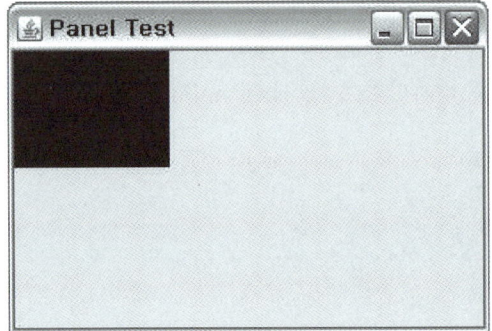

소스해설

소스라인 08 : Panel을 담을 Frame 객체를 만든다. 인수는 프레임(창)의 제목으로 표시된다.

소스라인 09 : Panel 객체를 만든다.

소스라인 17 : 기본 레이아웃 관리자를 취소하는 명령문인데 다음 절에 설명한다.

소스라인 19-20 : Frame과 Panel의 배경색을 지정한다.

소스라인 22-23 : Frame과 Panel의의 크기를 지정한다.

소스라인 25 : Panel을 Frame에 추가한다. Panel은 이렇게 Frame에 추가하는 방식으로 사용한다.

소스라인 26 : Frame을 화면에 표시한다.

10.4 레이아웃 관리자 (Layout Manager)

Frame과 Panel은 컨테이너이기 때문에 그 안에 다양한 컴포넌트들을 담을 수 있다고 했다. 따라서 Frame과 Panel 내에 컴포넌트들을 보기 좋게 배치해야 하는 문제가 발생한다.

컴포넌트들 간의 간격이나 크기 등을 적절하게 결정해야 하는데 이런 작업을 도와주는 클래스가 레이아웃 관리자(Layout Manager) 클래스이다.

이 레이아웃 관리자 클래스는 다음과 같이 4가지가 있다.

① BorderLayout : Frame의 기본 레이아웃 관리자이며, 동, 서, 남, 북, 중앙의 5개 방향으로 컴포넌트들을 배치한다.

② FlowLayout : Panel의 기본 레이아웃 관리자이며, 왼쪽에서 오른쪽으로 적당한 간격과 크기로 컴포넌트들을 배치한다.

③ GridLayout : 컴포넌트들을 행렬 형식으로 배치한다.

④ CardLayout : 컨테이너를 위한 레이아웃 관리자로 컨테이너들을 슬라이드처럼 보여준다.

Frame의 경우는 BorderLayout이 기본 레이아웃 관리자이기 때문에 Frame에 추가된 컴포넌트들은 자동으로 BorderLayout으로 정렬된다. 또한 Panel의 경우는 FlowLayout이 기본 레이아웃 관리자로 자동으로 사용된다. 물론 이 레이아웃 관리자들을 사용하지 않고 프로그래머가 직접 픽셀 단위로 컴포넌트들의 위치를 직접 지정할 수도 있다.

그러나 이러한 기본 레이아웃 관리자를 사용하지 않으려면 앞서 본 다음의 메소드를 사용한다.

　　setLayout(null);

컴포넌트들을 사용하기 전에 먼저 레이아웃 관리자를 살펴보는 것이 편하기 때문에 이 4개의 레이아웃 관리자를 익히고 나서 다시 컴포넌트를 사용해보기로 한다.

또한 자바가 제공하는 이런 레이아웃 관리자들을 전혀 사용하지 않고 프로그래머가 직접 배치를 해야 하는 경우도 있기 때문에 먼저 직접 배치하는 경우부터 살펴볼 것이다.

10.5 레이아웃 관리자 없이 직접 컴포넌트 배치하기

레이아웃 관리자 없이 자신이 직접 3개의 버튼을 배치를 하는 경우를 보자.

소스코드
NoLayout.java

```
01  import java.awt.*;
02  import java.awt.event.*;
03
04  class NoLayout {
05
06      public static void main( String[] args ) {
07          Frame f;
08          Button b1, b2, b3;
09
10          f = new Frame( "직접 컴포넌트 배치" );
11
12          b1 = new Button( "Button1" );
13          b2 = new Button( "Button2" );
14          b3 = new Button( "Button3" );
15
16          f.addWindowListener( new WindowAdapter() {
17              public void windowClosing( WindowEvent e ) {
18                  System.exit( 0 );
19              }
20          });
21
22          f.setLayout( null );
23
24          b1.setBounds( 50, 50, 100, 50 );
25          b2.setBounds( 180, 50, 100, 50 );
26          b3.setBounds( 310, 50, 100, 50 );
27
28          f.add( b1 );
29          f.add( b2 );
30          f.add( b3 );
31
32          f.setSize( 460, 150 );
33          f.setVisible( true );
```

> 1개의 프레임 객체와 3개의 버튼 객체를 만든다.

> 프레임의 기본 레이아웃 관리자인 BorderLayout의 사용을 해제한다.

> 각 버튼의 좌측상단 좌표와 가로, 세로 크기를 픽셀 단위로 지정한다. setBounds() 메소드는 Component 클래스가 제공하며 위치와 크기를 함께 지정한다.

> 3개의 버튼을 프레임에 추가한다.

> 프레임의 크기를 지정하고 프레임을 출력한다.

```
34
35    }
36 }
```

실행결과

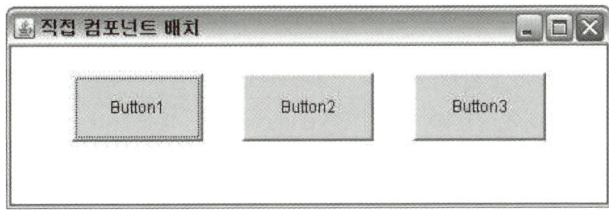

소스해설

소스라인 08 : 3개의 버튼 객체를 선언한다.

소스라인 12-14 : 3개의 버튼 객체를 만든다. 인수는 버튼에 표시된다.

소스라인 22 : 프레임의 기본 레이아웃 관리자인 BorderLayout을 해제한다.

소스라인 24-26 : 3개의 버튼에 대해 Setbounds() 메소드로 버튼의 좌측상단 좌표와 가로, 세로 크기를 지정한다. 이 메소드는 버튼의 출력 위치와 크기를 동시에 지정한다.

소스라인 28-30 : 버튼을 프레임에 추가한다.

소스라인 32 : 프레임의 크기를 지정한다.

소스라인 33 : 프레임을 출력한다.

레이아웃 관리자를 사용하지 않고도 그럴듯한 배치를 할 수는 있으나 작업 과정이 복잡해진다. 간혹 정밀한 작업을 할 때는 이런 식으로 직접 픽셀 단위로 위치와 크기를 계산하면서 작업할 수도 있으나 레이아웃 관리자를 사용하는 것이 보편적이고 효율적인 방법이다.

10.6 BorderLayout 사용하기

BorderLayout은 프레임의 기본 레이아웃 관리자이며, 프레임에 추가된 컴포넌트들을 동, 서, 남, 북, 중앙으로 자동 배치한다.

BorderLayout의 생성자와 메소드	기능
BorderLayout(int hgap, int vgap)	영역 사이에 간격이 있는 BorderLayout 객체를 생성한다. hgap : 좌우 간격, vgap : 상하 간격
BorderLayout()	영역 사이에 간격이 없는 BorderLayout을 생성한다.
add(String name, Component c) add(Component c, String name)	컴포넌트 c를 추가한다. name은 "North","South","East", "West", "Center" 중 하나를 지정한다. BorderLayout.NORTH, BorderLayout.SOUTH, BorderLayout.EAST,BorderLayout.WEST, BorderLayout.CENTER를 지정해도 된다.

BorderLayout을 사용하는 다음 프로그램을 보자.

소스코드
BorderTest.java

```
01 import java.awt.*;
02 import java.awt.event.*;
03
04 class BorderTest {
05
06     public static void main( String[] args ) {
07
08         Frame f;
09         Button b1, b2, b3, b4, b5;
10
11         f = new Frame( "버튼" );            프레임 객체를 만든다.
12
13         b1 = new Button( "Button1" );
14         b2 = new Button( "Button2" );
15         b3 = new Button( "Button3" );      5개의 버튼 객체를 만든다.
16         b4 = new Button( "Button4" );
17         b5 = new Button( "Button5" );
18
```

```
19      f.addWindowListener( new WindowAdapter() {
20          public void windowClosing( WindowEvent e ) {
21              System.exit(0);
22          }
23      });
24
25      f.add( b1, BorderLayout.EAST );
26      f.add( b2, BorderLayout.WEST );
27      f.add( b3, BorderLayout.NORTH );
28      f.add( b4, BorderLayout.SOUTH );
29      f.add( b5, BorderLayout.CENTER );
30
31      f.setSize( 300, 300 );
32      f.setVisible( true );
33   }
34 }
```

> 5개의 버튼을 프레임에 추가한다. 프레임의 기본 레이아웃 매니저인 BorderLayout에게 버튼의 배치 방향을 지정하고 있다.

실행결과

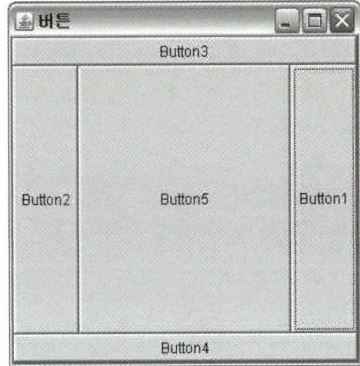

소스해설

소스라인 13-17 : 5개의 버튼 객체를 만든다. 인수는 버튼의 제목으로 사용된다.

소스라인 25-29 : 5개의 버튼을 프레임에 추가한다. 각 버튼의 위치를 동서남북과 중앙으로 지정하고 있다. 이렇게 버튼의 방향만 지정하면 버튼의 크기나 버튼 간의 간격 등 나머지 설정은 프레임의 기본 레이아웃 매니저인 BorderLayout이 처리한다. 방향을 지정하는 두 번째 인수는 다음과 같이 기술해도 된다.

f.add(b1, "East");
f.add(b2, "West");
f.add(b3, "North");
f.add(b4, "South");
f.add(b5, "Center");

여기서는 5개의 버튼을 사용하고 있으나 25 라인과 27 라인을 주석 처리하고 실행하면 다음과 같이 출력된다. 필요에 따라 버튼의 방향을 지정해서 다양한 배치를 할 수 있다.

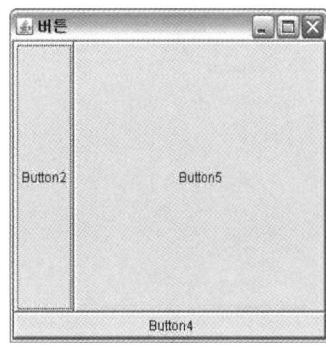

10.7 FlowLayout 사용하기

FlowLayout은 Panel의 기본 레이아웃 관리자로 판넬에 추가된 컴포넌트들을 단순히 왼쪽에서 오른쪽으로 배치한다.

FlowLayout의 생성자와 메소드	기능
FlowLayout(int align, int hgap, int vgap)	FlowLayout 객체를 생성한다. align에 컴포넌트의 정렬 방법을 다음 중 하나로 지정한다. FlowLayout.LEFT, FlowLayout.Righr, FlowLayout.CENTER. hgap은 컴포넌트의 좌우 간격, vgap은 상하 간격을 지정한다.
FlowLayout(int align)	hgap과 vgap을 생략하면 기본 5 픽셀로 간격이 지정된다.
FlowLayout()	가운데 정렬, 기본 5 픽셀의 간격으로 지정된다.

FlowLayout의 기능을 살펴보기 위해서 여기서는 버튼을 판넬에 추가한 후, 그 판넬을 프레임에 추가해서 출력하는 경우를 볼 것이다.

소스코드
FlowTest.java

```
01 import java.awt.*;
02 import java.awt.event.*;
03
04 class FlowTest {
05
06    public static void main( String[] args ) {
07
08        Frame f;
09        Button b1, b2, b3, b4, b5;
10
11        f = new Frame( "FlowLayout" );            // 프레임 객체를 만든다.
12
13        b1 = new Button( "Button1" );
14        b2 = new Button( "Button2" );
15        b3 = new Button( "Button3" );             // 5개의 버튼 객체를 만든다.
16        b4 = new Button( "Button4" );
17        b5 = new Button( "Button5" );
18
19        f.addWindowListener( new WindowAdapter() {
```

```
20          public void windowClosing( WindowEvent e ) {
21              System.exit( 0 );
22          }
23      });
24
25      Panel p = new Panel();          판넬 객체를 만든다.
26
27      p.add( b1 );                    판넬에 5개의 버튼을 추가한다. 버튼
28      p.add( b2 );                    들은 판넬의 기본 레이아웃 매니저
29      p.add( b3 );                    인 FlowLayout에 의해 왼쪽에서 오
30      p.add( b4 );                    른쪽으로 배치된다.
31      p.add( b5 );
32                                      5개의 버튼을 가진 판넬을 프레임의
33      f.add( p, "Center" );           중앙에 배치한다.
34
35      f.setSize( 400, 100 );
36      f.setVisible( true );
37   }
38 }
```

실행결과

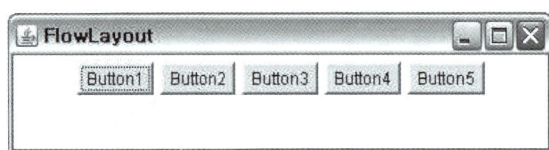

소스해설

소스라인 25 : 판넬 객체를 만든다.

소스라인 27-31 : 판넬에 5개의 버튼을 추가한다.

소스라인 33 : 판넬을 프레임에 추가한다.

소스라인 35-36 : 프레임의 크기를 지정하고 프레임을 출력한다.

10.8 GridLayout 사용하기

GridLayout은 Frame이나 Panel과 같은 컨테이너를 행과 열로 나누어 컴포넌트를 배치한다. 기본 레이아웃 관리자가 아니기 때문에 setLayout() 메소드로 레이아웃 관리자를 설정해야 한다.

GridLayout의 생성자와 메소드	기능
GridLayout(int row, int col, int hgap, int vgap)	row 행, col 열이면서 컴포넌트의 좌우 간격이 hgap, 상하 간격이 vgap인 GridLayout 객체를 생성한다.
GridLayout(int row, int col)	row 행, col 열이면서 컴포넌트 사이에 간격이 없는 GridLayout 객체를 생성한다.

다음 프로그램은 Panel에 GridLayout을 설정한 경우를 보여준다.

소스코드
GridTest.java

```
01  import java.awt.*;
02  import java.awt.event.*;
03
04  class GridTest {
05
06      public static void main( String[] args ) {
07
08          Frame f;
09          Button b1, b2, b3, b4;
10
11          f = new Frame( "GridLayout" );
12
13          b1 = new Button( "Button1" );
14          b2 = new Button( "Button2" );
15          b3 = new Button( "Button3" );
16          b4 = new Button( "Button4" );
17
18          f.addWindowListener( new WindowAdapter() {
19              public void windowClosing( WindowEvent e ) {
20                  System.exit( 0 );
21              }
```

```
22          });
23
24          Panel p = new Panel();
25
26          p.setLayout( new GridLayout( 2, 2 ));
27
28          p.add( b1 );
29          p.add( b2 );
30          p.add( b3 );
31          p.add( b4 );
32
33          f.add( p, "Center" );
34
35          f.setSize( 300, 200 );
36          f.setVisible( true );
37      }
38 }
```

> setLayout() 메소드로 판넬에 GridLayout을 지정한다. 간격이 없는 2행 2열로 지정하고 있다. new로 GridLayout의 객체를 생성해서 setLayout() 메소드의 인수로 사용하고 있다. GridLayout은 기본 레이아웃 관리자가 아닌 별도의 클래스로 제공되기 때문이다.

> 4개의 버튼이 있는 판넬을 프레임의 중앙에 배치한다.

실 행 결 과

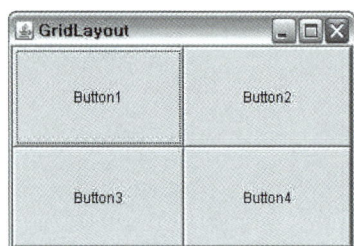

소 스 해 설

소스라인 26 : setLayout( ) 메소드로 Panel에 GridLayout을 지정한다. 인수는 2행 2열을 의미하며 이 명령문은 다음과 같이 기술해도 된다.

```
GridLayout g = new GridLayout( 2, 2 );
p.setLayout( g );
```

이 라인을 다음과 같이 수정하면 픽셀 단위로 버튼의 간격을 조절할 수 있다.

```
p.setLayout( new GridLayout( 2, 2, 10, 10 );
```

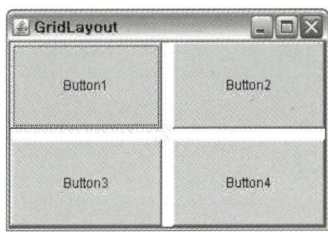

소스라인 33 : Panel을 담는 Frame은 기본 레이아웃 관리자인 BorderLayout을 사용했다.

10.9 CardLayout 사용하기

CardLayout은 컴포넌트가 아니라 컨테이너 자체에 사용하는 레이아웃 관리자이다. 카드를 여러 장 쌓아놓고 한 장씩 들추듯이, 여러 개의 컨테이너를 겹쳐놓고 하나씩 보여줄 때 사용한다.

CardLayout의 생성자와 메소드	기능
CardLayout(int hgap, int vgap)	CardLayout 객체를 생성한다. hgap : 컨테이너와 CardLayout 사이의 좌우 간격을 지정. vgap : 컨테이너와 CardLayout 사이의 상하 간격을 지정.
CardLayout()	컨테이너와 간격이 없는 CardLayout을 생성한다.
add(Container parent, String name)	name으로 parent 컨테이너에 추가한다.
show(Container parent, String name)	parent 컨테이너에 name 컨테이너를 보여준다.
first(Container parent)	parent 컨테이너에 첫 번째로 추가된 컨테이너를 보여준다.
last(Container parent)	parent 컨테이너에 마지막으로 추가된 컨테이너를 보여준다.
previous(Container parent)	현재 컨테이너 이전에 추가된 컨테이너를 보여준다.
next(Container parent)	현재 컨테이너 다음에 추가된 컨테이너를 보여준다.

다음 프로그램은 Frame에 CardLayout을 지정하여 Frame에 담아놓은, 빨간색, 파란색, 오렌지색 배경의 Panel을 하나씩 보여준다.

소스코드
CardTest.java

```java
01  import java.awt.*;
02  import java.awt.event.*;
03
04  class CardTest {
05
06      public static void main( String[] args ) {
07
08          Frame f = new Frame( "CardLayout" );
09          CardLayout card = new CardLayout();
10
11          f.setLayout( card );
12
13          Button b1 = new Button( "Button1" );
14          Button b2 = new Button( "Button2" );
15          Button b3 = new Button( "Button3" );
16
17          f.addWindowListener( new WindowAdapter() {
18              public void windowClosing( WindowEvent e ) {
19                  System.exit( 0 );
20              }
21          });
22
23          Panel p1 = new Panel();
24          p1.setBackground(Color.red);
25          p1.add( b1 );
26
27          Panel p2 = new Panel();
28          p2.setBackground(Color.blue);
29          p2.add( b2 );
30
31          Panel p3 = new Panel();
32          p3.setBackground(Color.orange);
33          p3.add( b3 );
34
35          f.add( p1, "1" );
36          f.add( p2, "2" );
37          f.add( p3, "3" );
```

- 08~09: Frame과 CardLayout 객체를 만든다. GridLayout 처럼 new로 cardLayout 객체를 생성한다. cardLayout도 기본 레이아웃 관리자가 아닌 별도 클래스이기 때문이다.
- 11: 프레임 객체에 CardLayout을 지정한다.
- 23~33: 3개의 패널 객체를 만들고, 각 패널의 배경색을 지정한 후, 각 패널에 버튼들을 추가한다.
- 35~37: 3개의 패널을 프레임에 추가하며 각 기 "1", "2", "3"이라는 이름을 부여 했다.

```
38
39        f.setSize( 300, 200 );
40        f.setVisible( true );
41
42        card.show( f, "1" );
43
44        for (double i = 0.01; i < 9999999; ){ i += 0.01; }
45        card.show( f, "2" );
46
47        for (double i = 0.01; i < 9999999; ){ i += 0.01; }
48        card.show( f, "3" );
49    }
50 }
```

> 일정한 시간 간격으로 "1", "2", "3" 순으로 판넬을 출력한다. 카드를 쌓아 놓은 것처럼 하나씩 차례로 동일한 위치에 출력된다.
> for문은 단순히 시간을 지연시키기 위해 사용했다.

실행결과

 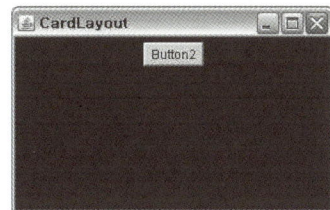 

소스해설

소스라인 09-11 : CardLayout 객체를 만들고 Frame에 CardLayout을 지정한다. 이 명령문들은 f.setLayout(new card());와 같이 1개 명령문으로 기술해도 된다.

소스라인 23-33 : 3개의 Panel 객체를 만들고, 배경색을 지정하며, 각각에 1개의 버튼을 추가한다.

소스라인 35-37 : Frame에 3개의 Panel을 추가하며, 각 Panel에 "1", "2", "3"이라는 이름을 부여한다.

소스라인 42-48 : CardLayout 객체의 show( ) 메소드로 Frame에 있는 "1", "2", "3"이라는 이름의 Panel을 출력한다. for 루프는 단순히 Panel이 출력되는 속도를 지연시키기 위한 것이다.

10.10 Label 만들기

지금부터는 다시 컴포넌트들을 만드는 방법을 살펴본다. Label은 컴포넌트에 간단한 문자열 표시할 때 사용하며, 표시되는 문자열의 위치나 배경색 등을 지정할 수 있다.

Label의 생성자와 메소드	기능
Label(String text, int alignment)	Label 객체를 생성한다. text : 레이블에 표시될 텍스트. alignment : text의 정렬 방식으로 Label.LEFT, Label.CENTER, Label.Right 중 하나를 지정.
Label(String text)	Label 객체를 생성한다. 기본 정렬인 Label.LEFT로 레이블에 표시될 텍스트를 지정한다.
String getText()	Label의 텍스트를 반환한다.
void setText(String text)	Label의 텍스트를 text로 설정한다.
viod setAlignment(int alignment)	Label 텍스트의 정렬을 지정한다.

Label을 만드는 다음 프로그램을 보자

소스코드
LabelTest.java

```
01  import java.awt.*;
02  import java.awt.event.*;
03
04  class LabelTest {
05
06      public static void main( String[] args ) {
07
08          Frame f = new Frame( "회원정보" );
09          f.setSize(300,100);
10          f.setLayout( null );
11
12          Label l1 = new Label( "주소 : " );
13          l1.setBounds(50,50,40,15);
14          l1.setBackground( Color.yellow  );
15
16          Label l2 = new Label( "나이 : " );
17          l2.setBounds(50,70,40,15);
```

프레임 객체를 생성하고 크기를 지정한 후, 프레임의 기본 레이아웃 관리자를 해제한다.

2개의 레이블 객체를 생성하고 레이블의 위치와 크기를 setBounds() 메소드로 지정한 후, setBackground() 메소드로 배경색을 지정한다. Color 클래스에 정의되어 있는 static 멤버 변수로 배경색을 지정하고 있다.

```
18          l2.setBackground( Color.green );
19
20          f.add(l1);         2개의 레이블 객체를 프레임에 추가
21          f.add(l2);         한다.
22
23          f.setVisible( true );
24
25          f.addWindowListener( new WindowAdapter() {
26              public void windowClosing( WindowEvent e ) {
27                  System.exit( 0 );
28              }
29          });
30
31     }
32 }
```

실행결과

소스해설

소스라인 10 : Frame의 기본 레이아웃 관리자를 해제한다. 13, 17 라인에서 프레임에 표시될 레이블의 위치와 크기를 픽셀 단위로 직접 지정하기 때문에 프레임의 기본 레이아웃 관리자를 해제한 것이다.

소스라인 12-18 : Label 객체를 만들고 출력 위치와 배경색을 지정한다. Color.yellow는 Awt 패키지 내의 Color 클래스에 정의되어 있는 static 멤버 변수이며, 색을 지정할 때 사용한다.

소스라인 20-21 : Label을 Frame에 추가한다.

소스라인 23 : Frame을 화면에 표시(출력)한다.

10.11 Button 만들기

버튼은 가장 흔하게 사용되는 일반 버튼 모양의 컴포넌트이다.

Button의 생성자와 메소드	기능
Button(String label)	버튼 위에 표시할 텍스트인 label을 지정해서 버튼 객체를 생성한다.
String getLabel()	버튼에 표시되는 텍스트를 반환한다.
void setLabel(String label)	버튼에 표시될 텍스트를 지정한다.

2개의 버튼을 출력하는 다음 프로그램을 보자.

소스코드
ButtonTest.java

```
01  import java.awt.*;
02  import java.awt.event.*;
03
04  class ButtonTest {
05
06      public static void main( String[] args ) {
07
08          Frame f = new Frame( "Button" );
09          f.setLayout( null );
10
11          f.addWindowListener( new WindowAdapter() {
12              public void windowClosing( WindowEvent e ) {
13                  System.exit( 0 );
14              }
15          });
16
17          Button b1 = new Button("계속");
18          b1.setSize(60, 30);
19          b1.setLocation(120, 40);
20
21          Button b2 = new Button( "중단 ");
22          b2.setSize(60, 30);
23          b2.setLocation(120, 80);
24
```

> 프레임 객체를 생성하고 프레임의 기본 레이아웃 관리자를 해제한다.

> 2개의 버튼을 객체를 생성하고 크기와 위치를 지정한다. 여기서는 위치를 지정하기 위해 Component 클래스가 제공하는 setLocation() 메소드를 사용하고 있다.

```
25        f.add( b1 );
26        f.add( b2 );
27
28        f.setSize( 300, 200 );
29        f.setVisible( true );
30    }
31 }
```

프레임에 버튼을 추가한다.

실행결과

소스해설

소스라인 09 : 프레임의 기본 레이아웃 관리자를 해제한다. 버튼의 특성 상 버튼의 위치와 크기를 프로그래머가 직접 지정하는 경우가 많기 때문에 기본 레이아웃 관리자를 해제했다.

소스라인 17-23 : 버튼 객체를 생성하고 버튼의 크기와 위치를 지정한다.

소스라인 25-26 : 버튼을 프레임에 추가한다.

소스라인 28-29 : 프레임의 크기를 지정하고 프레임을 화면에 표시한다.

10.12 TextField 만들기

텍스트 필드는 한 줄의 간단한 텍스트를 입력 받을 수 있는 컴포넌트이다. 대개 텍스트 필드 옆에 Label을 제목으로 사용하기 때문에 Label 컴포넌트와 함께 사용되는 경우가 많다.

TextField의 생성자와 메소드	기능
TextField(String text, int col)	텍스트 필드 객체를 생성한다. text : 텍스트 필드에 표시될 문자. col : 텍스트 필드에 입력될 문자 개수.
TextField(int col)	텍스트 필드 객체를 생성한다. col : 텍스트 필드에 입력될 문자 개수.
TextField(String text)	텍스트 필드 객체를 생성한다. text : 텍스트 필드에 표시될 문자.
void setEchoChar(char c)	입력되는 문자를 c 문자로 표시한다.
void setText(String t)	텍스트 필드에 표시될 텍스트를 t로 지정한다.
String getText()	텍스트 필드의 텍스트를 반환한다.
void select(int selectionStart, int seletionEnd)	selectionStart부터 selectionEnd까지의 텍스트를 선택 상태로 만든다.
void selectAll()	텍스트 필드의 모든 텍스트를 선택된 상태로 지정한다.
void setEditable(boolean b)	텍스트의 편집 가능 여부를 지정한다.

텍스트 필드를 사용하는 다음 프로그램을 보자.

소스코드
TextFieldTest.java

```
01 import java.awt.*;
02 import java.awt.event.*;
03
04 class TextFieldTest {
05
06     public static void main( String[] args ) {
07
08         Frame f = new Frame( "로그인" );
09         f.setLayout( new FlowLayout() );
10
```

> 프레임을 생성하고 레이아웃을 지정한다. 왼쪽에서 오른쪽으로 배치하는 FlowLayout은 판넬에게는 기본 레이아웃 매니저이지만 여기서는 프레임에 지정하기 때문에 별도의 객체를 생성해야 한다.

```
11          f.addWindowListener( new WindowAdapter() {
12              public void windowClosing( WindowEvent e ) {
13                  System.exit( 0 );
14              }
15          });
16
17          Label lid = new Label("ID", Label.RIGHT);
18          Label lpwd = new Label("PWD", Label.RIGHT);
19
20          TextField id = new TextField( 10 );
21          TextField pwd = new TextField( 10 );
22          pwd.setEchoChar('*');
23
24          f.add( lid );
25          f.add( id );
26          f.add( lpwd );
27          f.add( pwd );
28
29          f.pack();
30          f.setVisible( true );
31      }
32  }
```

> 2개의 레이블 객체를 생성한다. 2번째 인수로 레이블의 정렬을 지정하고 있다.

> 2개의 텍스트 필드 객체를 생성한다. 각기 10개의 문자를 입력받을 수 있으며 pwd 필드는 입력문자가 "*"로 표시된다.

실행결과

소스해설

소스라인 09 : 프레임에 FlowLayout을 지정한다. 따라서 프레임이 추가되는 컴포넌트들은 기본적으로 왼쪽에서 오른쪽으로 순서대로 출력된다. 프레임의 기본 레이아웃 관리자인 BorderLayout 대신 FlowLayout을 지정한 것이다.

소스라인 17-18 : 텍스트 필드 옆에 표시될 레이블 객체를 만든다. 오른쪽 정렬을 지정하여 텍스트 필드 쪽으로 붙어서 보이게 한다.

소스라인 20-21 : 2개의 텍스트 필드 객체를 생성하며, 10개의 문자를 입력 받을 수 있다.

소스라인 22 : setEchoChar() 메소드를 사용해서 암호 필드 입력 시 "*"가 표시되도록 한다.

소스라인 24-27 : Label과 TextField를 프레임에 추가한다.

소스라인 29-30 : pack() 메소드 사용하여 컴포넌트들의 크기에 꼭 맞게 프레임의 크기를 설정하고, 프레임을 화면에 표시한다.

10.13 TextArea 만들기

TextArea는 여러 줄의 텍스트를 입력할 수 있는 텍스트 상자이다.

TextArea의 생성자와 메소드	기능
TextArea(String text, int row, int col, int scrollbar)	TextArea 객체를 생성한다. text : TextArea에 표시될 텍스트. row : 행의 개수, col : 열의 개수. scrollbar : 스크롤바의 형식을 다음과 같이 지정한다. TextArea.SCROLLBAR_BOTH TextArea.SCROLLBAR_NONE TextArea.SCROLLBAR_HORIZONTAL_ONLY TextArea.SCROLLBAR_VERTICAL_ONLY
TextArea(int row, int col)	TextArea 객체를 생성한다. row : 행의 개수, col : 열의 개수. 빈 TextArea를 생성하며 스크롤바는 수평, 수직 모두 생긴다.
int getRows()	행의 개수를 반환한다.
int getColumns()	열의 개수를 반환한다.
void setRows(int rows)	행의 개수를 지정한다.
void setColumns(int columns)	열의 개수를 지정한다.
void append(String str)	TextArea의 기존 텍스트에 문자열 str을 덧붙인다.
void insert(String str, int pos)	pos 위치에 문자열 str을 삽입한다.
void replaceRange(String str, int start, int end)	TextArea의 텍스트 중 start에서 end까지를 문자열 str로 대치한다.
void setText(String t)	TextArea의 텍스트를 t로 설정한다.
String getText()	TextArea의 텍스트를 반환한다.
void select(int selectionStart, int selectionEnd)	selectionStart부터 selectionEnd까지의 텍스트를 선택된 상태로 만든다.
void selectAll()	모든 텍스트를 선택된 상태로 만든다.

| void setEditable(boolean b) | 텍스트의 편집 가능 여부를 지정한다. |

여기서는 2개의 TextArea를 판넬을 이용해서 레이아웃 관리자로 배치하는 경우를 살펴본다.

소스코드
TextAreaTest.java

```
01  import java.awt.*;
02  import java.awt.event.*;
03
04  class TextAreaTest {
05
06      public static void main( String[] args ) {
07
08          Frame f = new Frame( "대화창" );
09
10          f.addWindowListener( new WindowAdapter() {
11              public void windowClosing( WindowEvent e ) {
12                  System.exit( 0 );
13              }
14          });
15
16          TextArea ta1 = new TextArea( "하고 싶은 말이 있어요\n", 10, 30,
                              TextArea.SCROLLBARS_NONE );
17
18          TextArea ta2 = new TextArea( 10, 30 );
19          ta2.append( "듣고 싶은 말이 있어요\n" );
20
21          Panel p1 = new Panel();
22          p1.setLayout( new BorderLayout() );
23          p1.add( new Label( "이병재님", Label.CENTER ), "North" );
24          p1.add( ta1, "Center" );
25
26          Panel p2 = new Panel();
27          p2.setLayout( new BorderLayout() );
28          p2.add( new Label( "서혜숙님", Label.CENTER ), "North" );
29          p2.add( ta2, "Center" );
```

> 2개의 TextArea 객체를 생성한다. 표시할 텍스트, 줄 수(행)와 글자 수(열)을 지정한다. ta1 객체는 스크롤바가 표시되지 않는다.

> 2개의 판넬 객체를 생성한다. 판넬의 레이아웃을 지정하고 Label과 TextArea 객체를 판넬에 추가한다.

```
30
31        Panel p3 = new Panel();
32        p3.add( p1 );
33        p3.add( p2 );
34
35        f.add( p3, "Center" );
36        f.setSize( 500, 250 );
37        f.setVisible( true );
38    }
39 }
```

세번째 판넬 객체를 생성하고 앞서 생성한 2개의 판넬을 추가한다. 이렇게 하면 판넬의 기본 레이아웃 매니저인 FlowLayout이 적용되어 2개의 판넬들이 왼쪽에서 오른쪽으로 배치된다.

3번째 판넬을 프레임에 추가하고 프레임의 크기를 지정한 후, 프레임을 출력한다.

실행결과

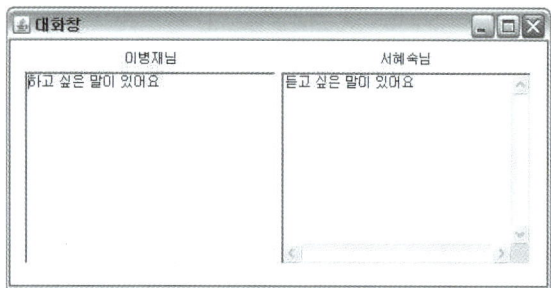

소스해설

소스라인 16 : TextArea 객체를 생성한다. TextArea(텍스트, 총 라인 수, 라인 당 문자 개수, 스크롤바)가 완전한 형식이다. 스크롤바는 다음과 같이 지정한다.

SCROLLBARS_BOTH : 수평, 수직 스크롤바 모두 표시함. 기본 값임.
SCROLLBARS_NONE : 수평, 수직 스크롤바 모두 표시 안함.
SCROLLBARS_HORIZONTAL_ONLY : 수평 스크롤바만 표시함.
SCROLLBARS_VERTICAL_ONLY : 수직 스크롤바만 표시함.

소스라인 18-19 : TextArea 객체를 생성한다. 총 라인 수와 라인 당 문자 개수로 크기를 지정한 후, append() 메소드로 텍스트를 표시해도 된다. 스크롤바를 지정하지 않아 기본으로 표시되었다.

소스라인 21-29 : Panel 객체를 생성하고 BorderLayout을 지정한 후, Panel에 Label과 TextArea를 추가한다. 따라서 Panel 내에서 Label과 TextArea는 BorderLayout으로 배치된다.

소스라인 31-33 : 2개의 Panel을 p3 Panel에 추가한다. 이때는 Panel p3에 레이아웃 관리자를 별도로 지정하지 않았기 때문에 Panel의 기본 레이아웃인 FlowLayout이 적용되어 p1과 p2가 Panel의 왼쪽에서 오른쪽으로 배치된다.

소스라인 35 : 2개의 Panel을 간직한 p3 Panel을 Frame에 추가한다.

소스라인 36-37 : 프레임의 크기를 지정하고 프레임을 화면에 표시한다.

10.14 List 만들기

List는 여러 항목을 나열하고 그 중 하나를 선택하게 한다. 다음에 배울 choice와는 달리 여러 항목을 모두 한 번에 보여주며, 다중 선택(multipleMode)도 가능하다.

List의 생성자와 메소드	기능
List(int rows, boolean multipleMode)	List 객체를 생성한다. rows : 행의 개수 지정. multipleMode : 다중 선택 여부를 지정.
List(int rows)	List 객체를 생성한다. rows : 행의 개수 지정.
List()	List 객체를 생성한다. 행은 기본 4행, 다중 선택은 불가능.
void add(String item)	항목을 List에 추가한다.
void add(String item, int index)	index 위치에 item을 추가한다.
void replaceItem(String newValue, int index)	index 위치의 항목을 newValue로 대치한다.
void remove(String item)	item을 삭제한다.
void remove(int index)	index 위치의 항목을 삭제한다.
void removeAll()	모든 항목을 삭제한다.
int getItemCount()	List에 있는 항목의 개수를 반환한다.
void select(int index)	index 위치의 항목을 선택 상태로 만든다.
void setMultipleMode(boolean b)	다중 선택 가능 여부를 지정한다.

List를 만드는 다음 프로그램을 보자.

소스코드
ListTest.java

```java
01 import java.awt.*;
02 import java.awt.event.*;
03
04 class ListTest {
05
06     public static void main( String[] args ) {
07
08         Frame f = new Frame( "자동차 소유 목록" );
09         f.setLayout( null );
10
11         f.addWindowListener( new WindowAdapter() {
12             public void windowClosing( WindowEvent e ) {
13                 System.exit( 0 );
14             }
15         });
16
17         List name = new List( 5 );
18         name.setLocation( 20, 40 );
19         name.setSize( 100, 120 );
20         name.add( "이병재" );
21         name.add( "이인국" );
22         name.add( "박영호" );
23
24         List car = new List( 5, true );
25         car.setLocation( 150, 40 );
26         car.setSize( 100, 120 );
27         car.add( "올랜도" );
28         car.add( "산타페" );
29         car.add( "코란도" );
30
31         f.add(name);
32         f.add(car);
33         f.setSize( 300, 200 );
34         f.setVisible( true );
35     }
36 }
```

- 5개 항목을 표시하는 List 객체 name을 생성하고 위치와 크기를 지정한 후 표시될 항목을 추가한다.

- 5개 항목을 표시하는 List 객체 car를 생성하고 위치와 크기를 지정한 후 표시될 항목을 추가한다.

- 2개의 리스트 객체를 프레임에 추가하고, 프레임의 크기를 지정한 후, 출력한다.

실행결과

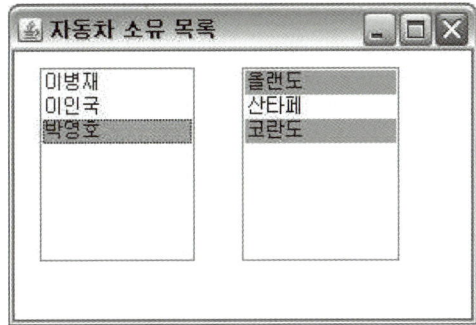

소스해설

소스라인 09 : 프레임의 기본 레이아웃 관리자를 해제한다.

소스라인 17 : 5개 항목을 나열할 수 있는 List 객체를 생성한다. 이렇게 항목의 개수만 인수로 지정하면 1개의 항목만 선택할 수 있다.

소스라인 18-22 : List의 위치와 크기를 지정하고, List에 나열될 항목을 추가한다.

소스라인 24 : 5개의 항목을 나열할 수 있는 List 객체를 생성하되, 두 번째 인수를 "true"로 지정하여 다중 선택이 가능하게 한다.

소스라인 31-32 : List를 프레임에 추가한다.

소스라인 33-34 : 프레임의 크기를 지정하고 프레임을 화면에 표시한다.

10.15 Choice 만들기

Choice는 드롭다운 목록으로써, 버튼을 클릭해서 항목들을 표시하고, 그 중 하나를 선택할 수 있다.

Choice의 생성자와 메소드	기능
void add(String item)	Choice에 item을 추가한다.
void remove(String item)	Choice에서 item을 삭제한다.
void remove(int index)	index 위치의 item을 삭제한다.
void removeAll()	모든 항목을 삭제한다.
void insert(String item, int index)	index 위치에 item을 삽입한다.
String getItem(int index)	index 위치의 item을 반환한다.
int getItemCount()	항목의 총 개수를 반환한다.

드롭다운 목록을 만드는 다음 프로그램을 보자.

소스코드
ChoiceTest.java

```
01  import java.awt.*;
02  import java.awt.event.*;
03
04  class ChoiceTest {
05
06      public static void main( String[] args ) {
07
08          Frame f = new Frame( "요일 선택" );
09          f.setLayout( null );
10
11          f.addWindowListener( new WindowAdapter() {
12              public void windowClosing( WindowEvent e ) {
13                  System.exit( 0 );
14              }
15          });
16
17          Choice week = new Choice();
18          week.add( "Sun" );
```

```
19        week.add( "Mon" );
20        week.add( "Tue" );
21        week.add( "Wed" );
22        week.add( "Thu" );
23        week.add( "Fri" );
24        week.add( "Sat" );
25
26        week.setSize( 100, 50 );
27        week.setLocation(100, 70);
28
29        f.add(week);
30        f.setSize( 300, 250 );
31        f.setVisible( true );
32    }
33 }
```

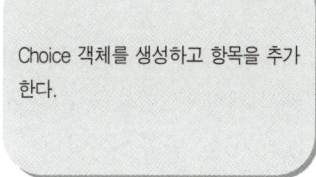

Choice 객체를 생성하고 항목을 추가한다.

Choice 객체의 크기와 위치를 지정한다.

Choice 객체를 프레임에 추가하고, 프레임의 크기를 지정한 후, 프레임을 출력한다.

실행결과

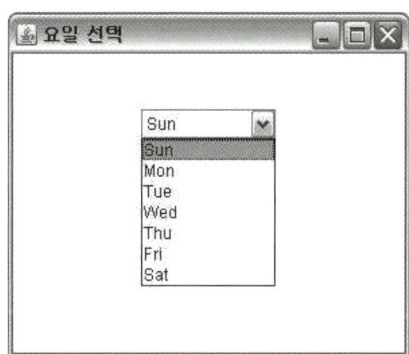

소스해설

소스라인 09 : 프레임의 기본 레이아웃 관리자를 해제한다.

소스라인 17-24 : Choice 객체를 생성하고 나열될 항목들을 추가한다.

소스라인 26-27 : 목록의 크기와 위치를 지정한다.

소스라인 29 : 목록을 프레임에 추가한다.

소스라인 30-31 : 프레임의 크기를 지정하고 프레임을 화면에 표시한다.

10.16 Checkbox 만들기

Checkbox는 하나의 항목에 대해 "on/off"와 같이 둘 중 하나의 값을 선택하게 한다. 여러 개의 항목에 대해 "on/off"를 선택할 수 있으나, CheckboxGroup을 사용하면 한 개의 항목만 선택하는 라디오 버튼(Radio button)을 만들 수 있다.

Checkbox의 생성자와 메소드	기능
Checkbox(String text, boolean state)	Checkbox 객체를 생성한다. text : 표시될 텍스트. state : 초기 체크 표시 여부를 지정.
Checkbox(String text)	Checkbox 객체를 생성한다. text : 표시될 텍스트.
Checkbox()	텍스트 없는 Checkbox 객체를 생성한다.
Checkbox(String text, CheckboxGroup group, boolean state)	Checkbox 객체를 생성한다. text : 표시될 텍스트. group : 체크 상자 그룹명을 지정. state : 초기 체크 표시 여부를 지정.
String getLabel()	레이블을 반환한다.
void setLabel(String label)	레이블을 설정한다.
boolean getState()	체크 여부를 반환한다.
void setState(boolean state)	체크 상태 여부를 지정한다.

다음 프로그램을 보자.

소스코드
CheckboxTest.java

```
01 import java.awt.*;
02 import java.awt.event.*;
03
04 class CheckboxTest {
05
06     public static void main( String[] args ) {
07
08         Frame f = new Frame( "CheckboxTest" );
09
10         f.addWindowListener( new WindowAdapter() {
```

```java
11          public void windowClosing( WindowEvent e ) {
12              System.exit( 0 );
13          }
14      });
15
16      Checkbox hobby1 = new Checkbox( "등산", true );
17      Checkbox hobby2 = new Checkbox( "낚시" );
18      Checkbox hobby3 = new Checkbox( "여행" );
19
20      CheckboxGroup fruit = new CheckboxGroup();
21      Checkbox fruit1 = new Checkbox( "사과", fruit, false );
22      Checkbox fruit2 = new Checkbox( "바나나", fruit, false );
23      Checkbox fruit3 = new Checkbox( "포도", fruit, true );
24
25      Panel p1 = new Panel();
26      p1.add( hobby1 );
27      p1.add( hobby2 );
28      p1.add( hobby3 );
29
30      Panel p2 = new Panel();
31      p2.add( fruit1 );
32      p2.add( fruit2 );
33      p2.add( fruit3 );
34
35      f.setLayout( new FlowLayout() );
36      f.add( p1 );
37      f.add( p2 );
38
39      f.setSize( 300, 150 );
40      f.setVisible( true );
41   }
42 }
```

- 16-18: 3개의 체크박스 객체를 생성한다. 2번째 인수가 "true"이면 체크된 상태로 표시된다. 이 형식은 여러 개를 체크할 수 있다.
- 20-23: 3개의 체크박스 객체를 생성한다. 2번째 인수는 그룹명이다. 이 형식은 라디오 버튼으로 표시되며, 1개만 체크할 수 있다.
- 25-28: 판넬 객체를 생성하고 체크박스를 판넬에 추가한다.
- 30-33: 판넬 객체를 생성하고 라디오 버튼 형식의 체크박스를 판넬에 추가한다.
- 35-37: 프레임에 FlowLayout을 지정하고 2개의 판넬을 프레임에 추가한다.

실행결과

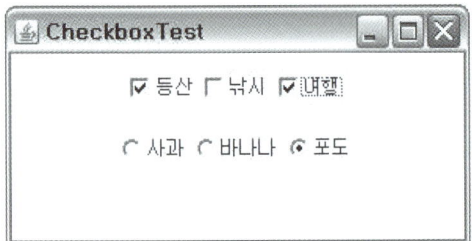

소스해설

소스라인 16-18 : 3개의 체크박스 객체를 만든다. 2번째 인수를 true로 지정하면 해당 항목이 기본으로 체크된 상태로 표시된다. 이 체크박스는 여러 개의 항목을 체크할 수 있다.

소스라인 20 : 체크박스 그룹 객체를 생성한다. 이 그룹 객체는 한 개만 선택할 수 있는 항목 그룹을 지정하는데 사용된다.

소스라인 21-23 : Checkbox(표시문자열, 그룹화 객체, 기본체크여부)가 완전한 형식이다. 기본 체크 여부에 true를 지정하면 해당 항목이 기본으로 체크된 상태로 표시된다.

소스라인 25-28 : 판넬 객체를 생성하고 3개의 다중 선택 체크박스 객체들을 추가한다.

소스라인 30-33 : 판넬 객체를 생성하고 3개의 단일 선택 체크박스 객체를 추가한다.

소스라인 35-37 : 프레임에 FlowLayout을 지정하고 2개의 판넬을 추가한다. FlowLayout을 지정했기 때문에 화면에서 프레임의 가로 크기를 늘리면 모든 항목들이 일렬로 표시된다.

소스라인 39-40 : 프레임의 크기를 지정하고 프레임을 화면에 표시한다.

10.17 Scrollbar 만들기

Scrollbar는 바를 이동시켜 값을 선택할 때 사용한다. 예를 들어, 볼륨을 조절하거나 색상을 선택하는 등의 목적으로 사용할 수 있다.

Scrollbar의 생성자와 메소드	기능
Scrollbar() Scrollbar(int orientation) Scrollbar(int orientation, int value, int visible, int min, int max)	Scrollbar 객체를 생성한다. orientation : Scrollbar.HORIZONTAL, Scrollbar.VERTICAL 중 하나를 지정. value : 스크롤바의 초기값을 지정. visible : 스크롤 버튼의 크기를 지정. min : 스크롤바가 가지는 최소값을 지정. max : 스크롤바가 가지는 최대값을 지정.
int getValue()	스크롤바의 현재 설정값을 반환한다.
void setValue(int newValue)	스크롤바의 값을 newValue로 설정한다.

다음 프로그램을 보자.

소스코드
ScrollbarTest.java

```
01  import java.awt.*;
02  import java.awt.event.*;
03
04  class ScrollbarTest {
05
06      public static void main( String[] args ) {
07
08          Frame f = new Frame( "Scrollbar" );
09          f.setLayout( null );
10
11          f.addWindowListener( new WindowAdapter() {
12              public void windowClosing( WindowEvent e ) {
13                  System.exit( 0 );
14              }
15          });
16
17          Scrollbar ver = new Scrollbar( Scrollbar.VERTICAL, 50, 20, 0, 100 );
18          ver.setSize( 20, 150 );
```

> 수직형 스크롤바 객체를 생성한다. 50 : 초기값, 20 : 버튼의 크기, 0 : 최소값, 100 : 최대값. 이후 스크롤바의 가로(20)와 세로(150) 크기를 지정하고, 위치를 지정한다.

```
19        ver.setLocation( 30, 30 );
20
21        Scrollbar hor = new Scrollbar( Scrollbar.HORIZONTAL, 0, 20, 0, 100 );
22        hor.setSize( 150, 20 );
23        hor.setLocation( 120, 60 );
24
25        f.add(ver);
26        f.add(hor);
27
28        f.setSize( 300, 200 );
29        f.setVisible( true );
30    }
31 }
```

> 수평형 스크롤바 객체를 생성한다. 0 : 초기값,
> 20 : 버튼의 크기, 0 : 최소값, 100 : 최대값
> 스크롤바의 가로(150)와 세로(20) 크기를 지정하고,
> 위치를 지정한다.

실행결과

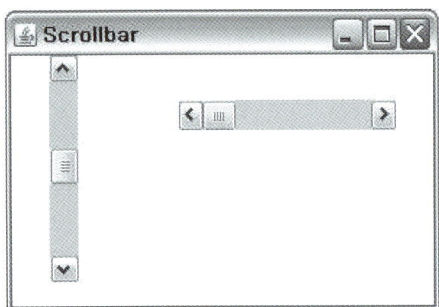

소스해설

소스라인 17 : 수직 스크롤바 객체를 생성한다. 50은 스크롤바의 초기값, 20은 스크롤 버튼의 크기, 0은 스크롤바의 최소값, 100은 스크롤바의 최대값을 의미한다.

소스라인 18 : 바의 가로 (20)와 세로 (150)를 지정한다.

소스라인 19 : 스크롤바의 위치를 지정한다.

소스라인 21-23 : 수평 스크롤바 객체를 생성하고 가로, 세로 크기와 위치를 지정한다.

소스라인 25-26 : 스크롤바를 프레임에 추가한다.

소스라인 28-29 : 프레임의 크기를 지정하고 프레임을 화면에 표시한다.

10.18 Dialog 만들기

Dialog는 메시지 창을 만들 때 사용한다. Dialog는 컨테이너이기 때문에 Label이나 Button을 추가할 수 있으나, 하나의 프레임을 부모로 지정해서 그 프레임 내에 표시해야 한다. 반드시 사용자의 응답을 필요로 하는 경우는 "modal"을 지정해야 하며, BorderLayout이 기본 레이아웃 관리자이다.

Dialog의 생성자와 메소드	기능
Dialog(Frame parent, String title, boolean modal)	다이얼로그 객체를 생성한다. parent : 다이얼로그가 소속되는 프레임, title : 다이얼로그 제목, modal : 필수 응답 여부.
Dialog(Frame parent, String title)	modal의 기본값이 false인 다이얼로그 객체를 생성한다.
void setVisible(boolean b)	다이얼로그가 화면에 보이게 한다.
void dispose()	다이얼로그를 안보이게 한다. 메모리에서도 삭제한다.
String getTitle()	다이얼로그 제목을 반환한다.
void setModal(boolean b)	modal을 설정한다.
void setResizable(boolean b)	다이얼로그의 크기의 변경 가능, 불가능을 지정한다.

다음 프로그램을 보자.

소스코드
DialogTest.java

```
01 import java.awt.*;
02 import java.awt.event.*;
03
04 class DialogTest {
05
06     public static void main( String[] args ) {
07
08         Frame f = new Frame( "프레임" );
09         f.setLayout( null );
10
11         f.addWindowListener( new WindowAdapter() {
12             public void windowClosing( WindowEvent e ) {
13                 System.exit( 0 );
```

```
14              }
15          });
16
17          Dialog d = new Dialog( f, "메시지 창", true );
18          d.setSize( 140, 100 );
19          d.setLocation( 50, 50 );
20          d.setLayout( new FlowLayout() );
21
22          Label l = new Label ( "버튼을 클릭하세요", Label.CENTER );
23          Button b = new Button( "확인" );
24
25          d.add( l );
26          d.add( b );
27
28          f.setSize( 300, 200 );
29          f.setVisible( true );
30          d.setVisible( true );
31      }
32 }
```

다이얼로그 객체를 생성한다. f : 부모 프레임 객체, "메시지 창" : 창의 제목, true : 모달 지정

레이블과 버튼 객체를 생성한다.

다이얼로그 창에 레이블과 버튼 객체를 추가한다.

프레임과 다이얼로그 창을 출력한다.

실행 결과

소스 해설

화면에 표시된 다이얼로그 창은 현재 이벤트가 설정되어 있지 않아 없어지지 않는다. 콘솔 창에서 Ctrl + C 키를 누르거나, 윈도우에서 Ctrl + Alt + Del 키를 누른 후 작업 관리자 창에서 java.exe를 클릭하면 된다. 다음 장에서 이벤트 (Event)를 배우면 이 문제는 해결된다.

소스라인 17 : Dialog 객체를 만든다. Dialog(부모 프레임 객체, 다이얼로그 창의 제목, 모달 여부)의 형식으로 사용한다.

소스라인 18-19 : Dialog의 크기와 위치를 지정한다.

소스라인 20 : Dialog의 기본 레이아웃 관리자는 BorderLayout이나 여기서는 FlowLayout을 지정한다.

소스라인 22-23 : Label과 Button 객체를 생성한다.

소스라인 25-26 : 레이블과 버튼을 다이얼로그에 추가한다.

소스라인 29-30 : 프레임과 다이얼로그를 표시한다.

10.19 FileDialog 만들기

FileDialog는 파일을 탐색하는 창을 의미한다. FileDialog는 Dialog의 일종으로 Dialog와 거의 유사하며, 파일 열기나 파일 저장 작업을 할 때 사용되기 때문에 파일 관련 작업을 위한 메소드들이 제공된다.

FileDialog의 생성자와 메소드	기능
FileDialog(Frame parent, String title, int mode)	파일 다이얼로그 객체를 생성한다. parent : 파일 다이얼로그가 표시될 프레임. title : 파일 다이얼로그 제목. mode : FileDialog.LOAD나 FileDialog.SAVE를 지정.
FileDialog(Frame parent, String title)	mode의 기본값이 FileDialog.LOAD인 파일 다이얼로그 객체를 생성한다.
String getFile()	파일 다이얼로그에 의해 선택된 파일 이름을 반환한다.
String getDirectory()	파일 다이얼로그에 의해 선택된 파일의 경로를 반환한다.
void setFile(String file)	파일 다이얼로그에 file을 설정한다.
void setDirectory(String str)	파일 다이얼로그에 str 디렉토리를 설정한다.

다음 프로그램을 보자.

소스코드
DialogTest.java

```
01 import java.awt.*;
02 import java.awt.event.*;
```

```
03
04 class FileDialogTest {
05
06   public static void main( String[] args ) {
07
08       Frame f = new Frame( "프레임" );
09       f.setLayout( null );
10
11       f.addWindowListener( new WindowAdapter() {
12          public void windowClosing( WindowEvent e ) {
13              System.exit( 0 );
14          }
15       });
16
17       FileDialog fd = new FileDialog( f, "파일 열기", FileDialog.LOAD );
18
19       f.setSize( 300, 200 );
20       f.setVisible( true );
21
22       fd.setDirectory( "C:\\myjava" );
23       fd.setVisible( true );
24   }
25 }
```

파일 다이얼로그 객체를 생성한다. f : 부모 프레임 객체, "파일 열기" : 창의 제목, FileDialog.LOAD : 파일 열기 창 지정

파일을 열 디렉토리를 지정하고 파일 다이얼로그 창을 표시한다.

실 행 결 과

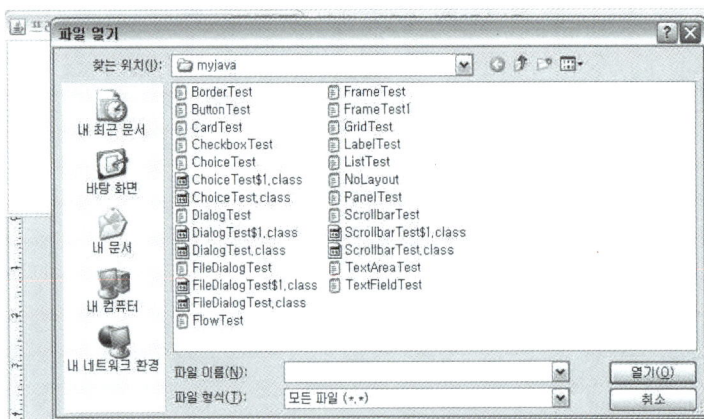

소스해설

소스라인 17 : 파일 다이얼로그 객체를 생성한다. FileDialog(부모 프레임 객체, 다이얼로그 창의 제목, FileDialog.LOAD나 FileDialog.SAVE) 형식으로 사용한다. 파일 저장 창을 만들 때는 3번째 인수를 FileDialog.SAVE로 지정한다.

소스라인 19-20 : 파일 다이얼로그가 소속될 프레임의 크기를 지정하고 프레임을 화면에 표시한다.

소스라인 22 : setDirectory() 메소드로 파일을 탐색할 디렉토리를 지정한다.

소스라인 23 : 파일 다이얼로그 창이 보이게 한다.

10.20 Menu 만들기

메뉴를 만들기 위해서는 MenuBar, Menu, MenuItem과 같은 클래스를 사용해야 한다. 이들의 의미는 다음과 같다.

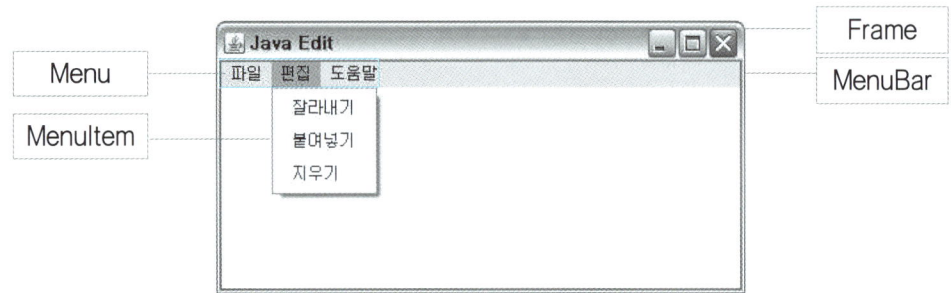

MenuItem을 각기 소속 Menu에 추가한 후, Menu 전체를 MenuBar에 추가한다. 이후 MenuBar를 Frame에 추가해서 Frame을 표시한다. 다음 프로그램을 보자.

소스코드
MenuTest.java

```
01  import java.awt.*;
02  import java.awt.event.*;
03
04  class MenuTest {
05
06    public static void main( String[] args ) {
07
08      Frame f = new Frame( "Java Edit" );
09
10      f.addWindowListener( new WindowAdapter() {
11         public void windowClosing( WindowEvent e ) {
12            System.exit( 0 );
13         }
14      });
15
16      MenuBar bar = new MenuBar();
17
18      Menu file = new Menu( "파일" );
19      Menu edit = new Menu( "편집" );
```

> 메뉴바 객체를 생성한다. 나중에 여기에 메뉴 항목이 아닌 메뉴를 붙인다.

> 3개의 메뉴 객체를 생성한다. 나중에 여기에 메뉴 항목을 붙인다.

```java
20      Menu helpMenu = new Menu( "도움말" );
21
22      MenuItem open = new MenuItem( "열기" );
23      MenuItem save = new MenuItem( "저장" );
24      MenuItem print = new MenuItem( "인쇄" );
25      MenuItem exit = new MenuItem( "종료" );
26
27      file.add( open );
28      file.add( save );
29      file.addSeparator();
30      file.add( print );
31      file.addSeparator();
32      file.add( exit );
33
34      edit.add( new MenuItem( "잘라내기" ));
35      edit.add( new MenuItem( "붙여넣기" ));
36      edit.add( new MenuItem( "지우기" ));
37
38      helpMenu.add( new MenuItem( "도움말 항목" ));
39      helpMenu.addSeparator();
40      helpMenu.add( new MenuItem( "Java Edit 정보" ));
41
42      bar.add( file );
43      bar.add( edit );
44      bar.add ( helpMenu );
45
46      f.setMenuBar( bar );
47      f.setSize( 300, 200 );
48      f.setVisible( true );
49    }
50 }
```

- 22~25: "파일" 메뉴 객체에 붙일 메뉴 항목 객체를 생성한다.
- 27~32: "파일" 메뉴 객체에 메뉴 항목 객체를 추가한다.
- 34~36: "편집" 메뉴 객체에 붙일 메뉴 항목 객체를 생성하고 "편집" 메뉴에 추가한다. 생성과 추가의 2개 작업을 하고 있다.
- 38~40: "도움말" 메뉴 객체에 붙일 메뉴 항목 객체를 생성하고 "도움말" 메뉴에 추가한다. 생성과 추가의 2개 작업을 하고 있다.
- 42~44: 메뉴바에 3개의 메뉴를 추가한다.
- 46: 프레임에 메뉴바를 추가한다.

실행결과

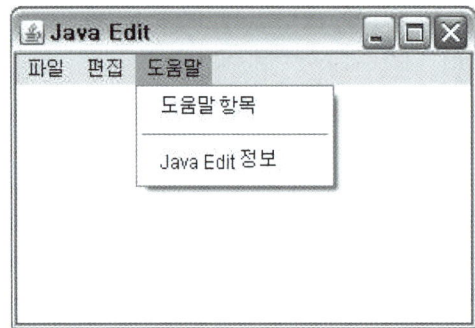

소스해설

소스코드를 전체적으로 보면 16번 라인에서 메뉴 바를 만들고, 42-44 라인에서 파일, 편집, 도움말 메뉴들을 메뉴 바에 추가한 후, 46번 라인에서 메뉴 바를 프레임에 추가하고 있다. 이것이 메뉴 사용의 핵심 틀이다.

소스라인 16 : 메뉴 바 객체를 만든다.

소스라인 18-20 : 3개의 메뉴 객체를 만든다.

소스라인 22-25 : 파일 메뉴에 표시될 메뉴 항목 객체를 만든다.

소스라인 27-32 : 파일 메뉴에 메뉴 항목을 추가한다. addSeparator() 메소드를 사용하면 메뉴 항목 사이에 구분선을 표시할 수 있다.

소스라인 34-36 : 편집 메뉴에 메뉴 항목들을 생성해서 추가한다.

소스라인 38-40 : 도움말 메뉴에 메뉴 항목들을 생성해서 추가한다.

소스라인 42-45 : 메뉴 바에 메뉴들을 추가한다.

소스라인 46 : 프레임에 메뉴 바를 추가한다.

소스라인 47-48 : 프레임의 크기를 지정하고 프레임을 화면에 표시한다.

이 장의 요점

- AWT는 자바에 포함되어 있는 패키지(java.awt) 이름이다. "Abstract Window Toolkit" 즉, "추상 윈도우 툴킷"이다. 실제로는 AWT 패키지 내의 여러 가지 클래스들을 의미한다. 그 클래스들을 이용해서 GUI 요소들을 만들 수 있다.

- AWT가 제공하는 클래스는 크게 보면 Component(컴포넌트)와 Container(컨테이너)로 구분된다. 컴포넌트는 버튼, 목록, 레이블 등 GUI를 구성하는 부품 역할을 하는 클래스라는 뜻이다. 컨테이너는 컴포넌트를 담는 그릇 역할을 하는 클래스들이다.

- AWT 클래스들은 다음과 같은 상속 관계를 가지고 있다.

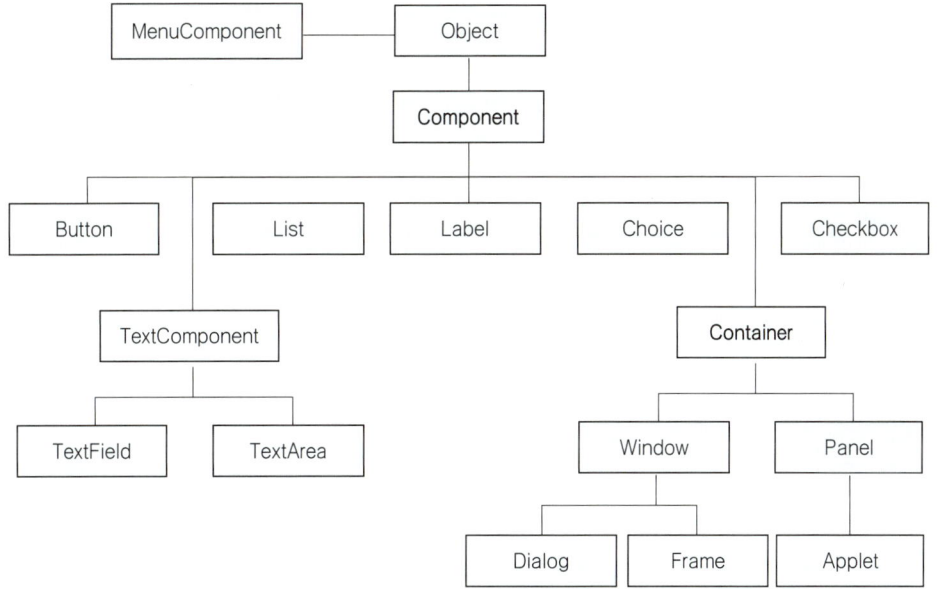

- Panel은 작은 컨테이너 역할을 하며 반드시 더 큰 컨테이너인 Frame에 추가해서 사용해야 한다.

- 컨테이너 내의 컴포넌트는 BorderLayout, FlowLayout, GridLayout, CardLayout 등으로 자동 배치할 수 있다.

- 컨테이너는 기본 레이아웃 관리자가 지정되어 있으나 기본 레이아웃 관리자를 해제하거나, 다른 레이아웃 관리자를 지정할 수 있다.

Chapter 11

Event

AWT 패키지 내의 클래스들을 이용해서 버튼, 목록, 텍스트 상자 등의 GUI를 만들고, 그 컴포넌트들을 클릭하거나 드래그했을 때 그에 알맞은 작업이 실행되려면, 컴포넌트에 Event 코드를 등록해야 한다. 즉, Event 코드가 있어야 완전하게 그래픽 컴포넌트로써 기능을 하게 되는 것이다. 이 장에서는 GUI 컴포넌트에 Event 코드를 적용하는 방법을 살펴본다.

11.1 Event를 위한 클래스와 메소드

이벤트를 처리하기 위해서는 Listener라는 클래스 그룹을 사용하며, Listener 클래스 그룹을 사용하려면 java.awt.event 패키지를 임포트해야 한다. 또한 Listener 클래스들은 인터페이스이기 때문에 implements로 상속을 받아 그 인터페이스가 제공하는 메소드를 재정의하는 방식으로 사용한다. GUI 컴포넌트가 다양하기 때문에 Listener 클래스들도 다양하게 제공된다.

Listener 클래스들	Listener 클래스 내의 메소드들
ActionListener	actionPerformed(ActionEvent ae)
ItemListener	itemStateChanged(ItemEvent ie)
MouseListener	mouseClicked(MouseEvent me) mousePressed(MouseEvent me) mouseReleased(MouseEvent me) mouseEntered(MouseEvent me) mouseExited(MouseEvent me)
MouseMotionListener	mouseDragged(MouseEvent me) mouseMoved(MouseEvent me)
KeyListener	keyTyped(KeyEvent ke) keyPressed(KeyEvent ke) keyReleased(KeyEvent ke)
FocusListener	focusGained(FocueEvent fe) foucsLost(FocueEvent fe)

Listener 클래스들	Listener 클래스 내의 메소드들
AdjustmentListener	adjustmentValueChanged(AdjustmentEvent ae)
ComponentListener	componentResized(ActionEvent ae) componentMoved(ActionEvent ae) componentShown(ActionEvent ae) componentHidden(ActionEvent ae)
WindowListener	windowOpend(WindowEvent we) windowClosing(WindowEvent we) windowClosed(WindowEvent we) windowIconified(WindowEvent we) windowDeiconified(WindowEvent we) windowActivated(WindowEvent we) windowDeactivated(WindowEvent we)
ContainerListener	componentAdded(ContainerEvent ce) componentRemoved(ContainerEvent ce)
TextListener	textValueChanged(TextEvent te)

컴포넌트 종류에 따라 이 Listener 클래스들 중 하나를 사용하게 된다. 컴포넌트별로 발생시키는 Event 종류와 그 Event를 처리할 Listener 클래스를 다시 요약하면 다음과 같다.

컴포넌트	Event의 종류	Listener 클래스
Button, TextField, List, MenuItem	ActionEvent	ActionListener
List, Choice, Checkbox, CheckboxMenuItem	ItemEvent	ItemListener
Window, Dialog, Frame	WindowEvent	WindowListener
Scrollbar	AdjustEvent	AdjustmentListener
All Component	MouseEvent	MouseListener MouseMotionListener
All Component	KeyEvent	KeyListener
All Component	FocusEvent	FocusListener
All Component	ComponentEvent	ComponentListener
Container, Window, Panel	ContainerEvent	ContainerListener
TextArea, TextField	TextEvent	TextListener

이벤트 관련 클래스들의 상속 계층도는 다음과 같다.

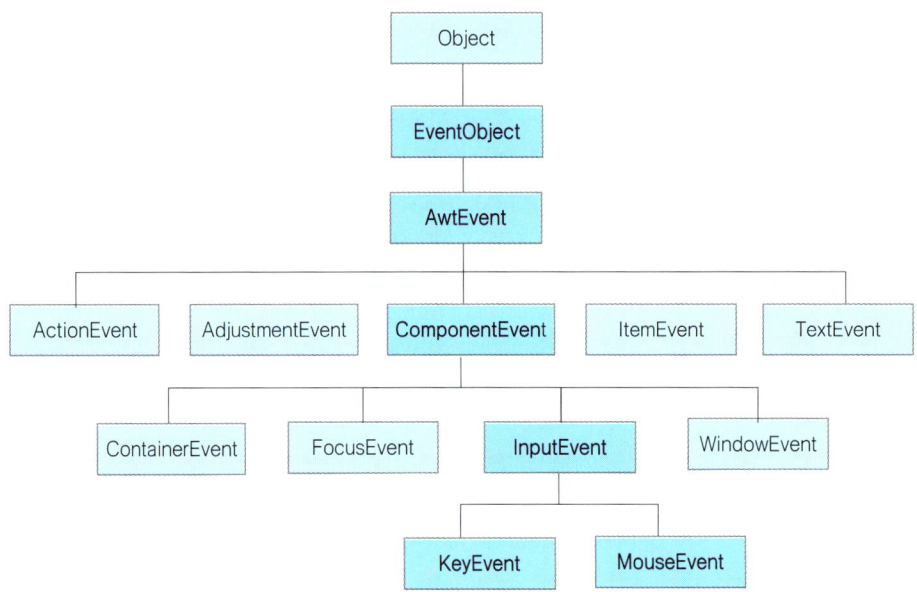

AwtEvent가 모든 이벤트 클래스의 조상이며 그 위에 EventObject 클래스가 있다는 것과 KeyEvent와 MouseEvent는 InputEvent의 자식이라는 것도 한번 봐둘 필요가 있다. 다른 경우도 마찬가지이지만 이벤트 클래스들의 상속 관계를 알아두어야 특정 메소드나 클래스 변수의 의미나 사용법을 자바 API 문서를 찾아볼 때 도움이 된다. 우리는 이장에서 자주 사용되는 이벤트들을 살펴볼 것이다.

11.2 ActionEvent 사용하기

ActionEvent는 다음과 같은 경우에 발생하는 이벤트이다.

① 버튼이나 메뉴를 클릭했을 때
② 텍스트 필드에 텍스트를 입력하고 Enter 키를 눌렀을 때
③ List에서 항목을 하나 클릭했을 때

버튼을 클릭하면 ActionEvent가 이벤트가 발생해서 "버튼을 눌렀습니다."라는 메시지를 표시하는 다음 프로그램을 보자.

소스코드
ButtonEvent.java

```
01  import java.awt.*;
02  import java.awt.event.*;
03
04  class ButtonEvent {
05
06      ButtonEvent() {
07
08          Frame frame = new Frame( "ActionEvent" );
09
10          frame.addWindowListener( new WindowAdapter() {
11              public void windowClosing( WindowEvent e ) {
12                  System.exit( 0 );
13              }
14          });
15
16          Button okButton = new Button( "OK" );
17          okButton.addActionListener( new OkButtonEventHandler() );
18
19          frame.setLayout( new FlowLayout() );
20          frame.add( okButton );
21
22          frame.setSize( 200, 100 );
23          frame.setVisible( true );
24
25      }
26
```

> Listener 클래스 그룹을 사용하기 위해 java.awt.event 패키지를 임포트한다.

> 이벤트를 발생시킬 버튼 객체를 만든 후, 버튼 이벤트를 처리할 핸들러 클래스의 객체를 만들어 addActionListener() 메소드로 버튼에 등록한다. 이제 버튼을 클릭하면 등록된 핸들러 클래스 내의 actionPerformed() 메소드가 실행된다.

```
27    class OkButtonEventHandler implements ActionListener {
28
29        public void actionPerformed( ActionEvent ae ) {
30            System.out.println( "버튼을 눌렀습니다." );
31        }
32
33    }
34
35    public static void main( String[ ] args ) {
36
37        ButtonEvent be = new ButtonEvent();
38
39    }
40
41 }
```

> 버튼을 클릭하면 실행될 핸들러 클래스이다. ActionListener 인터페이스를 상속 받아, actionPerformed() 메소드를 재정의한다.

실행결과

버튼을 눌렀습니다.

소스해설

이 프로그램을 실행시켜 프레임이 표시된 후 OK 버튼을 클릭하면 콘솔에 "버튼을 눌렀습니다"라는 메시지가 표시된다.

이 프로그램은 ButtonEvent라는 클래스와 OkButtonEventHandler라는 내부 클래스로 구성된다. ButtonEvent 클래스가 이벤트를 발생시키고, 내부 클래스인 OkButtonEventHandler 클래스가 이벤트를 처리(Handle)하고 있다. **이벤트를 처리하는 이런 클래스를 이벤트 핸들러라고 한다.**

소스라인 16 : 버튼 객체를 생성한다.

소스라인 17 : addActionListener() 메소드를 사용하여 버튼에서 ActionEvent가 발생했을 때, 즉 사용자가 버튼을 클릭했을 때 실행되어야 할 **이벤트 처리 클래스인 OkButtonEventHandler 클래스의 객체를 만들어 버튼에 등록한다.**

소스라인 27-33 : 이벤트를 처리할 OkButtonEventHandler 클래스를 정의하고 있다. 이 클래스는 인터페이스인 ActionListener를 상속받아 정의해야한다.

소스라인 29-31 : 인터페이스인 ActionListener에 정의되어 있는 actionPerformed() 메소드를 재정의한다. 이 메소드의 내용이 ActionEvent 발생 시 실행되는 작업의 전부이다.

이 경우 이벤트 처리는 다음과 같이 생각하면 간단하다.

❶ 이벤트를 발생시키는 클래스에서 할 일 : 이벤트를 처리할 클래스의 객체를 addxxxxListener() 형식의 메소드를 사용해서 해당 컴포넌트에 등록한다.

❷ 이벤트를 처리할 클래스에서 할 일 : xxxxListner 형식의 인터페이스를 상속받아 이벤트별로 필요한 메소드를 재정의해서 이벤트를 처리한다. (ActionEvent에서는 actionPerformed() 메소드가 사용되며 이 메소드가 실제 이벤트 핸들러의 핵심이다).

이번에는 텍스트 필드에서 ActionEvent를 사용하는 프로그램을 본다. 이 프로그램에서는 텍스트 필드에 이름을 입력하고 엔터키를 누르면 새로운 프레임이 화면에 나타나고, 새로운 프레임에 이름과 메시지가 표시된다. 또한 이 프로그램은 앞의 프로그램과 달리 이벤트 처리를 하는 핸들러 클래스를 별도로 구성하지 않고 하나의 클래스에서 모든 작업을 하는 경우를 보여주고 있다.

소스코드

TextFieldEvent.java

```
01  import java.awt.*;
02  import java.awt.event.*;
03
04  class TextFieldEvent implements ActionListener {
05
06      Frame frame;
07      TextField nameField;
08
09      TextFieldEvent() {
10
11          frame = new Frame( "TextField Event" );
12
13          frame.addWindowListener( new WindowAdapter() {
14              public void windowClosing( WindowEvent e ) {
15                  System.exit( 0 );
```

> 이 프로그램 전체를 구성하는 클래스이며, 이 클래스가 ActionListener 인터페이스를 상속받고 있다.

> 이름을 입력받는 프레임 객체인 frame을 생성한다.

```
16          }
17      });
18
19      nameField = new TextField( 15 );
20      nameField.addActionListener( this );
21
22      frame.setLayout( new FlowLayout() );
23      frame.add( new Label( "이름", Label.RIGHT ));
24      frame.add( nameField );
25
26      frame.setSize( 300, 70 );
27      frame.setVisible( true );
28  }
29
30  public void actionPerformed( ActionEvent ae ) {
31
32      String inputString = nameField.getText();
33      nameField.setText( "" );
34      anotherFrame( inputString );
35
36  }
37
38  public void anotherFrame( String inputName ) {
39
40      Frame frame1 = new Frame( "Another Frame" );
41
42      frame1.addWindowListener( new WindowAdapter() {
43          public void windowClosing( WindowEvent e ) {
44              System.exit( 0 );
45          }
46      });
47
48      frame1.setLayout( new FlowLayout() );
49      frame1.add( new Label( inputName + "님 안녕하세요!", Label.CENTER ));
50      frame1.setLocation( 400, 0 );
51      frame1.setSize( 400, 70 );
52      frame1.setVisible( true );
53
54  }
55
```

> frame에 추가할 텍스트 필드 객체를 생성한다. 텍스트 필드 객체에 이벤트를 처리할 핸들러 클래스를 등록하는데, 현재 이 클래스 자체에 actionPerformed() 메소드가 정의되어 있어 "이 클래스 자체"라는 의미로 "this"를 사용한다.

> 텍스트 필드를 표시할 첫 번째 프레임에 레이아웃 매니저를 지정하고 레이블과 텍스트 필드를 추가한다.

> actionPerformed() 메소드를 재정의하고 있다. 이름을 키보드에서 받아들이고, 다음 이름을 받아들이기 위해 텍스트 필드를 지운 후 anotherFrame에 이름을 넘겨주어 새로운 프레임이 표시되게 한다.

> 두 번째 프레임 객체를 생성하고 넘겨받은 이름과 문자열을 출력한다.

```
56      public static void main( String[] args ) {
57          TextFieldEvent tf = new TextFieldEvent();
58
59      }
60 }
```

실행결과

```
TextField Event                    _ □ X
    이름  이병재

Another Frame                      _ □ X
           이병재님 안녕하세요!
```

소스해설

이 프로그램은 04 라인부터 60 라인까지 TextFieldEvent라는 한 개의 클래스로 구성되었으며, 이 클래스가 ActionListener 인터페이스를 상속 받았다. 따라서 이벤트 처리를 위한 별도의 클래스를 구성할 때와 마찬가지로 30-36 라인에서 actionPerformed() 메소드를 정의하고 있으며, 20 라인에서는 버튼 이벤트를 등록할 때 이 클래스 자체를 등록해야 하므로 this를 사용하고 있다.

소스라인 04 : ActionListener를 상속받아 TextFieldEvent 클래스를 정의한다.

소스라인 20 : nameField에 이벤트 핸들러를 등록하는데, 이 클래스 자체가 actionPerformed() 메소드를 정의하고 있는 이벤트 핸들러이므로 "이 클래스 자체"라는 의미로 this를 사용하고 있다.

소스라인 30-36 : 텍스트 필드에서 엔터키가 눌려졌을 때 실제적인 이벤트 처리 작업을 하는 actionPerformed() 메소드를 정의하고 있다. nameField에 입력된 이름을 변수 inputString에 저장하고 nameField를 지운 후, anotherFrame()이라는 메소드를 호출하면서 이름을 인수로 전달한다.

소스라인 38-54 : 새로운 프레임을 만들고 프레임에 이름과 메시지를 추가해서 화면에 표시하는 메소드이다. actionPerformed() 메소드 내에 모두 기술하면 너무 복잡해져 별도의 메소드로 구성한 것이다.

11.3 ItemEvent 사용하기

List, Choice, Checkbox와 같은 컴포넌트는 ItemEvent를 발생시킨다. ItemEvent를 처리하기 위해서는 ItemListener 인터페이스를 상속받아 itemStateChanged()라는 메소드를 재정의해야 한다.

다음 프로그램은 List에서 발생한 ItemEvent를 처리하는 예를 보여주고 있다. List에 항목들이 표시되고 항목을 하나 클릭하면 그 항목이 아래의 텍스트 필드에 표시된다. 텍스트 필드는 편집이 불가능하게 설정되어 표시된 내용을 수정할 수 없다.

소스코드
ListEvent.java

```
01 import java.awt.*;
02 import java.awt.event.*;
03
04 class ListEvent implements ItemListener {        // ItemListener 인터페이스를 상속받는다.
05
06     Frame fr;
07     TextField tf;
08     List li;
09
10     ListEvent() {
11
12         fr = new Frame( "List Event" );
13
14         fr.addWindowListener( new WindowAdapter() {
15             public void windowClosing( WindowEvent e ) {
16                 System.exit( 0 );
17             }
18         });
19
20         tf = new TextField( 10 );                 // 리스트에서 선택된 항목을 표시할 텍스트 필드 객체를 생성한다.
21
22         li = new List();
23         li.add( "자바" );                          // 리스트 객체를 생성하고 리스트에 나열될 4개의 항목을 추가한다.
24         li.add( "자바스크립트" );
25         li.add( "안드로이드" );
26         li.add( "워드프레스" );
```

```
27
28          li.addItemListener( this );
29
30          fr.add( li, "Center" );
31          fr.add( tf, "South" );
32
33          fr.setSize( 200, 150 );
34          fr.setVisible( true );
35      }
36
37      public void itemStateChanged( ItemEvent ie ) {
38
39          String item = li.getSelectedItem();
40          tf.setText( item );
41          tf.setEditable( false );
42      }
43
44      public static void main( String[] args ) {
45
46          ListEvent le = new ListEvent();
47
48      }
49
50  }
```

28: 이 클래스 자체(this)를 리스트 객체의 이벤트 핸들러로 등록한다.

30-31: 프레임에 리스트와 텍스트 필드를 배치한다.

37: 리스트의 항목 중 하나가 클릭되었을 때 실행할 작업을 정의한다.

39-41: 리스트에서 선택된 항목을 텍스트 필드에 추가하고 편집이 불가능하게 설정한다.

실행결과

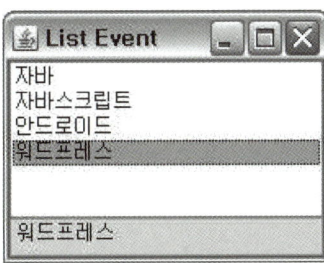

소스해설

소스라인 04-50 : List에서 발생하는 ItemEvent를 처리하기 위해 ItemListener 인터페이스를 상속받아 ListEvent라는 클래스를 정의한다.

소스라인 37-41 : ItemListener 인터페이스가 제공하는 itemStateChanged() 메소드를 재정의한다. 이 메소드에 이벤트가 발생했을 때 해야 할 작업을 기술해야 한다.

소스라인 12 : List 객체를 표시할 프레임 객체를 생성한다.

소스라인 20 : 10개의 문자를 표시할 수 있는 텍스트 필드 객체를 생성한다.

소스라인 22-26 : List 객체를 생성하고 List에 표시될 항목을 4개 추가한다.

소스라인 28 : 이벤트를 처리할 객체를 addItemListener() 메소드로 List 객체에 등록한다. 이벤트를 처리할 객체가 이 클래스 자체이므로 this를 지정하고 있다.

소스라인 37-42 : itemStateChanged() 메소드를 재정의한다.

소스라인 39 : getSelectedItem() 메소드로 List에서 선택된(클릭된) 항목을 가져와 변수 item에 저장한다.

소스라인 40 : 텍스트 필드에 item 변수의 값을 표시(설정)한다.

소스라인 41 : 텍스트 필드에 표시된 내용을 수정할 수 없게 지정하며 그에 따라 텍스트 필드가 회색으로 표시된다.

이번에는 Checkbox를 대상으로 ItemEvent를 처리하는 프로그램을 보자. 이 프로그램을 실행시키면 색을 지정하는 3개의 라디오 버튼이 표시되고 버튼을 클릭하면 아래의 텍스트 필드의 배경이 선택된 색으로 채워진다.

소스코드
ListEvent.java

```
01 import java.awt.*;
02 import java.awt.event.*;
03
04 class CheckboxEvent implements ItemListener {     ItemListener 인터페이스를
                                                     상속받는다.
05
06        Frame fr;
07        CheckboxGroup cbGroup;
```

```
08      Checkbox cbYellow;
09      Checkbox cbGreen;
10      Checkbox cbPink;
11      TextField tf;
12
13      CheckboxEvent() {
14
15          fr = new Frame( "CheckBoxEvent" );
16
17          fr.addWindowListener( new WindowAdapter() {
18              public void windowClosing( WindowEvent e ) {
19                  System.exit( 0 );
20              }
21          });
22
23          cbGroup = new CheckboxGroup();
24          cbYellow = new Checkbox("Yellow", cbGroup, false);
25          cbGreen = new Checkbox("Green", cbGroup, false);
26          cbPink = new Checkbox("Pink", cbGroup, false);
27
28          cbYellow.addItemListener( this );
29          cbGreen.addItemListener( this );
30          cbPink.addItemListener( this );
31
32          Panel pn = new Panel();
33          pn.add(cbYellow);
34          pn.add(cbGreen);
35          pn.add(cbPink);
36
37          tf = new TextField("클릭하면 여기에 색상이 표시됩니다");
38
39          fr.add(pn, "North");
40          fr.add(tf, "South");
41          fr.setSize(300, 200);
42          fr.setVisible(true);
43
44
45
46      public void itemStateChanged(ItemEvent ie) {
47
```

```
48                Object o = ie.getSource();
49
50                    if(o == cbYellow) {
51                        tf.setBackground(Color.yellow);
52                    } else if (o == cbGreen) {
53                        tf.setBackground(Color.green);
54                    } else {
55                        tf.setBackground(Color.pink);
56                    }
57            }
58
59            public static void main(String args[ ]) {
60                    CheckboxEvent ce = new CheckboxEvent();
61            }
62 }
```

> getSource()는 체크된 체크박스 객체의 이름 정보를 반환한다.

> 체크된 체크박스 객체를 구분하여 텍스트 필드에 알맞은 배경색을 설정헌다.

실행결과

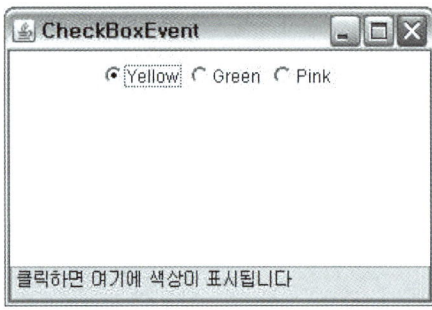

소스해설

이 프로그램의 대부분은 이전 프로그램과 거의 동일하다. 여기서 살펴볼 코드는 46-57 라인의 itemStateChanged(ItemEvent ie) 메소드이다. 체크박스를 체크하면 실행되는 이 메소드는 ie에 이벤트에 관한 정보가 전달되며 ie.getSource() 명령문을 사용하면 이벤트가 발생한 객체의 이름을 얻을 수 있다. getSource() 메소드는 EventObject 클래스에 정의되어 있어 모든 이벤트에서 사용할 수 있는 유용한 메소드이다.

11.4 WindowEvent 사용하기

WindowEvent는 윈도우의 특성 상 여러 가지 이벤트가 있다. 윈도우가 닫히거나, 최소화 또는 최대화될 수도 있고, 윈도우가 활성화, 비활성화될 수도 있다. WindowEvent는 WindowListener 인터페이스를 상속받아 처리하는데, 이벤트의 종류가 많다보니 7개의 메소드를 재정의해야 한다. WindowListener가 제공하는 7개의 메소드를 재정의한 다음의 프로그램을 실행시키고 화면에 표시되는 윈도우의 버튼들을 클릭해보자.

소스코드
WindowEventTest.java

```java
01  import java.awt.*;
02  import java.awt.event.*;
03
04  class WindowEventTest implements WindowListener {      // WindowListener 인터페이스를 상속받는다.
05
06      Frame f;
07
08      public WindowEventTest() {
09
10          f = new Frame( "WindowEvent Test" );
11          f.addWindowListener( this );                    // 이 클래스 자체(this)를 윈도 이벤트 핸들러로 등록한다.
12
13          f.setSize( 300, 200 );
14          f.setVisible( true );
15
16      }                                                    // 7개의 메소드를 재정의한다.
17
18      public void windowActivated( WindowEvent we ) {   ❶
19          System.out.println( "window Activated!" );
20      }
21
22      public void windowClosed( WindowEvent we ) {      ❷
23          System.out.println( "window Closed!" );
24      }
25
26      public void windowClosing( WindowEvent we ) {     ❸
27          System.out.println( "window Closing!" );
28          System.exit( 0 );
```

```
29      }
30
31      public void windowDeactivated( WindowEvent we ) {    ❹
32          System.out.println( "window Deactivated!" );
33      }
34
35      public void windowDeiconified( WindowEvent we ) {    ❺
36          System.out.println( "window Deiconified!" );
37      }
38
39      public void windowIconified( WindowEvent we ) {    ❻
40          System.out.println( "window Iconified!" );
41      }
42
43      public void windowOpened( WindowEvent we ) {    ❼
44          System.out.println( "window Opened!" );
45      }
46
47      public static void main( String[] args ) {
48          WindowEventTest wet = new WindowEventTest();
49      }
50  }
```

실행결과

```
window Activated!
window Opened!
window Iconified!
window Deactivated!
window Deiconified!
window Activated!
window Closing!
```

소스해설

윈도우의 버튼들을 클릭해보면 그에 따른 이벤트가 발생해서 알맞은 메시지가 콘솔에 출력된다. 04 라인에서 WindowListener 인터페이스를 상속해서 WindowEventTest라는 클래스를 정의하는데 이 인터페이스는 7개의 메소드를 제공하기 때문에 7개의 메소드를 모두 재정의하고 있다. 11 라인에서는 addWindowListener() 메소드로 이 클래스 자체를 이벤트 핸들러로 등록했다.

WindowAdapter 사용하기

우리는 지금까지 이벤트를 처리하기 위해서 인터페이스인 Listener를 상속 받아 사용했다. 그런데 앞의 윈도우 이벤트의 경우 WindowListener 인터페이스를 사용하려면 무려 7개의 메소드를 재정의해야 한다. 그 메소드들 중 1개만 사용하려 해도 항상 7개의 메소드를 재정의해야 하는 불편함이 있다. 그런 불편을 해소시켜 주는 것이 Adapter 클래스이다. **Adapter는 인터페이스가 아니라 클래스이며 Adapter 클래스를 상속하면 7개 메소드 중에서 현재 필요한 메소드만 재정의 하면 된다.** 다음 프로그램을 보자.

소스코드
WindowAdapterTest.java

```
01  import java.awt.*;
02  import java.awt.event.*;
03
04  class WindowAdapterTest extends WindowAdapter {     // WindowAdapter 클래스를 상속받는다.
05      Frame f;
06
07      public WindowAdapterTest() {
08          f = new Frame( "WindowEvent Test" );
09          f.addWindowListener( this );
10
11          f.setSize( 300, 200 );
12          f.setVisible( true );
13      }
14
15      public void windowClosing( WindowEvent we ) {
16          System.out.println( "window Closing!" );
17          System.exit( 0 );
18      }                                                // 필요한 2개의 메소드만 재정의한다.
19
20      public void windowActivated( WindowEvent we ) {
21          System.out.println( "window Activated!" );
22      }
23
24      public static void main( String[] args ) {
25          WindowAdapterTest wet = new WindowAdapterTest();
26      }
27  }
```

실행결과

window Activated!

소스해설

04 라인에서 WindowAdapter 클래스를 extends로 상속받고 있으며, 15라인과 20 라인에서 2개의 필요한 메소드만 재정의하고 있다. 참고로 Adapter 클래스를 사용하면 이렇게 필요한 메소드만 재정의하면 되지만, 실제로 프로그램을 작성해보면 결국 7개의 메소드를 모두 기억하고 있어야 하기 때문에 Listener 인터페이스를 사용하는 것도 괜찮은 방법이다.

Listener를 대신할 수 있는 Adapter 클래스의 종류는 다음과 같다.

Listener	Adapter
ComponentListener	ComponentAdapter
ContainerListner	ContainerAdapter
WindowListener	WindowAdapter
MouseListener	MouseAdapter
MouseMotionListener	MouseMotionAdapter
KeyListener	KeyAdapter
FocusListener	FocusAdapter

이런 Adapter 클래스들은 특별한 기능을 가진 것이 아니라, 인터페이스인 Listener의 메소드들을 형식적으로만 완성해놓은 것에 불과하다. 예를 들어, WindowListener의 경우 인터페이스이기 때문에 아래와 같이 메소드의 형식만 정의되어 있다.

  public void windowActivated(WindowEvent we)

그러나 WindowAdapter에서는 클래스이기 때문에 메소드의 실행부를 { }만으로 구성하여 빈 메소드라도 형식적으로 완전하게 작성을 해둔 것이다.

  public void windowActivated(WindowEvent we) { }

자바에서 정의되는 클래스와 인터페이스의 형식상의 차이를 응용한 것이다.

11.5 MouseEvent 사용하기

마우스 이벤트는 2가지가 있다. 첫 번째는 마우스로 특정 컴포넌트를 클릭하거나, 마우스 포인터가 특정 컴포넌트 영역에 들어가거나, 컴포넌트 영역을 벗어나는 등의 이벤트가 있다. 이런 이벤트는 인터페이스인 MouseListner를 상속해서 처리한다. MouseListener는 5개의 메소드를 정의하고 있다.

둘째는 마우스의 왼쪽 버튼을 클릭한 상태에서 드래그하거나, 마우스 커서를 이리저리 움직이는 등의 이벤트이다. 이 경우에는 인터페이스인 MouseMotionListener를 상속해서 처리를 한다. MouseMotionListener는 2개의 메소드를 정의하고 있다.

MouseListner 사용하기

먼저 MouseListner를 사용하는 경우를 보자. 다음 프로그램을 실행시키고 마우스 포인터를 버튼 위로 올리거나, 내리거나, 버튼을 클릭하면 버튼 위에 알맞은 메시지가 표시된다.

소스코드
MouseEventTest.java

```
01  import java.awt.*;
02  import java.awt.event.*;
03
04  class MouseEventTest implements MouseListener {
05      Frame f;
06      Button b;
07
08      public MouseEventTest() {
09
10          f = new Frame( "Mouse Event" );
11
12          f.addWindowListener( new WindowAdapter() {
13              public void windowClosing( WindowEvent e ) {
14                  System.exit( 0 );
15              }
16          });
17
18          f.setLayout( null );
19
20          b = new Button( "BUTTON" );
```

> MouseListener 인터페이스를 상속받는다.

> 버튼 객체를 생성한다.

```
21      b.addMouseListener( this );          마우스 이벤트를 처리하는 핸들러로 이 클래스
22      b.setSize( 125, 50 );                자체(this)를 버튼에 등록한다.
23      b.setLocation( 100, 75 );
24
25      f.add( b );
26      f.setSize( 300, 200 );
27      f.setVisible( true );
28    }
29                        5개의 메소드를 재정의한다.
30    public void mouseClicked( MouseEvent me ) {    ❶
31        b.setLabel("Mouse Clicked!");
32    }
33
34    public void mouseEntered( MouseEvent me ) {    ❷
35        b.setLabel("Mouse Entered!");
36    }
37
38    public void mouseExited( MouseEvent me ) {     ❸
39        b.setLabel("Mouse Exited!");
40    }
41
42    public void mousePressed( MouseEvent me ) {    ❹
43        b.setLabel("Mouse Pressed!");
44    }
45
46    public void mouseReleased( MouseEvent me ) {   ❺
47         b.setLabel("Mouse Released!");
48    }
49
50    public static void main( String[] args ) {
51        MouseEventTest met = new MouseEventTest();
52    }
53 }
```

실행결과

소스해설

소스라인 04 : 마우스 이벤트를 처리하기 위해서 MouseListener 인터페이스를 상속받아 MouseEventTest 클래스를 정의한다.

소스라인 21 : addMouseListener() 메소드를 사용해서 버튼에 이벤트를 처리할 클래스를 등록한다. 이 클래스 자체라는 의미로 this를 사용하고 있다.

소스라인 30-48 : MouseListener에 정의되어 있는 5개의 메소드를 작성한다.

MouseMotionListener 사용하기

MouseMotionListener는 마우스의 움직임이나 드래그에 대한 이벤트를 처리한다. 다음 프로그램은 프레임에 마우스 이벤트를 등록해서 프레임 위에서 마우스를 움직이면 마우스 포인터의 좌표가 프레임에 표시된다.

소스코드
MouseMotionTest.java

```
01 import java.awt.*;
02 import java.awt.event.*;
03
04 class MouseMotionTest implements MouseMotionListener {
05
06     Frame f;
07     Label l;
08
```

> MouseMotionListener 인터페이스를 상속받는다.

```
09    public MouseMotionTest() {
10
11        f = new Frame( "WindowEvent Test" );
12
13        f.addWindowListener( new WindowAdapter() {
14            public void windowClosing( WindowEvent we ) {
15                System.exit( 0 );
16            }
17        });
18
19        f.addMouseMotionListener( this );
```
> 마우스 이벤트를 처리하는 핸들러로 이 클래스 자체(this)를 버튼에 등록한다.
```
20
21        l = new Label( "Mouse Position : " );
22        l.setSize( 200, 30 );
23        l.setLocation( 50, 100 );
24
25        f.add( l );
26        f.setLayout( null );
27        f.setSize( 300, 200 );
28        f.setVisible( true );
29    }
30
31    public void mouseDragged( MouseEvent me ) { }
32    public void mouseMoved( MouseEvent me ) {
```
> 2개의 메소드를 재정의한다.
> mouseDragged() 메소드는 비어 있어 드래그해도 이벤트가 발생하지 않는다.
```
33        l.setText( "Mouse Moved Position : (" + me.getX() + ", " + me.getY() + ")" );
34    }
35
36    public static void main( String[] args ) {
37        MouseMotionTest mmt = new MouseMotionTest();
38    }
39 }
```

실행결과

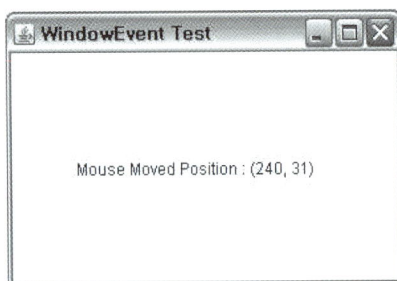

소스해설

소스라인 04 : MouseMotionListener를 상속받아 MouseMotionTest 클래스를 정의한다.

소스라인 19 : addMouseMotionListener() 메소드를 사용하여 프레임에 마우스 이벤트를 처리할 클래스를 등록한다. 이 클래스 자체가 이벤트 핸들러이기 때문에 this를 지정한다.

소스라인 31 : MouseMotionListener에 정의되어 있는 2개의 메소드 중 하나인 mouseDragged() 메소드를 정의한다. 여기서는 드래그 이벤트는 사용하지 않기 때문에 { }와 같이 메소드의 실행부를 빈 메소드로 정의했다.

소스라인 32-34 : 나머지 한 개의 메소드인 mouseMoved() 메소드를 정의한다. 프레임 위에서 마우스를 움직이면 마우스 포인터의 좌표를 표시하도록 정의하고 있다. getX() 메소드와 getY() 메소드는 마우스 포인터의 좌표를 반환하는 메소드이다.

MouseAdapter 사용하기

MouseAdapter도 WindowAdapter와 마찬가지로 단순히 MouseListener 인터페이스에 정의되어 있는 5개의 메소드를 형식적으로 완성해두어, 필요한 메소드만 재정의해서 사용할 수 있는 클래스이다. 다음 프로그램은 MouseAdapter의 사용 예를 보여준다. 이 프로그램은 프레임이 파란색으로 표시되는데, 버튼을 클릭하고 있는 동안은 프레임이 빨간색으로 변한다.

소스코드
MouseAdapterTest.java

```
01  import java.awt.*;
02  import java.awt.event.*;
03
04  class MouseAdapterTest extends MouseAdapter {     // MouseAdapter 클래스를 상속받는다.
05      Frame f;
06      Button b;
07
08      public MouseAdapterTest() {
09
10          f = new Frame( "MouseAdapter Test" );
11          f.addWindowListener( new WindowAdapter() {
12              public void windowClosing( WindowEvent e ) {
```

```
13              System.exit( 0 );
14          }
15       });
16
17       b = new Button( "확인" );
18       b.addMouseListener( this );
19       b.setSize( 70, 30 );
20       b.setLocation( 120, 80);
21
22       f.add( b );
23       f.setLayout ( null );
24       f.setSize( 300, 200 );
25       f.setBackground( Color.blue );
26       f.setVisible( true );
27    }
28
29    public void mousePressed( MouseEvent me ) {
30        f.setBackground( Color.red );
31    }
32
33    public void mouseReleased( MouseEvent me ) {
34        f.setBackground( Color.blue );
35    }
36
37    public static void main( String[] args ) {
38        MouseAdapterTest mat = new MouseAdapterTest();
39    }
40 }
```

> 이 클래스 자체(this)를 마우스 이벤트를 처리하는 핸들러로 버튼에 등록한다.

> 마우스 버튼을 누르는 동안 프레임의 배경이 빨간색으로 표시되게 메소드를 재정의한다.

> 마우스 버튼을 놓으면 프레임의 배경이 파란 색으로 표시되게 메소드를 재정의한다.

실 행 결 과

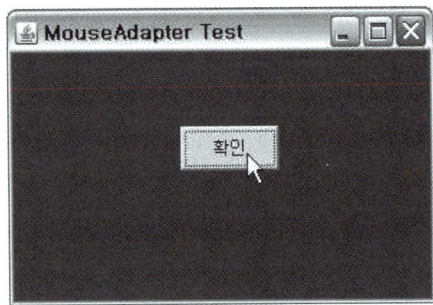

소스해설

소스라인 04 : MouseAdapter 클래스를 extends로 상속하여 MouseAdapterTest라는 클래스를 정의한다. 따라서 이제 필요한 메소드만 재작성하면 된다.

소스라인 18 : addMouseListener() 메소드를 사용해서 버튼에 이벤트를 처리할 클래스를 등록한다. 이 클래스 자체가 이벤트 핸들러이기 때문에 this를 지정하고 있다.

소스라인 29-31 : mousePressed() 메소드를 재정의한다. 이 메소드는 프레임을 빨간색으로 지정한다.

소스라인 33-35 : mouseReleased() 메소드를 재정의한다. 이 메소드는 프레임을 파란색으로 지정한다.

더블클릭 이벤트 사용하기

우리는 11.3절에서 ItemEvent를 배우면서 ListEvent.java 프로그램을 통해 리스트에 표시된 항목을 한번 클릭하면 그 아래의 텍스트 필드에 그 항목이 표시되는 것을 경험했다. 이제 그 프로그램을 수정해서 항목을 더블클릭해야 텍스트 필드에 해당 항목이 표시되도록 해보자.

소스코드
DoubleClick.java

```
01 import java.awt.*;
02 import java.awt.event.*;
03
04 class DoubleClick extends MouseAdapter {        MouseAdapter 클래스를 상속 받는다.
05
06     Frame fr;
07     TextField tf;
08     List li;
09
10     DoubleClick() {
11
12         fr = new Frame( "DoubleClick Event" );
13
14         fr.addWindowListener( new WindowAdapter() {
15             public void windowClosing( WindowEvent e ) {
16                 System.exit( 0 );
```

```
17            }
18        });
19
20        tf = new TextField( 10 );
21
22        li = new List();
23        li.add( "자바" );
24        li.add( "자바스크립트" );
25        li.add( "안드로이드" );
26        li.add( "워드프레스" );
27
28        li.addMouseListener( this );     이 클래스 자체(this)를 마우스 이벤트를 처리하는
                                           핸들러로 리스트에 등록한다.
29
30        fr.add( li, "Center" );
31        fr.add( tf, "South" );
32
33        fr.setSize( 200, 150 );
34        fr.setVisible( true );
35    }
36
37    public void mouseClicked( MouseEvent me ) {    mouseClicked() 메소드를 재정의한다.
38
39        if ( me.getClickCount() == 2 ) {           getClickCount() 메소드를 이용해 마우스
40            String item = li.getSelectedItem();    클릭 횟수를 검사한다. 더블클릭이면 해
41            tf.setText( item);                     당 항목을 텍스트 필드에 출력한다.
42        }
43    }
44
45    public static void main( String[] args ) {
46
47        DoubleClick dc = new DoubleClick();
48
49    }
50 }
```

실행결과

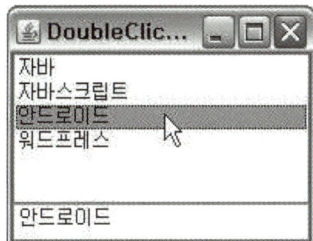

소스해설

소스라인 04 : MouseAdapter 클래스를 extends로 상속해서 DoubleClick 클래스를 정의한다.

소스라인 28 : addMouseListener() 메소드를 사용해서 List에 마우스 이벤트를 처리할 클래스를 등록한다.

소스라인 37-43 : mouseClicked() 메소드를 작성한다.

소스라인 39 : getClickCount() 메소드로 마우스 버튼의 클릭 횟수를 구해서 2번 클릭했는지를 검사한다. getClickCount() 메소드를 사용한다는 것이 핵심이다.

마우스 버튼 구별하기

마우스 버튼은 왼쪽, 오른쪽 2개가 있다. 이 2개의 버튼을 구분하는 방법을 보여주는 다음 프로그램을 보자.

소스코드
RightClick.java

```
01 import java.awt.*;
02 import java.awt.event.*;
03
04 class RightClick extends MouseAdapter {     MouseAdapter 클래스를 상속 받는다.
05
06     Frame frame;
07     TextField textField;
08
09     RightClick() {
10
```

```
11       frame = new Frame( "Mouse Event" );
12
13       frame.addWindowListener( new WindowAdapter() {
14          public void windowClosing( WindowEvent e ) {
15              System.exit( 0 );
16          }
17       });
18
19       frame.addMouseListener( this );
20
21       textField = new TextField(20);
22       frame.add( textField, "South" );
23
24       frame.setSize( 300, 200 );
25       frame.setVisible( true );
26    }
27
28    public void mousePressed( MouseEvent me ) {
29
30       if( me.getModifiers() == me.BUTTON3_MASK ) {
31          textField.setText( "오른쪽 마우스 버튼 클릭" );
32       } else if( me.getModifiers() == me.BUTTON1_MASK ) {
33          textField.setText( "왼쪽 마우스 버튼 클릭" );
34       }
35
36    }
37
38    public static void main( String[] args ) {
39       RightClick rc = new RightClick();
40    }
41 }
```

line 19: 이 클래스 자체(this)를 마우스 이벤트를 처리하는 핸들러로 프레임에 등록한다.

line 28: mousePressed() 메소드를 재정의한다.

line 30-34: 눌러진 마우스 버튼을 구분하여 메시지를 출력한다.

실 행 결 과

소스해설

소스라인 4 : MouseAdapter 클래스를 extends로 상속하여 RightClick 클래스를 정의한다.

소스라인 19 : addMouseListener() 메소드를 사용하여 프레임에 마우스 이벤트를 처리할 클래스를 등록한다.

소스라인 28-36 : mousePressed() 메소드를 재정의한다. getModifiers() 메소드는 MouseEvent의 부모 클래스인 InputEvent 클래스가 제공하는 메소드이다. 이 메소드는 마우스 오른쪽과 왼쪽 버튼을 구분하여 각기 다른 상수 값을 반환하며, 오른쪽 버튼은 BUTTON3_MASK, 왼쪽 버튼은 BUTTON1_MASK으로 정의되어 있다.

11.6 마우스 이벤트로 팝업 메뉴 만들기

일반적인 메뉴가 아닌 팝업 메뉴는 특정 객체 위에서 마우스의 오른쪽 버튼을 클릭하면 표시된다. 따라서 마우스 이벤트를 이용하면 팝업 메뉴를 만들 수 있다. 여기서는 프레임 위에서 마우스 오른쪽 버튼을 클릭하면 그 위치에 팝업 메뉴가 표시되는 프로그램을 만들어본다.

소스코드
PopupTest.java

```
01  import java.awt.*;
02  import java.awt.event.*;
03
04  class PopupTest extends MouseAdapter {
05
06      Frame frame;
07      PopupMenu pop;
08      MenuItem cut, paste, copy;
09
10      PopupTest() {
11
12          frame = new Frame( "Popup Menu" );
13
14          frame.addWindowListener( new WindowAdapter() {
15              public void windowClosing( WindowEvent we ) {
16                  System.exit(0);
```

```
17          }
18       });
19
20       frame.addMouseListener( this );         이 클래스 자체(this)를 마우스 이벤트를 처리하는
                                                 핸들러로 프레임에 등록한다.
21
22       pop = new PopupMenu( );         팝업 메뉴 객체를 생성한다.
23
24       cut = new MenuItem( "오려두기" );
25       paste = new MenuItem( "붙여넣기" );      메뉴의 항목 객체를 생성한다.
26       copy = new MenuItem( "복사하기" );
27
28       pop.add( cut );
29       pop.addSeparator();
30       pop.add( paste );                메뉴에 항목 객체를 추가한다.
31       pop.addSeparator();
32       pop.add( copy );
33
34       frame.add( pop );
35       frame.setSize( 300, 200 );       프레임에 메뉴를 추가하고 프레임의
                                          크기를 지정한 후 프레임을 출력한다.
36       frame.setVisible( true );
37    }
38
39    public void mousePressed( MouseEvent me ) {    mousePressed() 메소드를 재정의한다.
40
41       if( me.getModifiers() == InputEvent.BUTTON3_MASK ) {    오른쪽 버튼을 클릭했으면
42          pop.show( frame, me.getX(), me.getY() );             프레임의 해당 위치에 팝업
                                                                 메뉴를 표시한다.
43       }
44    }
45
46    public static void main( String[] args ) {
47       PopupTest pt = new PopupTest();
48    }
49 }
```

실행결과

소스해설

소스라인 07 : PopupMenu 객체를 선언한다.

소스라인 20 : addMouseListener() 메소드를 이용하여 프레임에 마우스 이벤트를 처리할 클래스를 등록한다.

소스라인 22 : PopupMenu 객체를 생성한다.

소스라인 39-44 : mousePressed() 메소드를 작성한다. getModifiers() 메소드로 클릭된 마우스 버튼의 정보를 얻으며, show() 메소드를 사용하여 프레임의 마우스 포인터 위치에 팝업 메뉴를 표시한다.

이 장의 요점

- Event에 따라 알맞은 처리를 하는 코드를 작성하기 위해서는 Listener를 상속받아야 한다. Listener는 인터페이스이며 이를 사용하기 위해서는 java.awt.event 패키지를 임포트해야 한다.

- 이벤트를 발생시키는 컴포넌트에서는 addxxxxListener() 메소드로 이벤트 발생 시 실행될 클래스의 객체를 등록한다.

- 이벤트를 처리할 클래스는 이벤트 핸들러(EventHandler)라고 하며, 알맞은 Listener 클래스를 상속받아 그 안의 메소드를 재정의해서 사용한다.

- Listener 인터페이스가 여러 개의 메소드를 가지고 있는 경우 그 메소드들을 모두 재정의해야 하는 불편을 해소하기 위해 Adapter 클래스가 제공된다.

- Adapter는 클래스이므로 extends로 상속 받아 사용하며 Listener와 달리 현재 필요한 메소드만 재정의해서 사용하면 된다.

- Listener 대신 사용할 수 있는 Adapter는 다음과 같다.

Listener	Adapter
ComponentListener	ComponentAdapter
ContainerListner	ContainerAdapter
WindowListener	WindowAdapter
MouseListener	MouseAdapter
MouseMotionListener	MouseMotionAdapter
KeyListener	KeyAdapter
FocusListener	FocusAdapter

Chapter 12

데이터 입출력

자바는 데이터 입출력을 위한 다양한 클래스들을 제공하고 있으며 이 클래스들은 java.io 패키지 내에 있다. 데이터를 입력하거나 출력한다는 것은 2개의 대상 사이에 데이터를 주고받는 흐름(스트림, Stream)이 생성되어야 하기 때문에 자바에서는 입출력 스트림이라는 용어를 사용한다. 이 장에서는 그런 스트림을 생성하는 클래스들 즉, 입출력을 실행하는 클래스들을 살펴본다.

12.1 입출력 클래스의 종류

입출력 클래스는 크게 다음과 같이 2가지로 구분할 수 있다.

❶ 바이트 기반 입출력 클래스 : 1 바이트 (8비트) 단위로 입출력을 한다.
  클래스 이름에 "Stream"이라는 단어가 있다.
❷ 문자 기반 입출력 클래스 : 2 바이트 (16비트) 단위로 입출력을 한다.
  클래스 이름에 "Reader"나 "Writer"라는 단어가 있다.

자바에서는 문자 타입을 의미하는 char형에 2 바이트가 할당된다는 것을 상기하자. 이 클래스들의 종류와 상속 구조를 보면 다음과 같다.

바이트 기반 입출력 클래스 (1 바이트 기반)

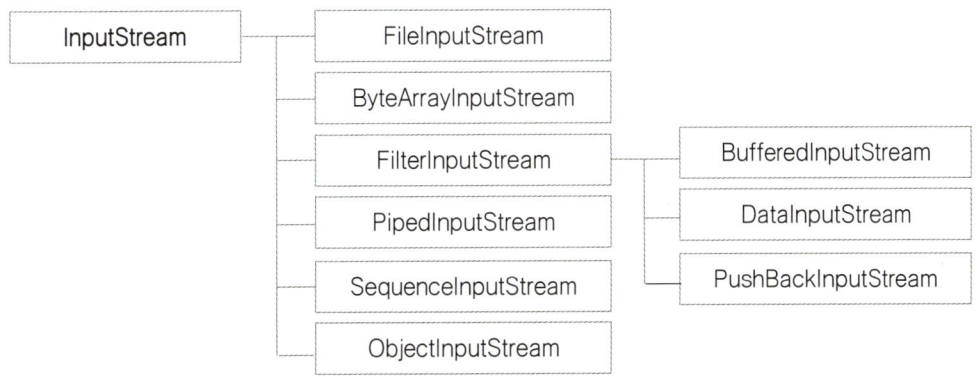

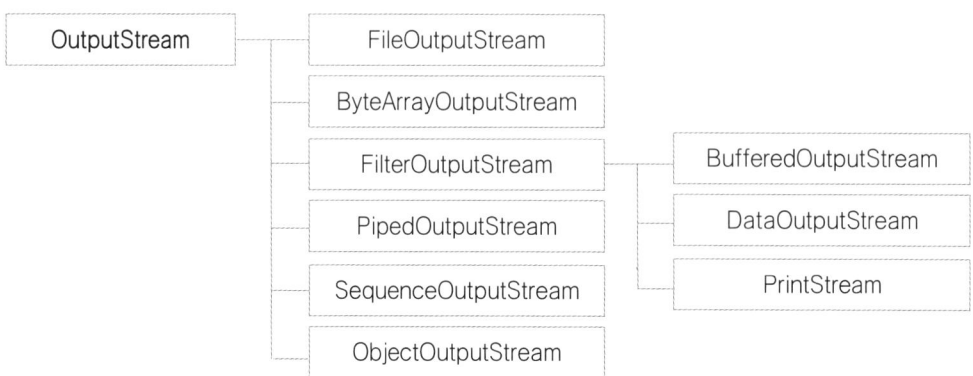

문자 기반 입출력 클래스 (2 바이트 기반)

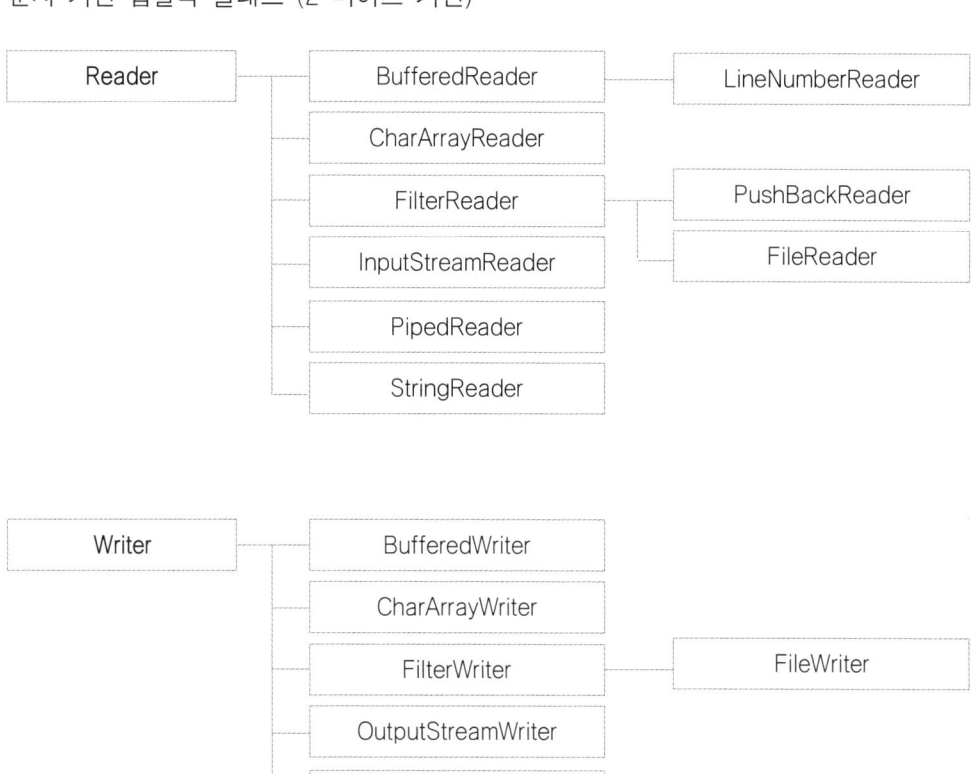

앞의 상속도를 보면 모든 바이트 기반 입출력 클래스의 조상은 "InputStream"과 "OutputStream"이며, 모든 문자 기반 입출력 클래스의 조상은 "Reader"와 "Writer"이다. 이 조상 클래스들에 정의되어 있는 메소드는 다음과 같다.

- InputStream과 OutputStream

InputStream의 메소드	기능
int available()	읽어올 수 있는 바이트 수를 반환한다.
void close()	입력 스트림을 닫고 연관 자원을 해제한다.
void mark(int readlimit)	현재의 위치를 표시해둔다. 나중에 reset()으로 돌아갈 수 있는 위치를 설정하며, readlimit은 돌아갈 수 있는 바이트 수를 설정한다.
boolean markSupported()	mark()와 reset()의 지원 여부를 알려준다.
abstract int read()	1 바이트를 읽어오며 읽은 바이트의 코드 값을 0-255 사이의 정수로 반환한다. 더 이상 읽을 바이트가 없으면 -1을 반환한다. 추상 메소드이며 하위 클래스에서 구현해서 사용한다.
int read(byte[] b)	배열 b의 크기만큼 바이트를 읽은 후, 읽은 바이트 수를 반환한다.
int read(byte[] b, int off, int len)	len개 바이트를 읽어서 배열 b의 off 위치부터 저장한다.
void reset()	마지막 mark()로 호출된 위치로 스트림의 위치를 되돌린다.
long skip(long n)	스트림에서 n 바이트만큼 건너뛴다.

OutputStream의 메소드	기능
void close()	출력 스트림을 닫고 연관 자원을 해제한다.
void flush()	스트림 버퍼에 있는 모든 내용을 강제로 출력 소스에 기록한다.
abstract void write(int b)	지정된 값을 출력 소스에 기록한다.
void write(byte[] b)	지정된 배열 b의 모든 내용을 출력 소스에 기록한다.
void write(byte[] b, int off, int len)	배열 b의 내용 중 off 위치부터 len개의 바이트를 출력 소스에 기록한다.

- Reader와 Writer

Reader의 메소드	기능
abstract void close()	입력 스트림을 닫고 연관 자원을 해제한다.
void mark(int readlimit)	현재 위치를 표시해둔다. 나중에 reset()으로 이 위치로 돌아올 수 있다.
boolean markSupported()	mark()와 reset()의 지원 여부를 알려준다.
int read()	2 바이트를 읽어 들인다. char의 범위인 0-65535의 정수를 반환하며 읽을 문자가 없으면 -1을 반환한다.
int read(char[ ] c)	배열 c의 크기만큼 문자를 읽어 저장하고, 읽은 문자의 개수를 반환한다. 더 이상 읽을 문자가 없으면 -1을 반환한다.
abstract int read(char[ ] c, int off, int len)	len 개의 문자를 읽어 배열 c의 off 위치부터 저장한다.
boolean ready()	문자를 읽을 준비가 되었는지를 알려준다.
void reset()	마지막 mark() 위치로 읽는 위치를 되돌린다.
void skip(long n)	n개만큼 문자를 건너뛴다.

Writer의 메소드	기능
abstract void close()	출력 스트림을 닫고 연관 자원을 해제한다.
abstract void flush()	스트림 버퍼의 내용을 모두 출력 소스에 기록한다.
void write(int c)	지정된 값을 출력 소스에 기록한다.
void write(char[ ] c)	배열 c의 내용을 출력 소스에 기록한다.
abstract void write(char[ ] c, int off, int len)	배열 c의 내용 중 off 위치부터 len 개의 문자를 출력 소스에 기록한다.
void write(String str)	지정된 문자열 str을 출력 소스에 기록한다.
void write(String str, int off, int len)	문자열 str의 off 위치부터 len개의 문자를 출력 소스에 기록한다.

12.2 InputStream과 InputStreamReader 사용하기

InputStream 클래스와 InputStreamReader 클래스의 사용법을 보자.

InputStream

InputStream 클래스를 사용하여 1개 영문자(1 바이트)를 읽어 들이는 다음 프로그램을 보자.

소스코드
InputStreamTest.java

```
01  import java.io.*;          // java.io 패키지를 임포트한다.
02
03  class InputStreamTest {
04
05      public static void main( String[] args ) {
06
07          InputStream is = System.in;   // 키보드를 입력 스트림 객체에 할당한다.
08          int inputData = 0;
09
10          System.out.print( "데이터를 입력하세요 : " );
11
12          try {
13                  inputData = is.read();   // InputStream이 제공하는 read() 메소드는 1 바이트
14          } catch ( IOException io ) {}    // 를 읽으며 해당 문자의 정수 코드값을 반환한다.
15
16          System.out.println( "실제 입력된 데이터(정수) : " + inputData );
17          System.out.println( "실제 입력된 데이터(문자) : " + (char)inputData );
18                                            // 그냥 출력하면 정수 코드 값이 출력되며 문자로
19      }                                     // 캐스팅하면 문자가 출력된다.
20  }
```

실행결과

```
데이터를 입력하세요 : java
실제 입력된 데이터(정수) : 106
실제 입력된 데이터(문자) : j
```

"java"라는 4개의 문자를 키보드에서 입력했으나 실제로 입력된 내용은 첫 번째 문자인 "j" 뿐이다.

소스해설

소스라인 01 : 입출력 클래스를 사용하기 위해 java.io 패키지를 import한다.

소스라인 07 : 키보드를 의미하는 System.in을 InputStream 객체 is에 할당한다. **System.in (키보드로 입력)과 System.out (콘솔에 결과 출력), System.err (콘솔에 에러 출력)은 표준 입출력을 위해 자바가 내부적으로 자동 생성해두는 스트림 객체**이기 때문에 별도의 객체 생성을 하지 않고 is에 할당할 수 있다.

소스라인 13 : read() 메소드로 1 바이트를 즉, "j"자만을 읽어서 inputData 변수에 할당한다. 읽은 내용은 0에서 255 사이의 정수 코드 값으로 표현되기 때문에 int 형 변수를 사용했다.

소스라인 16 : 정수형 변수를 출력하면 j의 코드 값인 106이 출력된다.

소스라인 17 : Char 형으로 캐스팅해서 출력하면 문자 j가 출력된다.

System.in이 InputStream 객체이기 때문에 위의 프로그램에서 07 라인을 주석 처리하고 13 라인을 다음과 같이 수정해도 동일한 의미가 된다. 소스 파일 inputStreamTest1.java을 참조하기 바란다.

```
inputData = System.in.read();
```

InputStreamReader

InputStream 클래스는 1 바이트 단위로 입력을 받기 때문에 2 바이트로 표현되는 한글 데이터는 읽을 수 없다. 한글의 경우 문자 단위로 즉, 2 바이트 단위로 읽어 들이는 InputStreamReader 클래스를 사용하면 된다. 이 클래스의 생성자는 다음과 같다.

생성자	설명
InputStreamReader(InputStream in)	인수로 InputStream 객체를 받아서 바이트 스트림을 문자 스트림으로 연결한다.
InputStreamReader(InputStream in, String encoding)	지정된 인코딩 방식을 사용하는 InputStreamReader 를 생성한다.

한글 1자를 읽어 들이는 다음 프로그램을 보자.

소스코드
InputStreamReaderTest.java

```
01 import java.io.*;
02
03 class InputStreamReaderTest {
04
05    public static void main( String[] args ) {
06
07        InputStream is = System.in;
08        InputStreamReader isr = new InputStreamReader( is );
09
10        int inputData = 0;
11
12        System.out.print( "데이터를 입력하세요 : " );
13
14        try {
15                inputData = isr.read();
16        } catch ( IOException io ) {}
17
18        System.out.println( "실제 입력된 데이터 : " + (char)inputData );
19    }
20 }
```

> 키보드를 입력 스트림 객체에 할당하고 그 객체를 인수로 입력 스트림 리더 객체를 생성한다.

> InputStreamReader가 제공하는 read() 메소드는 2 바이트를 읽어 정수 코드 값을 반환한다.

실행결과

데이터를 입력하세요 : 한글
실제 입력된 데이터 : 한

소스해설

소스라인 07 : 키보드를 의미하는 System.in 객체를 InputStream 객체 is에 할당한다.

소스라인 08 : InputStream 객체 is를 인수로 지정해서 InputStreamReader 객체 isr을 생성한다. 07 라인을 삭제하고 이 라인을 다음과 같이 기술해도 된다. 소스 파일 InputStreamReaderTest1.java을 참조하라.

  InputStreamReader isr = new InputStreamReader(System.in);

소스라인 15 : read() 메소드로 2 바이트를 읽어 들인다.

한글을 여러 글자 입력하려면 어떻게 할까? 뒤에서 보게 될 다른 방법이 있지만 단순히 InputStreamReader 클래스만을 사용한다면 배열을 이용하면 된다. 다음 프로그램을 보자.

소스코드
InputStreamReaderTest2.java

```java
01  import java.io.*;
02
03  class InputStreamReaderTest2 {
04
05      public static void main( String[] args ) {
06
07          InputStream is = System.in;
08          InputStreamReader isr = new InputStreamReader( is );
09
10          int inputData = 0;
11          char[] temp = new char[10];
12
13          System.out.print( "데이터를 입력하세요 : " );
14
15          try {
16                  inputData = isr.read( temp );
17          } catch ( IOException io ) {
18          }
19
20          for( int i=0 ; i<inputData ; i++ ) {
21              System.out.print( temp[i] );
22          }
23
24      }
25  }
```

07-08: 키보드를 입력 스트림 객체에 할당하고 그 객체를 인수로 입력 스트림 리더 객체를 생성한다.

11: 10개의 문자를 보관할 수 있는 배열 객체를 생성한다. 자바의 char 형은 2 바이트씩 할당된다.

16: InputStreamReader의 read() 메소드의 인수가 배열인 경우, 배열의 크기만큼 배열에 문자를 읽어 들인 후 읽은 문자의 개수를 반환한다.

실행결과

데이터를 입력하세요 : 한글을 여러 글자를 입력합니다.
한글을 여러 글자를

소스해설

소스라인 07-08 : 키보드를 의미하는 System.in을 InputStream 객체 is에 할당하고 is를 인수로 InputStreamReader 객체 isr을 생성한다.

소스라인 16 : read() 메소드로 배열 tmp에 문자를 읽어 들이며 읽어 들인 문자의 개수가 inputData에 저장된다.

소스라인 20-22 : 배열에 읽어 들인 문자들을 출력한다.

12.3 FileInputStream과 FileReader 사용하기

이 클래스들은 **파일로부터 데이터를 읽어온다**는 점만이 이전 클래스들과 다르다. FileInput Stream은 1 바이트씩 읽어 들이고, FileReader는 2 바이트씩 읽어 들인다. 많이 사용하는 클래스들이다.

FileInputStream

FileInputStream 클래스의 생성자는 다음과 같다.

생성자	설명
FileInputStream(String name)	파일 이름이 name인 실제 파일과 연결된 입력 스트림을 생성한다.
FileInputStream(File file)	파일 객체 file과 연결된 입력 스트림을 생성한다.

1 바이트씩 읽어 들이는 FileInputStream을 사용하는 다음 프로그램을 보자.

소스코드
FileInputStreamTest.java

```
01 import java.io.*;
02
03 class FileInputStreamTest {
04
05    public static void main( String[] args ) {
06
07       int inputData = 0;
```

```
08      FileInputStream file;          FileInputStream 객체를 선언한다.
09
10      try {
11
12          file = new FileInputStream( "sample.txt" );        실제 파일과 연결된 FileInputStream 객체를
                                                              생성한다.
13
14          while(( inputData = file.read() ) != -1 ) {       실제 파일에서 1 바이트씩 데이터를 읽어
                                                              정수 코드 값을 반환한다. 정수 값을 문자형
15                                                            으로 캐스팅하여 출력한다. 데이터를 모두
16              System.out.print(( char )inputData );         읽으면 -1을 반환한다.
17
18          }
19
20          file.close();           파일을 닫는다.
21
22      } catch ( Exception e ) {
23
24          System.out.println( e.toString() );
25
26      }
27  }
28 }
```

실 행 결 과

This is sample text file.

소 스 해 설

소스라인 08 : FileInputStream 객체 file을 선언한다.

소스라인 12 : "sample.txt"라는 파일을 인수로 FileInputStream 객체인 file을 생성한다. "sample.txt" 파일은 이 프로그램과 동일한 폴더(myjava)에 있는 것으로 가정한다.

소스라인 14-18 : "sample.txt" 파일의 데이터를 바이트 단위로 읽어서 출력한다.

소스라인 20 : file 객체를 닫는다.

FileReader

FileReader 클래스의 생성자는 다음과 같다.

생성자	설명
FileReader(String name)	파일 이름이 name인 실제 파일과 연결된 입력 스트림을 생성한다.
FileReader(File file)	파일 객체 file과 연결된 입력 스트림을 생성한다.

2 바이트씩 읽어 들이는 FileReader를 사용하는 다음 프로그램을 보자. 이 프로그램은 한글 데이터 파일을 읽어 들이며 프로그램을 실행시킬 때 "java FileReaderTest data.txt"와 같이 파일 이름을 인수로 지정해서 실행시킨다.

소스코드
FileReaderTest.java

```
01 import java.io.*;
02
03 class FileReaderTest {
04
05     public static void main( String[] args ) {
06
07         int inputData = 0;
08         FileReader file;          // FileReader 객체를 선언한다.
09
10         try {
11
12             file = new FileReader( args[0] );    // 키보드에서 입력되는 데이터 파일 이름을 인수로 FileReader 객체를 생성한다.
13
14             while(( inputData = file.read() ) != -1 ) {   // 실제 파일에서 2 바이트씩 데이터를 읽어 정수 코드 값을 반환한다. 정수 값을 문자형으로 캐스팅하여 출력한다. 데이터를 모두 읽으면 -1을 반환한다.
15
16                 System.out.print(( char )inputData );
17
18             }
19
20             file.close();         // 파일을 닫는다.
21
22         } catch ( Exception e ) {
```

```
23
24              System.out.println( e.toString() );
25
26      }
27  }
28 }
```

실행결과

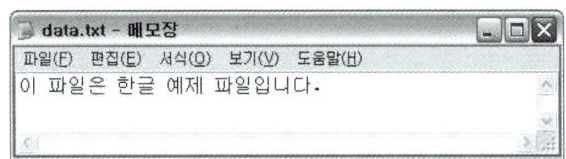

이 파일은 한글 예제 파일입니다.

소스해설

소스라인 08 : FileReader 객체 file을 선언한다.

소스라인 12 : 이 프로그램을 실행하면서 지정한 파일 이름을 인수로 FileReader 객체인 file을 생성한다. 여기서 사용하는 "data.txt" 파일은 이 프로그램과 동일한 폴더(myjava)에 있는 것으로 가정한다.

소스라인 14-18 : "data.txt" 파일의 데이터를 바이트 단위로 읽어서 출력한다.

소스라인 20 : file 객체를 닫는다.

12.4 BufferedInputStream과 BufferedReader 사용하기

이 클래스들은 입출력 속도를 증가시키기 위해서 버퍼(buffer)를 사용하는 보조적인 스트림을 생성한다. 하드디스크로부터 데이터를 읽는 작업은 많은 시간을 소모하기 때문에 가능한 하드디스크와 같은 물리적인 장치와의 접속 횟수를 줄이는 것이 좋다. 버퍼는 메모리에 생성되는 임시 기억 장소로써, 하드디스크에 한번 접속할 때 버퍼의 크기만큼 데이터를 한꺼번에 읽어 메모리에 올려놓고 처리하면 데이터 처리 속도가 개선된다.

BufferedInputStream

1개 바이트씩 처리하는 이 클래스의 생성자는 다음과 같다.

생성자	설명
BufferedInputStream(InputStream in)	InputStream 객체를 인수로 받아 그 객체를 처리할 때 버퍼가 사용되는 스트림을 생성한다. 버퍼는 기본 크기 8192 바이트로 잡힌다.
BufferedInputStream(InputStream in, int size)	위의 생성자와 동일하나 버퍼의 크기를 size로 설정한다.

앞서 보았던 FileInputStream에 버퍼를 추가해서 입출력 속도를 개선하는 다음 프로그램을 보자. 이 예제에서는 워낙 적은 양의 데이터를 입력하기 때문에 속도의 차이를 느끼지는 못할 것이다. BufferedInputStream 클래스의 사용법을 살펴보는 의미가 있다.

소스코드
BufferedInputStreamTest.java

```
01 import java.io.*;
02
03 class BufferedInputStreamTest {
04
05     public static void main( String[] args ) {
06
07         int inputData = 0;
08
09         try {
10
11             FileInputStream fis = new FileInputStream( "sample.txt" );
```

> 먼저 sample.txt를 인수로 FileInputStream 객체를 생성한다.

```
12          BufferedInputStream bis = new BufferedInputStream( fis );
13
14          while(( inputData = bis.read() ) != -1 ) {
15
16              System.out.print(( char )inputData );
17
18          }
19
20          bis.close();
21
22      } catch ( IOException io ) {
23          System.out.println( io.toString() );
24      }
25  }
26 }
```

> 이제 FileInputStream 객체를 인수로 BufferedInputStream 객체를 생성하고 버퍼에서 1 바이트 씩 읽어 들인다.

실행결과

This is sample text file.

소스해설

소스라인 11-12 : "sample.txt" 파일을 인수로 FileInputStream 객체 fis를 생성하고 나서, fis 객체를 인수로 다시 BufferedInputStream 객체 bis를 생성한다. 이것은 BufferedInputStream은 다른 스트림에 버퍼 기능을 추가하는 보조적인 역할을 하기 때문이다.

소스라인 14 : 1개 바이트씩 데이터를 읽는다. 이 경우 BufferedInputStream 객체로 읽기 때문에 시스템 내부적으로는 **하드디스크에서 1개 바이트씩 계속 읽는 것이 아니라, 파일 내용을 8192 바이트 단위로 버퍼에 모두 올려놓고 버퍼에서 읽어서 처리한다.**

BufferedReader

2개 바이트씩 처리하는 이 클래스의 생성자는 다음과 같다.

생성자	설명
BufferedReader(Reader in)	Reader 객체를 인수로 받아 그 객체를 처리할 때 버퍼가 사용되는 스트림을 생성한다. 버퍼는 기본 크기 8192 바이트로 잡힌다.
BufferedReader(Reader in, int size)	위의 생성자와 동일하나 버퍼의 크기를 size로 설정한다.

이 클래스는 readLine()이라는 메소드를 추가로 제공하고 있어 1개 라인씩 읽을 수도 있다. 이제 Enter 키로 구분된 3줄의 데이터 파일 "mulitiline.txt"를 읽어 들이는 다음 프로그램을 보자. 이 프로그램을 실행시킬 때 "java BufferedReaderTest multiline.txt"와 같이 실행시킨다. "mulitiline.txt" 파일은 myjava 폴더에 있다.

소스코드
BufferedReaderTest.java

```
01  import java.io.*;
02
03  class BufferedReaderTest {
04
05      public static void main( String[] args ) {
06
07          String inputData = null;
08
09          try {
10
11              FileReader fir = new FileReader( args[0] );
12              BufferedReader br = new BufferedReader( fir );
13
14              while(( inputData = br.readLine() ) != null ) {
15
16                  System.out.println( inputData );
17
18              }
19
20              br.close();
21
22          } catch ( IOException io ) {
```

명령어 라인에 지정된 파일 이름을 인수로 FileReader 객체를 생성하고, 그 객체를 인수로 BufferedReader 객체를 생성한 후, readLine() 메소드로 라인 단위로 읽어 들인다.

```
23              System.out.println( io.getMessage() );
24         }
25    }
26 }
```

실행결과

이 라인은 파일의 첫번째 라인입니다.
이 라인은 파일의 두번째 라인입니다.
이 라인은 파일의 세번째 라인입니다.

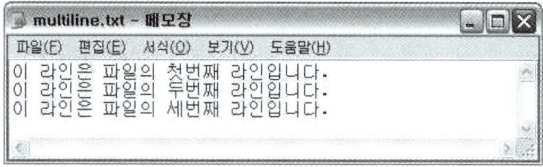

소스해설

소스라인 11-12 : 명령어 라인에서 입력된 파일 이름을 인수로 FlieReader 객체 file을 생성한 후, file 객체를 인수로 BufferedReader 객체 br을 생성한다.

소스라인 14-18 : readLine() 메소드로 버퍼에서 라인 단위로 읽어 출력한다. 이 경우도 시스템 내부적으로는 하드디스크에서 기본 버퍼 크기인 8192 바이트를 읽어 들인 후, 버퍼에서 라인 단위로 처리한다.

12.5 OutputStream과 OutputStreamWriter 사용하기

앞서 배운 InputStream이나 InputStreamReader가 입력을 위한 스트림을 생성하듯이, 이 클래스들은 출력을 위한 스트림을 생성한다는 점만이 다르다. OutputStream은 1개 바이트씩 출력하는 스트림을 생성하고, OutputStreamWriter는 2 바이트씩 출력을 하는 스트림을 생성한다.

OutputStream

OutputStream을 사용하는 다음 프로그램을 보자.

소스코드
OutputStreamTest.java

```
01  import java.io.*;
02
03  class OutputStreamTest {
04
05      public static void main( String[] args ) {
06
07          InputStream is = System.in;
08          OutputStream out = System.out;
09
10          System.out.print( "데이터를 입력하세요 : " );
11
12          try {
13              int input = is.read();
14              System.out.println( "실제 입력된 데이터 : " + input );
15
16              System.out.print( "출력 데이터 : " );
17              out.write( (char)input );
18
19              out.close();
20
21          } catch ( IOException io ) {
22              System.out.println( io.toString() );
23          }
24      }
25  }
```

라인 07~08: 키보드를 입력 스트림 객체에 할당하고 콘솔을 출력 스트림 객체에 할당한다.

라인 13: 입력 스트림 객체의 read() 메소드로 1 바이트씩 읽어 들인다.

라인 17: 출력 스트림 객체의 write() 메소드로 1 바이트씩 문자로 캐스팅해서 출력한다.

실행결과

데이터를 입력하세요 : java
실제 입력된 데이터 : 106
출력 데이터 : j

소스해설

소스라인 07-08 : INputStream 객체 in에 키보드 객체인 System.in을 할당하고, OutputStream 객체 out에 콘솔 객체인 System.out을 할당한다.

소스라인 13 : in 객체의 read() 메소드를 사용해서 1 바이트를 읽어 들인다.

소스라인 17 : out 객체의 write() 메소드를 사용해서 읽어 들인 1 바이트를 문자로 캐스팅해서 출력한다.

소스라인 19 : 출력 스트림을 닫고 연관 자원을 해제한다.

OutputStreamWriter

2 바이트씩 출력하는 OutputStreamWriter 클래스의 생성자는 다음과 같다.

생성자	설명
OutputStreamWriter(OutputStream out)	인수로 OutputStream 객체를 받아서 바이트 스트림을 문자 스트림으로 연결한다.
OutputStreamWriter(OutputStream out, String encoding)	지정된 인코딩 방식을 사용하는 OutputStreamWriter를 생성한다.

OutputStreamWriter 클래스를 사용하는 다음 프로그램을 보자.

소스코드
OutputStreamWriterTest.java

```
01 import java.io.*;
02
03 class OutputStreamWriterTest {
04
```

```
05    public static void main( String[] args ) {
06
07        char[] arr = new char[10];          10개의 문자를 기억할 수 있는 배열을 선언한다.
08
09        InputStreamReader isr = new InputStreamReader( System.in );
10        OutputStreamWriter osw = new OutputStreamWriter( System.out );
11                                            키보드를 입력 스트림 리더 객체에 할당하고,
12        System.out.print( "데이터를 입력하세요 : " );   콘솔을 출력 스트림 리더 객체에 할당한다.
13
14        try {
15
16            int input = isr.read( arr );    10개의 문자를 읽어 배열에 저장한다.
17            System.out.print( "실제 입력된 글자 : " );
18            osw.write( arr );
19            osw.close();                    배열 내의 10개 문자를 출력한다.
20
21        } catch ( IOException io ) {
22            System.out.println( io.toString() );
23        }
24    }
25 }
```

실행결과

데이터를 입력하세요 : 한글을 입력하고 있습니다.
실제 입력된 글자 : 한글을 입력하고 있

소스해설

소스라인 07 : 문자 10개를 기억할 배열을 선언한다.

소스라인 09-10 : 키보드와 콘솔 객체를 생성한다.

소스라인 16 : read() 메소드로 배열의 크기만큼 문자를 읽어 들인다.

소스라인 18 : write() 메소드로 콘솔에 배열의 내용을 출력한다.

12.6 FileOutputStream과 FileWriter 사용하기

파일에 1 바이트나 2 바이트 단위로 출력하는 스트림을 생성하는 클래스들이다. 1 바이트 단위로 출력하는 FileOutputStream부터 살펴보자.

FileOutputStream

이 클래스의 생성자는 다음과 같다.

생성자	설명
FileoutputStreamr(String name)	파일 이름이 name인 실제 파일과 연결된 출력 스트림을 생성한다.
FileoutputStreamr(String name, boolean append)	append가 true이면 기존 파일 뒤에 덧 붙여 기록한다.
FileOutputStream(File file)	파일 객체 file과 연결된 출력 스트림을 생성한다.

FileOutputStream을 사용해서 파일을 그대로 복사하는 프로그램을 보자. 앞서 사용한 "mutiline.txt" 파일을 복사해서 "new.txt" 파일을 만들기 위해 이 프로그램을 "java FileOutputStreamTest multiline.txt new.txt"와 같이 실행시킨다.

소스코드
FileOutputStreamTest.java

```
01 import java.io.*;
02
03 class FileOutputStreamTest {
04
05    public static void main( String[] args ) {
06
07       try {
08
09          FileInputStream fis = new FileInputStream( args[0] );
10          FileOutputStream fos = new FileOutputStream( args[1] );
11
12          int input = 0;
13
14          while(( input = fis.read() ) != -1 ) {
```

> 명령어 라인에 지정된 첫 번째 파일 이름을 인수로 FileInputStream 객체를 생성하고, 두 번째 파일 이름을 인수로 FileOutputStream 객체를 생성한다.

> 첫 번째 인수로 지정된 파일을 1 바이트 씩 읽어 들인다.

```
15                fos.write( input );
16            }
17
18            fos.close();
19            fis.close();
20
21        } catch( Exception e ) {
22            System.out.println( e.getMessage() );
23
24        }
25    }
26 }
```

> 읽어 들인 데이터를 두 번째 인수로 지정된 파일에 1 바이트씩 기록한다.

실행결과

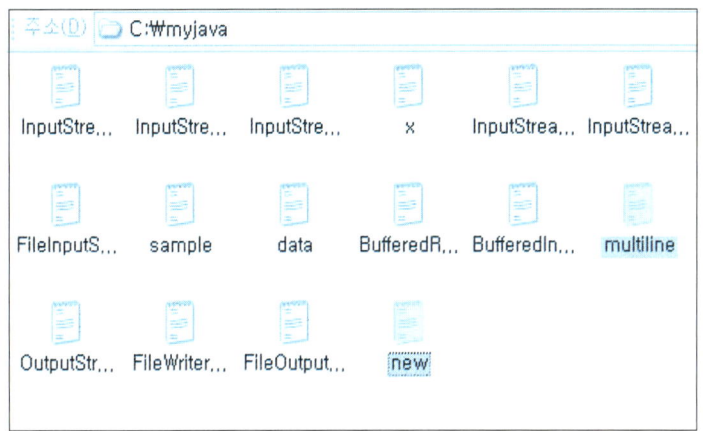

소스해설

소스라인 09-10 : 명령어 라인에서 입력되는 첫 번째 파일 이름을 인수로 FileInputStream 객체를 생성하고, 두 번째 파일 이름을 인수로 FileOutputStream 객체를 생성한다.

소스라인 14-15 : 첫 번째 인수로 지정된 파일을 바이트 단위로 읽어 두 번째 인수로 지정된 파일에 기록한다. 이 프로그램의 경우 콘솔에 출력하는 것이 아니라, 바이트 단위로 파일에 그대로 복사하기 때문에 한글 파일도 그대로 복사된다.

FileWriter

2 바이트 단위로 출력하는 이 클래스의 생성자는 다음과 같다.

생성자	설명
FileWriter(String name)	파일 이름이 name인 실제 파일과 연결된 출력 스트림을 생성한다.
FileWriter(String name, boolean append)	append가 true이면 기존 파일 뒤에 덧 붙여 기록한다.
FileWriter(File file)	파일 객체 file과 연결된 출력 스트림을 생성한다.

이 클래스는 2 바이트씩 출력한다는 점 이외는 FileOutputStream과 동일하다. 여기서는 append를 이용하여 "data2.txt" 파일에 "data1.txt" 파일의 내용을 추가해보자. 먼저 "data1.txt" 파일과 "data2.txt" 파일의 내용을 살펴보라. 이 프로그램은 "java FileWriterTest data1.txt data2.txt"와 같이 실행시켜야 한다.

소스코드
FileWriterTest.java

```
01 import java.io.*;
02
03 class FileWriterTest {
04
05    public static void main( String[] args ) {
06
07       try {
08
09          FileReader fr = new FileReader( args[0] );
10          FileWriter fw = new FileWriter( args[1], true );
11
12          int input = 0;
13
14          while(( input = fr.read() ) != -1 ) {
15             fw.write( input );
16          }
17
18          fr.close();
```

> 명령어 라인에 지정된 첫 번째 파일 이름을 인수로 FileReader 객체를 생성하고, 두 번째 파일 이름을 인수로 FileWriter 객체를 생성하되 append가 "true"이다.

> 2 바이트씩 읽고 기록하되 기존 파일의 데이터 뒤에 덧붙여 기록한다.

```
19            fw.close();
20
21        } catch ( IOException io ) {
22            System.out.println( io );
23        }
24    }
25 }
```

실행결과

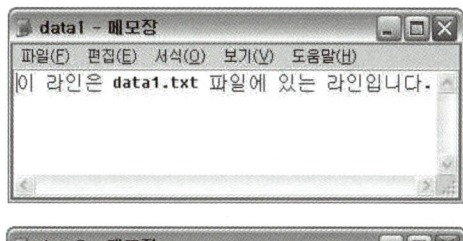

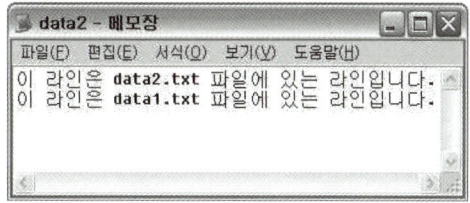

실행하고 나면 data2.txt 파일에 data1.txt 파일의 내용이 추가된 것을 알 수 있다.

소스해설

소스라인 09 : data1.txt 파일을 인수로 받아 FileReader 객체를 생성한다.

소스라인 10 : data2.txt 파일을 인수로 받아 FileWriter 객체를 생성한다. append를 true로 지정했기 때문에 이 스트림을 사용해 기록하면 data2.txt 파일의 기존 내용 뒤에 추가된다.

소스라인 14-15 : data1.txt 파일의 내용을 2 바이트씩 읽어서 data2.txt 파일의 뒤에 추가로 기록한다.

12.7 BufferedOutputStream과 BufferedWriter 사용하기

앞서 입력 스트림에서 보았듯이 Buffered로 시작하는 스트림은 버퍼의 기능을 제공해서 입출력 속도를 증가시키는 보조적인 스트림이다. 출력 스트림에는 BufferedOutputStream과 BufferedWriter 클래스를 보조적으로 사용할 수 있다.

BufferedOutputStream

1개 바이트씩 출력하는 이 클래스의 생성자는 다음과 같다.

생성자	설명
BufferedOutputStream(OutputStream in)	OutputStream 객체를 인수로 받아 버퍼가 사용되는 스트림을 생성한다. 버퍼는 기본 크기 8192 바이트로 잡힌다.
BufferedOutputStream(OutputStream in, int size)	위의 생성자와 동일하나 버퍼의 크기를 size로 설정한다.

BufferedOutputStream을 사용하는 다음 프로그램을 보자. 이 프로그램은 "alpha.txt"라는 텍스트 파일을 만들어 그 안에 'a'부터 'z'까지 문자를 기록한다.

소스코드
BufferedOutputStreamTest.java

```
01 import java.io.*;
02
03 class BufferedOutputStreamTest {
04
05     public static void main(String args[]) {
06
07         try {
08
09             FileOutputStream fos = new FileOutputStream("alpha.txt");
10             BufferedOutputStream bos = new BufferedOutputStream( fos );
11
12             for(int i='a'; i <= 'z'; i++) {
13                 bos.write(i);
14             }
```

> 파일을 인수로 FileOutputStream 객체를 생성하고 그 객체를 인수로 BufferedOutputStream 객체를 생성한다.

> a에서 z까지 문자를 기록한다. 버퍼를 사용하기 때문에 실제 파일 기록되는 것이 아니라 버퍼에 기록된다.

```
15
16                  bos.flush();          버퍼에 기록된 데이터를 실제 파일에 기록한다.
17
18                  fos.close();
19                  bos.close();
20
21          } catch (IOException e) {
22              e.printStackTrace();
23          }
24      }
25 }
```

실행결과

소스해설

소스라인 09 : "alpha.txt"라는 파일을 인수로 FileOutputStream 객체 fos를 생성한다.

소스라인 10 : fos를 인수로 버퍼 기능을 제공하는 BufferedOutputStream 객체 bos를 생성한다.

소스라인 13 : bos 객체의 write() 메소드로 버퍼에 a에서 z까지 문자를 기록한다. **파일이 아니라 버퍼에 기록하고 있다는 것을 주의해야 한다.**

소스라인 16 : flush() 메소드로 버퍼에 기록된 내용을 출력 스트림에 전송한다. 즉, 버퍼에 있던 데이터가 실제로 "alpha.txt" 파일에 기록된다.

BufferedWriter

2개 바이트씩 출력하는 이 클래스의 생성자는 다음과 같다.

생성자	설명
BufferedWriter(Writer out)	Writer 객체를 인수로 받아 버퍼가 사용되는 스트림을 생성한다. 버퍼는 기본 크기 8192 바이트로 잡힌다.
BufferedWriter(Writer out, int size)	위의 생성자와 동일하나 버퍼의 크기를 size로 설정한다.

BufferedWriter를 사용하는 다음 프로그램을 보자. 이 프로그램은 한글 데이터가 기록된 "input.txt" 파일을 라인 단위로 읽어서 "자바"라는 글자가 있는 라인만 "output.txt"라는 파일에 기록한다.

소스코드
BufferedWriterTest.java

```
01 import java.io.*;
02 import java.util.*;
03
04 class BufferedWriterTest {
05
06    public static void main( String[] args ) {
07
08        try {
09
10            FileReader fr = new FileReader( "input.txt" );
11            BufferedReader br = new BufferedReader( fr );
12
13            FileWriter fw = new FileWriter( "output.txt" );
14            BufferedWriter bw = new BufferedWriter( fw );
15
16            int count = 1;
17
18            String line = br.readLine();    // 버퍼에서 파일을 라인 단위로 읽는다.
19
20            while( line != null ) {
21
22                StringTokenizer st = new StringTokenizer( line, " " );   // 읽은 라인을 공백을 기준으로 토큰으로 구분하는 객체를 생성한다.
23
                while( st.hasMoreTokens() ) {
```

```
24
25                        if( st.nextToken().equals( "자바" )) {
26
27                            bw.write( line );
28                            bw.flush();
29
30                            bw.newLine();
31                            break;
32                        }
33                    }
34
35                    line = br.readLine();
36
37                }
38
39        } catch ( Exception e ) {
40            System.out.println( e.toString() );
41        }
42    }
43 }
```

읽은 라인 내에 "자바"라는 단어가 있으면 출력 버퍼에 기록하고 버퍼의 내용을 파일에 기록한다.

실행결과

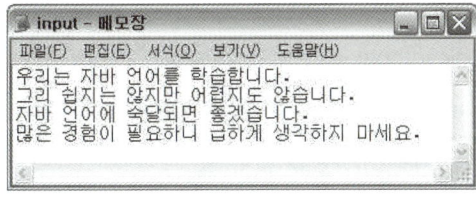 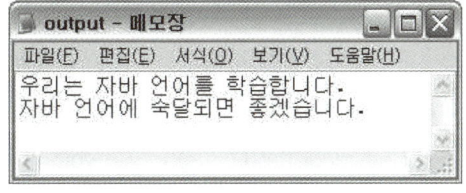

소스해설

소스라인 10-11 : FileReader 객체를 만들고 그 객체를 인수로 BufferedReader 객체를 만든다.

소스라인 13-14 : FileWriter 객체를 만들고 그 객체를 인수로 BufferedWriter 객체를 만든다.

소스라인 18 : readLine() 메소드로 1개 라인을 버퍼에서 읽어 line 변수에 할당한다.

소스라인 22 : 라인의 문자들을 공백으로 구분해서 토큰을 생성하는 StringTokenizer 객체를 생성한다.

소스라인 23-25 : 라인 내의 모든 토큰에 대해 "자바"인가를 검사한다.

소스라인 27-28 : "자바"라는 글자(토큰)를 포함한 라인을 버퍼에 기록한 후, 버퍼의 내용을 출력 스트림에 전송하여 "input.txt" 파일에 기록한다.

소스라인 30 : newLine() 메소드를 사용하여 다음 라인으로 넘어간다. "\n" 문자의 역할이다.

12.8 DataInputStream과 DataOutputStream 사용하기

이 클래스를 사용하면 데이터를 입출력할 때 int, float와 같은 자바의 기본 데이터형을 유지하면서 입출력할 수 있다. 파일에 기록될 때는 이진 데이터로 기록되기 때문에 파일을 열어봐도 알 수 없는 문자가 표시되나, 기본형으로 데이터를 다룰 수 있어 편리하며, 네트워크 프로그래밍에서 중요하게 사용된다.

생성자	설명
DataInputStream(InputStream in)	지정된 InputStream 객체를 기반 스트림으로 하는 DataInput Stream을 생성한다.
DataOutputStream(OutputStream out)	지정된 OutputStream 객체를 기반 스트림으로 하는 DataOutputStream을 생성한다.

Read 매소드	Write 매소드	설명
boolean readBoolean()	void writeBoolean(boolean b)	각 자료형에 알맞은 값을 읽거나 기록한다.
byte readByte()	void writeByte(byte b)	
char readChar()	void writeChar(char c)	
double readDouble()	void writeDouble(double d)	
float readFloat()	void writeFloat(float f)	
int readInt()	void writeInt(int I)	
long readLong()	void writeLong(long l)	
short readShort()	void writeShort(short s)	
String readUTF()	void writeUTF(String s)	UTF-8 형식으로 문자열을 읽거나 기록한다.

DataInputStream과 DataOutputStream을 사용하는 다음 프로그램은 DataOutputStream으로 자료형을 유지하면서 데이터를 파일에 기록하고, DataInputStream으로 그 파일의 데이터를 읽어서 콘솔에 출력한다.

소스코드
DataIOTest.java

```
01  import java.io.*;
02
03  class DataIOTest {
04
05      public static void main( String[] args ) {
06
07          File file = new File( "temp.txt" );          파일 객체를 생성한다.
08
09          try {
10
11              FileOutputStream fos = new FileOutputStream( file );     temp.txt 파일을 출력 파
12              DataOutputStream dos = new DataOutputStream( fos );      일로 가지는 dos 객체를
13                                                                       생성한다.
14              dos.writeBoolean( true );
15              dos.writeChar( 'j' );
16              dos.writeInt( 1234 );                    데이터의 기본형을 유지
17              dos.writeFloat( 3.14F );                 하면서 파일에 데이터가
18              dos.writeDouble( 123.5423 );             기록된다.
19              dos.writeUTF( "java" );
20
21              FileInputStream fis = new FileInputStream( file );       temp.txt 파일을 입력 파
22              DataInputStream dis = new DataInputStream( fis );        일로 가지는 dis 객체를 생
23                                                                       성한다.
24              System.out.println( dis.readBoolean() );
25              System.out.println( dis.readChar() );
26              System.out.println( dis.readInt() );     데이터의 기본형을 유지
27              System.out.println( dis.readFloat() );   하면서 파일에서 데이터
28              System.out.println( dis.readDouble() );  를 읽어 출력한다.
29              System.out.println( dis.readUTF() );
30
31              dos.close();
32              dis.close();
```

```
33
34          } catch ( IOException io ) {
35              System.out.println( io.toString() );
36          }
37
38          file.delete();
39
40      }
41 }
```

실행결과

```
true
j
1234
3.14
123.5423
java
```

소스해설

소스라인 07 : "temp.txt" 파일을 인수로 File 클래스 객체 file을 생성한다. File 클래스는 잠시 후 배운다.

소스라인 11-12 : file을 인수로 FileOutputStream 객체 fos를 생성하고, fos 객체를 인수로 DataOutputStream 객체 dos를 생성한다. 이렇게 2개의 스트림을 연결하면 dos 객체로 기록하면 file 객체 즉, "temp.txt"에 기록된다.

소스라인 14-19 : 자료형을 유지하면서 파일에 데이터를 기록한다.

소스라인 21-22 : 자료형을 유지하면서 파일에서 데이터를 읽기 위해 2개의 스트림을 연결한다.

소스라인 24-29 : 자료형에 맞춰 데이터를 읽어서 콘솔에 출력한다.

소스라인 38 : 파일을 삭제한다.

12.9 ObjectInputStream과 ObjectOutputStream으로 직렬화 사용하기

이 클래스들은 객체를 읽거나 기록하기 위해 사용된다. 네트워크를 통해서 객체를 편리하게 이동시키기 위해 고안된 클래스로, 논리적으로는 객체가 멤버 변수와 메소드로 구성되는 것으로 생각하지만, 실제 내부적으로 객체는 인스턴스 변수들만으로 구성된다. 그래서 객체가 가지고 있는 인스턴스 변수들을 전달하고 받기 위해서 이 클래스들을 사용한다.

객체를 기록하기 위해서는 직렬화(serialization)를 해야 하며, 객체를 읽기 위해서는 다시 역직렬화(deserialization)를 해야 한다. 직렬화하면 2진수로 기록된다. **직렬화를 할 객체는 클래스를 정의할 때** 다음과 같이 Serializable이라는 인터페이스를 상속받아야 한다.

```
import java.io.*;
public class PersonInfo implements Serializable {
    String name;
    String city;
    int age;
    ......
```

Serializable 인터페이스는 메소드를 가지고 있지 않으며 단지 직렬화를 한다는 표시자 역할만을 한다. 따라서 사용자는 직렬화할 클래스에 단순히 "implements Serializable"을 기록하기만 하면 된다. 직렬화를 이용하는 다음 프로그램을 보자.

- PersonInfo.java : 개인의 신상정보를 정의한 클래스이다.
- SerialTest.java : 파일에 PersonInfo 객체를 기록한다.
- DeSerialTest.java : 파일에서 PersonInfo 객체를 읽는다.

소스코드
PersonInfo.java

```
01  import java.io.*;
02
03  public class PersonInfo implements Serializable {
04
05      String name;
06      String city;
07      int age;
08      public PersonInfo( String name, String city, int age ) {
```

> 이 클래스를 직렬화할 것임을 지정한다.

```
09        this.name = name;
10        this.city = city;
11        this.age = age;
12     }
13
14     public String toString() {
15        return name + " : " + city + " : " + age;
16     }
17 }
```

> toString() 메소드를 재정의한다.

소스해설

이 클래스는 단순히 개인 정보를 간직하는 역할을 한다. 이 클래스를 먼저 컴파일해두어야 한다. 14-16 라인에 정의된 toString() 메소드를 기억해두자.

다음 프로그램은 객체를 직렬화해서 파일에 기록한다.

소스코드

SerialTest.java

```
01 import java.io.*;
02
03 public class SerialTest  {
04
05    public static void main(String[] args) {
06
07       try {
08
09          FileOutputStream fos = new FileOutputStream( "PersonInfo.sel" );
10          ObjectOutputStream out = new ObjectOutputStream( fos );
11
12          PersonInfo p1 = new PersonInfo( "이병재","서울",25 );
13          PersonInfo p2 = new PersonInfo( "이인국","부산",37 );
14
15          out.writeObject( p1 );
16          out.writeObject( p2 );
17
18          out.close();
19          System.out.println("객체가 파일에 직렬화되어 기록되었습니다.");
```

> 직렬화된 객체를 2진수로 기록할 파일을 지정하여 객체를 기록할 수 있는 ObjectOutputStream 객체를 생성한다.

> 직렬화된 객체를 2개 생성한다.

> 직렬화된 객체를 파일에 2진수로 기록한다.

```
20
21                    } catch(IOException e) {
22                          e.printStackTrace();
23                    }
24      }
25 }
```

실행결과

객체가 파일에 직렬화되어 기록되었습니다.

소스해설

소스라인 09 : "PersonInfo.sel"이라는 파일을 인수로 FileOutputStream 객체 fos를 생성한다. 대개 직렬화에 사용되는 임시 파일은 확장자를 .sel로 붙이지만 반드시 지켜야 하는 규칙은 아니다. 이 파일에 2진 형식으로 객체의 내용이 기록된다.

소스라인 10 : fos 객체를 인수로 ObjectOutputStream 객체인 out을 생성한다. 이제 out 객체로 기록하면 PersonInfo.sel 파일에 기록된다.

소스라인 12-13 : PersonInfo 객체를 2개 만든다.

소스라인 15-16 : out 객체의 writeObject( ) 메소드로 객체를 파일에 기록한다.

다음 프로그램은 직렬화된 객체를 파일에서 읽어서 다시 객체로 출력한다.

소스코드
DeSerialTest.java

```
01 import java.io.*;
02
03 public class DeSerialTest {
04
05    public static void main(String[] args)    {
06
07         try {
08
09              FileInputStream fis = new FileInputStream( "PersonInfo.sel" );
10              ObjectInputStream in = new ObjectInputStream( fis );
```

> 직렬화된 객체의 2진 데이터가 기록된 파일을 지정하여 객체를 읽을 수 있는 ObjectInputStream 객체를 생성한다.

```
11              PersonInfo p1 = ( PersonInfo )in.readObject();
12              PersonInfo p2 = ( PersonInfo )in.readObject();
13
14              System.out.println( p1 );
15              System.out.println( p2 );
16
17              in.close();
18
19          } catch(Exception e) {
20              e.printStackTrace();
21          }
22      }
23 }
```

> readObject() 메소드로 직렬화된 객체의 2진 데이터를 읽어서 객체 타입으로 캐스팅한다.

실행결과

이병재 : 서울 : 25
이인국 : 부산 : 37

소스해설

소스라인 09-10 : "PersonInfo.sel"을 인수로 FileInputStream 객체 fis를 생성하고, fis를 인수로 ObjectInputStream 객체 in을 생성한다.

소스라인 11-12 : readObject() 메소드로 "PersonInfo.sel" 파일의 이진 데이터를 읽어서 PersonInfo 타입으로 캐스팅한다. 즉, 다시 객체로 만든다.

소스라인 14-15 : p1, p2 객체를 출력한다. 이와 같이 객체를 콘솔에 그대로 출력하면 Object 클래스에 정의되어 있는 toString() 메소드에 의해 객체의 이름과 주소에 관한 정보가 출력된다. 그래서 PersonInfo 클래스에서 toString() 메소드를 재정의해두었다.

12.10 File 클래스 사용하기

File 클래스는 지금까지 배운 클래스들과는 성격이 다르다. 이 클래스는 파일이나 디렉토리를 관리하는 클래스이며 데이터의 입출력 기능은 제공하지 않는다. 새로운 디렉토리를 생성하거나 기존의 파일을 삭제할 수도 있으며, 파일의 크기나 경로 등의 정보를 구할 수도 있다. 이 클래스의 생성자와 메소드는 다음과 같다.

생성자	설명
File(String fileName)	fileName으로 지정된 파일을 위한 File 객체를 생성한다. fileName은 대개 경로를 포함해서 지정한다. 경로가 없으면 프로그램의 실행 위치가 경로로 간주된다.
File(String pathName, String fileName) File(File pathNmae, String fileName)	위의 형식과 동일하나 경로와 파일 이름을 분리해서 기술한다. 두 번째 형식은 pathName이 File 객체인 경우 사용한다.

메소드	설명
String getName()	파일 이름을 반환한다.
String getPath()	파일의 경로를 반환한다.
String getAbsolutePath()	절대 경로를 문자열로 반환한다.
Flie getAbsolutePath()	절대 경로를 File 객체로 반환한다.
String getParent()	부모 디렉토리를 문자열로 반환한다.
File getParent()	부모 디렉토리를 File 객체로 반환한다.
boolean canRead()	읽을 수 있는 파일인지 여부를 반환한다.
boolean canWrite()	기록할 수 있는 파일인지 여부를 반환한다.
boolean exists()	파일이 존재하는지 여부를 반환한다.
boolean isAbsolute()	파일이나 디렉토리가 절대 경로도 지정되었는지 여부를 반환한다.
boolean isFile()	파일인지 여부를 반환한다.
boolean isDirectory()	디렉토리인지 여부를 반환한다.
boolean createNewFile()	새로운 빈 파일을 생성한다.
boolean delete()	파일을 삭제한다.

long length()	파일의 크기를 반환한다.
String[ ] list()	디렉토리의 파일 목록을 문자열 배열로 반환한다.
File[ ] listFiles	디렉토리의 파일 목록을 File 배열로 반환한다.

File 개체를 이용해서 특정 디렉토리 내에 있는 모든 파일에 관한 정보를 콘솔에 출력하는 다음 프로그램을 보자. 이 프로그램은 "java FileTest1 c:\myjava"와 같은 형식으로 실행시켜야 한다.

소스코드
FileTest1.java

```java
01  import java.io.*;
02
03  class FileTest1 {
04
05      public static void main(String[ ] args) {
06
07          File d = new File( args[0] );
08
09          if ( !d.exists() || !d.isDirectory() ) {
10              System.out.println( args[0] +"은 없는 디렉토리입니다." );
11              System.exit(0);
12          }
13
14          File[ ] files = d.listFiles();
15
16          for( int i=0; i < files.length; i++ ) {
17
18              System.out.println("파일 이름 = " + files[i].getName());
19              System.out.println("파일 경로 = " + files[i].getPath());
20              System.out.println("절대 경로 = " + files[i].getAbsolutePath());
21              System.out.println("디렉토리  = " + files[i].getParent());
22              System.out.println("읽기 가능 = " + files[i].canRead());
23              System.out.println("쓰기 가능 = " + files[i].canWrite());
24              System.out.println("파일 크기 = " + files[i].length());
25              System.out.println();
26
```

> 명령어 라인에서 입력된 디렉토리를 인수로 파일 객체를 생성한다. 입력된 디렉토리의 존재, 디렉토리 여부를 검사한다

> 디렉토리에 있는 파일 목록을 File 배열에 기록하고 배열 내의 파일 개수만큼 파일 정보를 출력한다.

```
27            }
28       }
29  }
```

실행결과

```
파일 이름 = BufferedInputStreamTest.java
파일 경로 = c:\myjava\BufferedInputStreamTest.java
절대 경로 = c:\myjava\BufferedInputStreamTest.java
디렉토리  = c:\myjava
읽기 가능 = true
쓰기 가능 = true
파일 크기 = 497

파일 이름 = BufferedOutputStreamTest.java
파일 경로 = c:\myjava\BufferedOutputStreamTest.java
절대 경로 = c:\myjava\BufferedOutputStreamTest.java
디렉토리  = c:\myjava
읽기 가능 = true
쓰기 가능 = true
파일 크기 = 480
.................
```

소스해설

소스라인 07 : 명령어 라인에서 입력된 디렉토리를 위한 File 객체를 만든다.

소스라인 09 : exists() 메소드를 사용하여 입력된 이름이 존재하는지 그리고 isDirectory() 메소드를 사용하여 그 이름이 디렉토리 이름인지를 검사한다.

소스라인 14 : listFiles() 메소드를 사용해서 해당 디렉토리에 있는 파일의 목록을 files 배열에 저장한다.

소스라인 18-25 : 다양한 메소드를 사용해서 files 배열에 있는 각 파일들의 정보를 콘솔에 출력한다.

이제 새로운 사본 디렉토리를 하나 만든 후에, 기존의 원본 디렉토리에 있는 파일들을 그대로 복사하는 프로그램을 보자. 이 프로그램은 "java FileTest2 c:\myjava c:\tempjava"와 같은 형식으

로 실행시켜야 하며, 이 경우 두 번째 인수인 c:\tempjava는 현재 있는 디렉토리가 아니라, 이 프로그램이 실행되면서 새로 생성되는 사본 디렉토리이다.

소스코드
FileTest2.java

```java
01  import java.io.*;
02
03  class FileTest2 {
04
05      public static void main( String[] args ) {
06
07          File source = new File( args[0] );
08          File destination = new File( args[1] );
09
10          String spath = source.getPath();
11          String dpath = destination.getPath();
12
13          String[] fileName = source.list();
14
15          destination.mkdir();
16          int fileData = 0;
17
18          try {
19
20              for( int i=0 ; i<fileName.length ; i++ ) {
21
22                  FileReader fr = new FileReader( spath + "/" + fileName[i] );
23                  FileWriter fw = new FileWriter( dpath + "/" + fileName[i] );
24
25                  while(( fileData = fr.read() ) != -1 ) {
26                      fw.write( fileData );
27                  }
28
29                  System.out.println( "copied file : " + fileName[i] );
30                  fr.close();
31                  fw.close();
32
33              }
34          } catch ( Exception e ) {
```

- 명령어 라인에 지정된 디렉토리 이름을 인수로 2개의 파일 객체를 만든다.
- 2개의 파일 객체에서 경로명만 추출한다.
- 원본 디렉토리의 파일 이름들 문자열 배열에 저장하고, 사본 디렉토리를 만든다.
- 경로와 fileName 배열에 있는 파일 이름을 결합해서 파일을 읽고, 기록할 수 있는 FileReader와 FileWriter 객체를 만든다.
- 원본 디렉토리의 파일의 내용을 읽어서 사본 디렉토리에 파일을 기록한다.

```
35              System.out.println( e );
36         }
37     }
38 }
```

실행결과

copied file : BufferedInputStreamTest.java
copied file : BufferedOutputStreamTest.java
copied file : BufferedReaderTest.java
copied file : BufferedWriterTest.java
copied file : data.txt
copied file : data1.txt
....

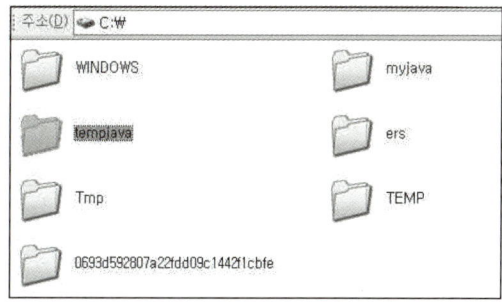

소스해설

소스라인 07-08 : 명령어 라인에서 입력된 2개의 인수들을 위한 File 객체를 생성한다.

소스라인 10-11 : 입력된 인수에서 경로만을 추출한다. 추출된 경로는 22-23 라인에서 디렉토리 내의 각 파일을 지정할 때 사용된다.

소스라인 13 : source 디렉토리 내의 모든 파일 목록을 fileName 배열에 저장한다.

소스라인 15 : 입력된 두 번째 인수로 디렉토리를 만든다.

소스라인 20-33 : source 디렉토리 내의 파일의 내용을 읽어서 destination 디렉토리에 기록한다. 이 작업은 source 디렉토리 내의 모든 파일에 대해 진행된다.

소스라인 22-23 : 10-11 라인에서 추출한 경로와 fileName 배열에 있는 파일 이름을 결합해서 파일을 읽고, 기록할 수 있는 FileReader와 FileWriter 객체를 만든다. 실제로 각 파일의 내용을 읽어서 새로운 디렉토리에 기록하는 것은 이 객체들이 작업한다.

소스라인 25-26 : 파일의 내용을 2 바이트씩 읽어서 기록한다.

이 장의 요점

- 입출력을 위해서 사용하는 클래스들은 크게 2가지로 나눌 수 있다. 바이트 단위로 입출력하는 클래스들과 문자 단위로 입출력하는 클래스들이다.

- 자바에서는 클래스들을 사용해서 데이터의 흐름, 스트림(Stream)을 생성한다. 그렇게 만들어진 스트림은 다양한 입출력 장치들을 통해 다양한 타입으로 입력되고 출력된다.

- 바이트 기반 클래스는 1 바이트씩 데이터를 입출력하며 byte stream을 만든다.

- 문자 기반 클래스는 2 바이트씩 데이터를 입출력하며 character stream을 만든다.

- 바이트 기반 입력 클래스들은 InputStream 클래스를 상속받는다.

- 바이트 기반 출력 클래스들은 OutputStream 클래스를 상속받는다.

- 문자 기반 입력 클래스들은 Reader 클래스를 상속받는다.

- 문자 기반 출력 클래스들은 Writer 클래스를 상속받는다.

- 데이터 입출력의 효율을 높이기 위해 메모리에 버퍼(Buffer)라는 임시 기억장소를 사용할 수 있다.

- 스트림은 결합해서 사용할 수 있으며 이러한 결합을 통해 다양한 입출력 기능을 구현할 수 있다.

- 객체를 기록하기 위해서는 직렬화(serialization)를 해야 하며, 객체를 읽기 위해서는 다시 역직렬화(deserialization)를 해야 한다. 직렬화를 할 객체는 클래스를 정의할 때는 Serializable 이라는 인터페이스를 상속받아야 한다.

- File 클래스는 데이터를 입출력하는 것이 아니라, 파일 시스템 관리 기능을 제공한다.

Chapter **13**

네트워크

자바는 네트워크 프로그램을 작성할 수 있는 클래스들을 제공하고 있다. 그래서 네트워크의 원리에 대해서 잘 알지 못해도 기본적인 지식만 있으면 필요한 클래스들을 조합해서 상당한 수준의 네트워크 프로그램을 만들 수 있다. 여기서는 네트워크 클래스들 중에서 가장 핵심이 되는 클래스들의 사용법을 살펴본다. 간단한 1: 1 채팅 프로그램까지 경험할 것이다.

13.1 네트워크의 개념

컴퓨터 네트워크는 컴퓨터들이 통신망으로 연결된 것을 의미하며 가장 흔한 것이 인터넷이다. 인터넷을 통해 수많은 컴퓨터들이 정보 네트워크를 형성한다. 그런데 이 컴퓨터들 간에는 서버(Server)와 클라이언트(Client)라는 관계가 형성된다.

서버는 서비스를 제공하는 컴퓨터를 의미하며 클라이언트는 서비스를 이용하는 컴퓨터를 의미한다. 일반적으로 하나의 서버가 다수의 클라이언트의 많은 서비스 요청을 처리해야 하기 때문에 당연히 서버는 고성능의 컴퓨터를 사용하지만, 서버와 클라이언트는 그런 하드웨어적인 스펙으로 규정되는 것은 아니다. 서버와 클라이언트라는 용어는 역할에 대한 규정이라고 할 수 있다.

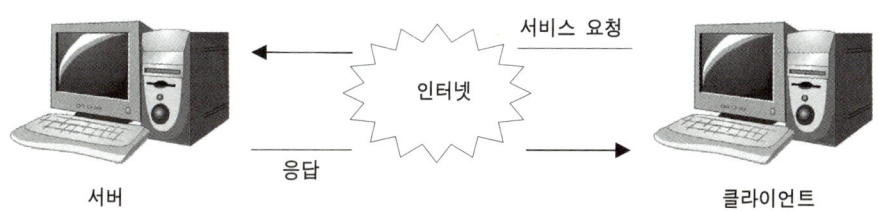

서버는 톰캣과 같은 서버용 프로그램을 설치해야 웹 서버로서의 기능을 할 수 있으며, 클라이언트는 익스플로러나 크롬과 같은 브라우저 프로그램을 이용해서 서버의 웹 서비스를 이용할 수 있다.

우리는 인터넷(웹) 서비스를 사용하기 위해 흔히 브라우저의 주소창에 "www.naver.com"이나 "www.daum.net"과 같은 이름을 입력한다. 이런 이름은 도메인 이름(Domain Name)이라고 하며, 시스템 내부적으로는 32 비트 즉, 4 바이트로 표시되며 이를 IP 주소라고 한다. 이 주소는 1 바이트마다 점을 찍어 192.18.97.71과 같이 표시된다.

하나의 도메인명에 여러 개의 IP 주소가 할당될 수도 있으며, 하나의 IP 주소에 여러 개의 도메인명이 부여될 수도 있다.

하나의 IP 주소를 가진 컴퓨터를 호스트(컴퓨터)라고 하며, 하나의 호스트 내에는 용도에 따라 여러 개의 서버가 있을 수 있다. 각 서버에 접근하기 위해서는 포트(port)라는 통로를 이용하며 웹 서버의 경우는 포트가 80번이다. 그래서 "www.naver.com:80"이나 "www.daum.net:80"이라고 브라우저 주소창에 입력해도 동일한 웹 서비스를 이용할 수 있다.

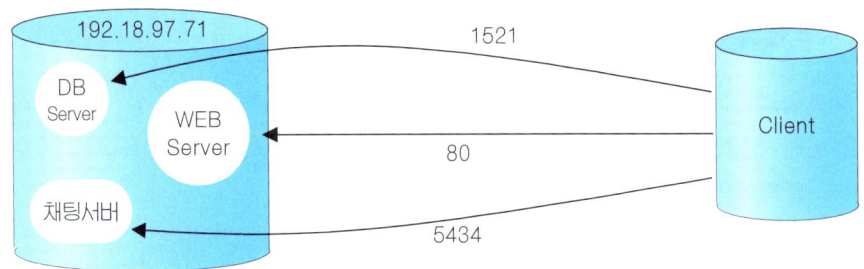

위의 그림처럼 192.18.97.71이라는 IP 주소를 가진 호스트 내에 데이터베이스 서버, 채팅 서버도 있다. 우리가 인터넷으로 접속할 때 서비스하는 서버는 웹 서버이다.

하나의 호스트 내에 있는 서버들은 각기 포트라는 통로를 가지고 있다. **80번은 바로 웹 서버를 지정하는 것이다.** 그림을 보면 데이터베이스 서버는 포트 번호가 1521번이고, 채팅 서버는 5434번이다. 이 포트 번호는 0 - 1024번까지는 시스템에 예약된 번호이며 1025 - 65535번까지는 임의로 쓸 수 있는 번호이다.

13.2 InetAddress 클래스

자바에서는 IP 주소와 도메인 이름을 다루기 위해 InetAddress라는 클래스를 제공한다. 이 클래스가 제공하는 주요 메소드는 다음과 같다.

메소드	기능
static InetAddress getByName(String host)	host의 도메인명과 IP 주소를 반환한다.
static InetAddress[ ] getAllByName(String host)	host의 여러 개의 도메인명과 IP 주소를 배열로 반환한다.
String getHostName()	host의 이름만 반환한다.
String getHostAddress()	host의 IP 주소만 반환한다.
static InetAdress getLocalHost()	로컬 호스트(Local Host)의 도메인명과 IP 주소를 반환한다.

이 메소드를 이용해서 "다음(daum)" 서버의 도메인명과 호스트 IP 주소 목록을 출력하고, 우리가 사용하고 있는 내 컴퓨터의 로컬 호스트 이름과 IP 주소를 출력하는 다음 프로그램을 보자.

소스코드
InetAddressTest.java

```
01  import java.net.*;                    // 네트워크 클래스들이 있는 java.net 패키지를 임포트한다.
02
03  class InetAddressTest {
04
05      public static void main(String[] args) {
06
07          InetAddress addr = null;            // InetAddress 형의 변수와 배열을 선언
08          InetAddress[] addrArr = null;       //   한다.
09          String name = "www.daum.net";
10
11          try {
12
13              addr = InetAddress.getByName(name);              // 인수 name에 대한 도메
14              System.out.println("도메인명 : "+addr.getHostName());   //   인과 IP 정보를 얻은 후
15              System.out.println("IP 주소 : "+addr.getHostAddress()); //   도메인명과 IP 주소를 각
                                                                    //   기 출력한다.
```

```
16              System.out.println("도메인명과 IP 주소 : " + addr);
17              System.out.println();
18
19          addrArr = InetAddress.getAllByName(name);
20
21          for(int i=0; i < addrArr.length; i++) {
22              System.out.println("IP 목록["+i+"] : " + addrArr[i]);
23          }
24
25              System.out.println();
26
27          addr = InetAddress.getLocalHost();
28          System.out.println("로컬 호스트 도메인명 : "+addr.getHostName());
29          System.out.println("로컬 호스트 IP 주소 : "+addr.getHostAddress());
30          System.out.println();
31
32      } catch (UnknownHostException e) {
33          e.printStackTrace();
34      }
35   }
36 }
```

> 인수 name에 대한 도메인과 IP 정보를 함께 출력한다.

> 인수 name에 대한 도메인과 IP 정보 목록을 배열에 저장하고 배열의 내용을 출력한다.

> 로컬 호스트의 도메인명과 IP 주소 정보를 addr에 할당하고 도메인명과 IP 주소를 각기 출력한다.

실 행 결 과

도메인명 : www.daum.net
IP 주소 : 114.108.157.116
도메인명과 IP 주소 : www.daum.net/114.108.157.116

IP 목록[0] : www.daum.net/114.108.157.116
IP 목록[1] : www.daum.net/114.108.157.117

로컬 호스트 도메인명 : PCBOOK1
로컬 호스트 IP 주소 : 192.168.0.113

소 스 해 설

소스라인 01 : 네트워크 클래스를 사용하기 위해서 java.net 패키지를 import한다.

소스라인 07-08 : InetAddress 타입의 변수 addr과 배열 addArr[]을 선언한다.

소스라인 09 : String 타입의 변수 name을 선언하고 www.daum.net을 초기값으로 설정한다.

소스라인 13 : name 호스트의 도메인명과 IP 주소 정보를 addr에 할당한다. getByName() 메소드는 static 메소드이기 때문에 InetAddress.getByName(name)과 같이 클래스명.메소드명() 형식으로 사용할 수 있다.

소스라인 14-15 : name 호스트의 도메인 이름과 IP 주소를 출력한다.

소스라인 16 : name 호스트의 도메인 이름과 IP 주소를 함께 출력한다.

소스라인 19-23 : name 호스트의 도메인명과 IP 주소 목록을 배열에 할당하고 배열의 내용을 출력한다. getAlltByName() 메소드는 static 메소드이기 때문에 InetAddress.geAlltByName()과 같이 클래스명.메소드명() 형식으로 사용할 수 있다.

소스라인 27 : 로컬 호스트의 도메인명과 IP 주소를 얻는다. getLocalHost() 메소드는 static 메소드이기 때문에 InetAddress.getLocalHost()와 같이 클래스명.메소드명() 형식으로 사용할 수 있다.

소스라인 28-28 : 로컬 호스트의 도메인명과 IP 주소를 각기 출력한다.

13.3 URL 클래스

URL의 의미

URL은 "Uniform Resource Locator"의 약자로 인터넷 상의 서버들이 제공하는 다양한 자원들에 **접근하기 위한 주소를 의미한다**. 도메인명과 IP 주소는 인터넷 상의 호스트 자체의 이름과 주소이며, URL은 호스트 내의 서버가 가지고 있는 **특정 자원에 대한 주소**라는 점이 다르다. URL의 구조는 대개 다음과 같다.

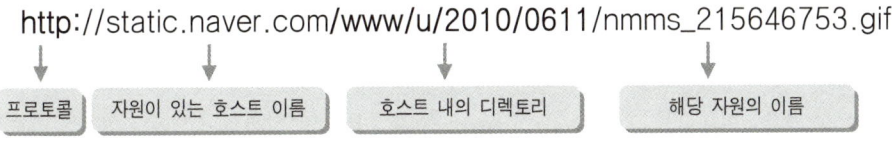

URL은 다음과 같이 표시되기도 한다.

http://navercast.naver.com/science/math/1923#appendix

제일 뒤의 #은 참조라고 하는데 1923이라는 웹 페이지 내에서 이동할 위치를 의미한다. 즉 1923 페이지를 찾아서 그 페이지 내에서 appendix라고 명명된 위치로 이동하여 그 위치의 내용이 먼저 보이게 되는 것이다. 또한 URL은 다음과 같이 표시하기도 한다.

http://dic.search.naver.com/search.naver?where=kdic&query=url

? 이후 부분은 쿼리(Query)라고 한다. 검색어로 특정 페이지에 접속한 경우나 로그인을 한 상태에서 특정 페이지에 접속한 경우, 검색어나 로그인 정보 등의 매개변수가 '?' 뒤에 표시된다. 매개변수가 복수일 때는 '&'로 구분한다.

URL 클래스의 메소드

URL을 처리하기 위해 URL 클래스가 제공되며 주요 메소드는 다음과 같다.

메소드	기능
URL(String spec)	지정된 문자열로 URL 객체를 만든다.
URL(String protocol, String host, String title)	지정된 내용으로 URL 객체를 만든다.
URL(String protocol, String host, int port, String file)	지정된 내용으로 URL 객체를 만든다.
string get Authority()	호스트 이름과 포트를 문자열로 반환한다.
Object getContent()	URL의 Content 객체를 반환한다.
int getDefaultPort()	기본 포트를 반환한다.(http는 80이다)
int getPort()	포트를 반환한다. 포트 설정이 없으면 -1을 반환.
String getFile()	파일명을 반환한다.
String getHost()	호스트명을 반환한다.
String getPath()	경로명을 반환한다.
String getProtocol()	프로토콜을 반환한다.
String getQuery()	쿼리를 반환한다.
String getRef()	참조를 반환한다.

String getUserInfo()	사용자 정보를 반환한다.
String toExternalForm()	URL을 문자열로 반환한다.
URI toURI()	URL을 URI로 변환하여 반환한다.
InputStream openStream()	URL로부터 바이트 단위로 읽는 입력 스트림 객체를 반환한다.
URLConnection openConnection()	URL과 연결된 URLConnection을 반환한다.

이 메소드들의 사용 예를 보여주는 다음 프로그램을 살펴보자.

소스코드
UrlTest1.java

```
01  import java.net.*;
02
03  class UrlTest1 {
04
05      public static void main(String args[]) {
06
07          try {
08
09              URL url = new URL("http://www.oracle.com/technetwork/java/index.html");
10
11              System.out.println("getAuthority() : "+ url.getAuthority());
12              System.out.println("getContent() : "+ url.getContent());
13              System.out.println("getDefaultPort() : "+ url.getDefaultPort());
14              System.out.println("getPort() : "+ url.getPort());
15              System.out.println("getFile() : "+ url.getFile());
16              System.out.println("getHost() : "+ url.getHost());
17              System.out.println("getPath() : "+ url.getPath());
18              System.out.println("getProtocol() : "+ url.getProtocol());
19              System.out.println("getQuery() : "+ url.getQuery());
20              System.out.println("getRef() : "+ url.getRef());
21              System.out.println("getUserInfo() : "+ url.getUserInfo());
22              System.out.println("toExternalForm() : "+ url.toExternalForm());
23              System.out.println("toURI() : "+ url.toURI());
24
```

> 지정된 자원을 인수로 URL 객체를 생성한다.

> URL 클래스가 제공하는 메소드들을 이용하여 해당 자원에 대한 정보를 출력한다.

```
25              } catch( Exception e ) {
26                  e.printStackTrace();
27              }
28      }
29 }
```

실행결과

getAuthority() : www.oracle.com
getContent() : sun.net.www.protocol.http.HttpURLConnection$HttpInputStream@174219d
getDefaultPort() : 80
getPort() : -1
getFile() : /technetwork/java/index.html
getHost() : www.oracle.com
getPath() : /technetwork/java/index.html
getProtocol() : http
getQuery() : null
getRef() : null
getUserInfo() : null
toExternalForm() : http://www.oracle.com/technetwork/java/index.html
toURI() : http://www.oracle.com/technetwork/java/index.html

소스해설

소스라인 09 : 자원의 주소를 인수로 URL 객체를 만든다. 이 코드는 다음과 같이 3가지 형식으로 기술할 수 있다.

```
URL url = new URL("http://www.oracle.com/technetwork/java/index.html")
URL url = new URL("www.oracle.com", "/technetwork/java/index.html")
URL url = new URL("http", "www.oracle.com", 80, "/technetwork/java/index.html")
```

소스라인 11-23 : URL 클래스가 제공하는 메소드들을 이용하여 자원에 대한 정보를 출력한다.

앞의 프로그램은 단순히 지정된 자원에 대한 정보만을 얻을 수 있었다. 그러나 URL 클래스를 이용하여 해당 자원을 읽어올 수도 있다. 다음 프로그램은 지정된 자원(웹 페이지)를 읽어서 C 드라이브의 test 폴더에 "urltest.html"이라는 이름으로 저장한다.

소스코드
UrlTest2.java

```java
01 import java.net.*;
02 import java.io.*;
03
04 class UrlTest2 {
05
06     public static void main( String[] args ) {
07
08         try {
09                                        // 지정된 자원을 인수로 URL 객체를 생성한다.
10             URL page = new URL( "http://docs.oracle.com/javase/tutorial/essential/index.html"
                                    );
11
12             InputStream is = page.openStream();   // openStream() 메소드로 입력 스트림 객체를 생성해서 is에 할당한다.
13             InputStreamReader isr = new InputStreamReader( is );
14             BufferedReader br = new BufferedReader( isr );   // 버퍼를 이용하는 버퍼 입출력 객체를 생성한다.
15
16             FileWriter fw = new FileWriter( "c:/test/urltest.html" );
17             BufferedWriter bw = new BufferedWriter( fw );
18
19             String line = br.readLine();
20
21             while( line != null ) {    // 자원을 라인 단위로 읽고 기록한다.
22                 bw.write( line );
23                 line = br.readLine();
24             }
25
26             br.close();
27             bw.close();
28
29         } catch ( Exception e ) {
30             e.printStackTrace();
31         }
32     }
33 }
```

실|행|결|과

실행 결과를 보면 C 드라이브의 test 폴더에 urltest.html이라는 파일이 생겼다. 파일을 열어보면 지정된 자원(웹 페이지)를 읽어왔음을 알 수 있다.

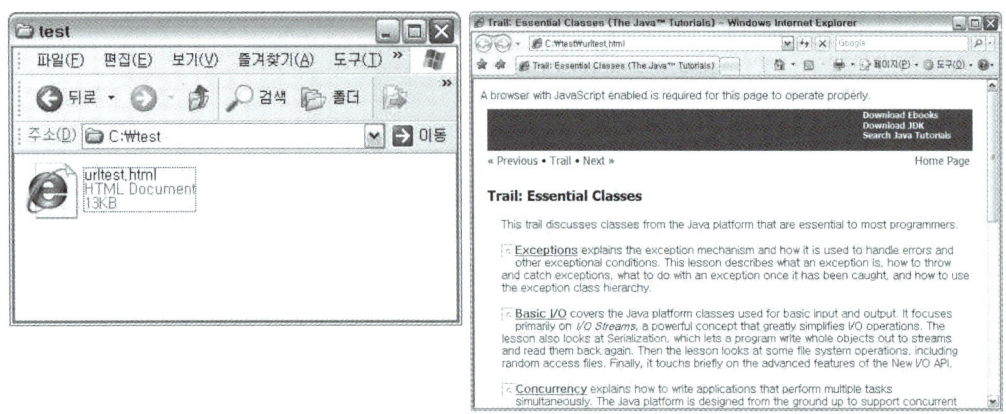

소|스|해|설

소스라인 10 : 지정된 자원을 인수로 URL 객체를 생성한다.

소스라인 12 : openStream() 메소드는 URL 클래스의 메소드이며, 지정된 URL로부터 바이트 단위로 읽는 입력 스트림 객체를 반환한다.

소스라인 12-17 : 버퍼를 사용하는 입출력 객체를 생성한다.

소스라인 19-24 : 자원 즉, 여기서는 해당 웹페이지를 처음부터 끝까지 읽어 C 드라이브의 test 폴더에 기록한다.

13.4 URLConnection 클래스

URL 클래스는 지정된 자원을 읽을 수만 있다. 그러나 URLConnection 클래스는 읽을 수도 있고 기록할 수도 있으며 클라이언트와 서버 간에 주고받는 헤더 정보를 얻을 수 있다. 클라이언트가 서버에 접속할 때는 그냥 접속이 되는 것이 아니라, 서비스를 요청하는 헤더 정보를 전송한다. 서버에서 전송되는 문서도 전송 문서의 타입, 인코딩 형식, 날짜 등에 대한 헤더 정보가 전송된다. URLConnection 클래스는 그런 헤더 정보를 처리할 수 있다는 것이 URL 클래스와 다르다.

URLConnection 클래스의 메소드로 특정 서버에 기록하는 테스트를 할 수가 없기 때문에 헤더 정보를 읽는 주요 메소드만을 살펴본다. 서버에 기록하는 메소드들은 set으로 시작되며, 우리는 get으로 시작되는 읽는 주요 메소드만 살펴본다.

메소드	기능
boolean getAllowUserInteraction()	UserInteraction의 허용 여부를 반환한다.
int getConnectTimeout()	연결 종료 시간을 1/1000초 단위로 반환한다.
Object getContent()	content 객체를 반환한다.
String getContentEncoding()	content의 인코딩을 반환한다.
int getContentLength()	content의 크기를 반환한다.
String getContentType()	content의 타입을 반환한다.
long getDate()	헤더의 date 필드 값을 반환한다.
Map getHeaderFields()	헤더의 필드들과 Map을 반환한다.
long getLastModified()	LastModified(최종 수정일) 필드 값을 반환한다.
int getReadTimeout()	읽기 제한 시간 값을 1/1000초 단위로 반환한다.
URL getURL()	URLConnection의 URL을 반환한다.

이 메소드들을 이용해서 URL의 헤더 정보를 보여주는 다음 프로그램을 보자.

소스코드
URLConnectionTest.java

```
01  import java.net.*;
02
03  class URLConnectionTest {
04
05      public static void main( String[] args ) {
06
07          try {
08                          지정된 자원을 인수로 URL 객체를 생성하고, 그 URL 객체의 URLConnection 객체를 생성한다.
09              URL url = new URL( "http://docs.oracle.com/javase/tutorial/essential/index.html" );
10              URLConnection con = url.openConnection();
11
```

```
12        System.out.println( "AllowUserInteraction : " + con.getAllowUserInteraction() );
13        System.out.println( "Connect Timeout : " + con.getConnectTimeout() );
14        System.out.println( "Content : " + con.getContent() );
15        System.out.println( "Content type : " + con.getContentType() );
16        System.out.println( "Content length : " + con.getContentLength() );
17        System.out.println( "Content encoding : " + con.getContentEncoding() );
18        System.out.println( "Data : " + con.getDate() );
19        System.out.println( "Last Modified : " + con.getLastModified() );
20        System.out.println( "Header Fields : " + con.getHeaderFields() );
21        System.out.println( "URL : " + con.getURL() );
22
23        } catch ( Exception e ) {
24            e.printStackTrace();
25        }
26    }
27 }
```

실행결과

AllowUserInteraction : false
Connect Timeout : 0
Content : sun.net.www.protocol.http.HttpURLConnection$HttpInputStream@1dc0e7a
Content type : text/html
Content length : 13359
Content encoding : null
Data : 1356420124000
Last Modified : 1349409049000
Header Fields : {null=[HTTP/1.1 200 OK], ETag=["5f929fc69b7cddd58eb902cca15869ad:1349461064"], Date=[Tue, 25 Dec 2012 07:22:04 GMT], Content-Length=[13359], Last-Modified=[Fri, 05 Oct 2012 03:50:49 GMT], Accept-Ranges=[bytes], Content-Type=[text/html], Connection=[keep-alive], Server=[Apache]}
URL : http://docs.oracle.com/javase/tutorial/essential/index.html

소스해설

소스라인 10 : URL 클래스의 openConnection() 메소드를 이용해서 URL의 URLConnection 객체를 생성한다.

소스라인 12-21 : get 메소드로 정보를 읽어서 출력한다.

13.5 TCP 소켓 프로그래밍

이제 사용 중인 PC 한대로 서버도 만들고, 클라이언트도 만들어서 네트워크 프로그래밍을 할 것이다. 지금까지 우리는 자바의 핵심을 학습해왔다. 가장 많이 언급된 단어가 클래스이다. 네트워크 프로그래밍이라고 해서 긴장할 필요는 없다. 네트워크 프로그래밍도 단 2개의 클래스만 사용하면 간단히 해결할 수 있다. 먼저 우리는 아주 간단한 서버, 클라이언트 프로그램을 작성해보고 나서, 간단한 채팅 프로그램을 작성해볼 것이다.

TCP 소켓의 의미

서버와 클라이언트 프로그래밍을 위해서는 ServerSocket이라는 클래스와 Socket이라는 클래스를 사용한다. **SeverSocket은 서버를 위한 클래스이고, Socket은 서버와 클라이언트 간의 접속을 제어하는 클래스이다.** 이들의 객체를 만들어 간단히 프로그래밍을 할 수 있다. 이들을 간단히 정리하면 다음과 같다.

- ❶ ServerSocket : 서버의 포트를 할당하여 클라이언트의 서비스 요청을 기다리다가 요청이 들어오면 소켓 객체를 생성해서 소켓 간에 통신이 되도록 한다.
- ❷ Socket : 서버와 클라이언트 간의 통신을 제어하며, 입력 스트림과 출력 스트림을 통해 서버와 클라이언트 간의 입출력을 처리한다.

그런데 이 클래스들은 TCP(Transmission Control Protocol)이라는 프로토콜을 사용한다. TCP는 인터넷의 기반 프로토콜로, http는 이 TCP 프로토콜을 확장해서 만든 것이다. TCP는 데이터 전송의 안정성과 신뢰성이 보장되는 프로토콜이기 때문이다.

간단한 서버 클라이언트 프로그램

이제 우리는 "ServerTest"와 "ClientTest"라는 2개의 프로그램을 실험해볼 것이다. 이 프로그램은 서버와 클라이언트 간의 접속과 메시지 전송을 위한 ServerSocket과 Socket 클래스의 사용법을 알아보기 위한 것이다. 서버가 클라이언트에게 "Hello Client!"라는 메시지를 전송하고. 클라이언트는 그 메시지를 받아서 출력하는 것이 전부이다.

학습의 순서상 이번에는 먼저 2개의 프로그램을 실행시켜 결과를 보고 나서 소스코드를 보자. 이 프로그램은 2개의 콘솔 창을 띄워서 작업해야 한다. 하나는 서버를 위한 창이고 또 하나는 클라이언트를 위한 창이다. 우리는 하나의 컴퓨터에서 작업하고 있지만 내부적으로는 서버와 클라이언트라는 2대의 컴퓨터로 작동되면서 Socket을 통해 연결되기 때문이다.

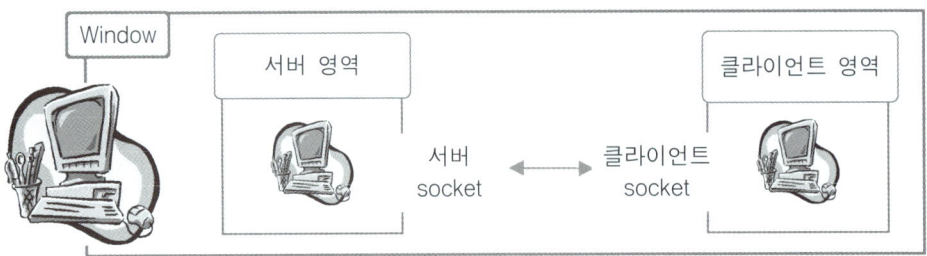

❶ 먼저 다음과 같이 "ServerTest"를 먼저 컴파일하고 실행시킨다. 그러면 서버 프로그램이 실행되어 클라이언트의 서비스 요청(연결)을 기다리고 있다는 메시지가 나온다.

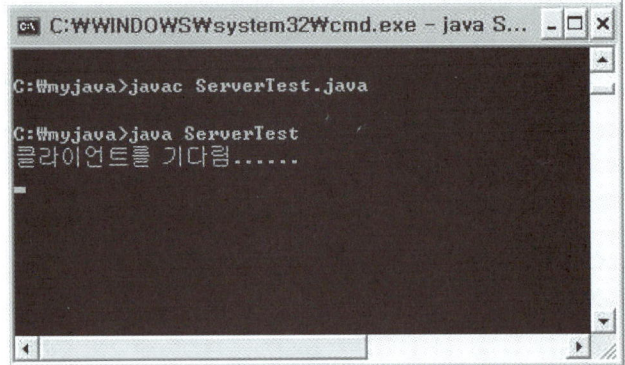

❷ 창을 하나 더 띄워 "ClientTest"를 컴파일하고 실행시킨다. 그러면 클라이언트가 서버와 연결되어 서버와 연결되었다는 메시지를 출력하고 서버가 전송한 "Hello Client!" 메시지를 받아 출력한다.

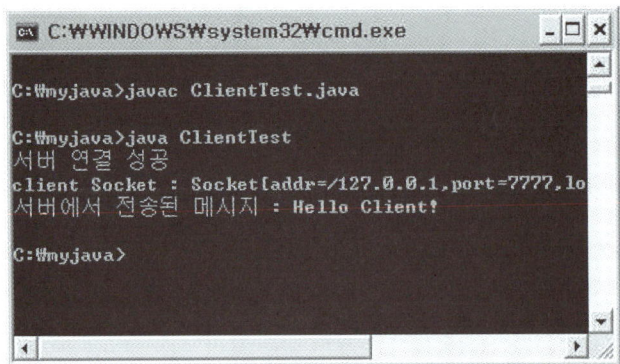

❸ 이제 서버의 창을 보면 다음과 같이 클라이언트 연결에 성공했다는 메시지도 출력되어 있다.

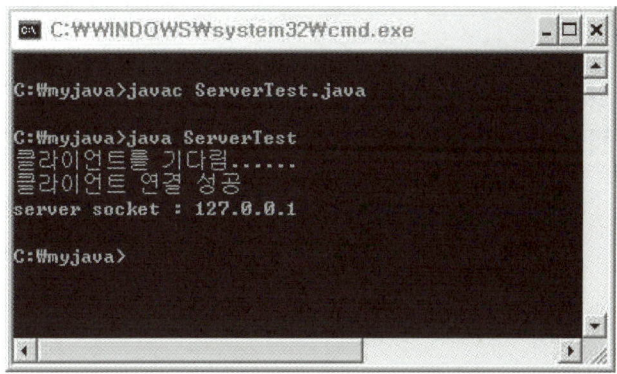

서버 프로그램부터 소스코드를 보자.

소스코드
ServerTest.java

```
01  import java.net.*;
02  import java.io.*;
03
04  class ServerTest {
05      public static void main( String[] args ) {
06
07          ServerSocket server = null;          ServerSocket 객체와 Socket 객체를
08          Socket socket = null;                선언한다.
09
10          OutputStream os;                     클라이언트에게 메시지를 전송하기
11          DataOutputStream dos;                위한 출력 스트림 객체를 선언한다.
12
13          String msg = "Hello Client!";
14
15          try {
16                                               클라이언트와 접속할 대표 포트를
17              server = new ServerSocket( 7777 );  지정하여 서버 객체를 생성한다.
18              System.out.println( "클라이언트를 기다림......" );
19
20              socket = server.accept();        클라이언트의 접속을 받아들인다.
```

```
21          System.out.println( "클라이언트 연결 성공" );
22          System.out.println( "server socket : " + socket.getInetAddress().getHostAddress() );
23                                                      클라이언트가 접속한 서버의 IP를 출력한다.
24          os = socket.getOutputStream();
25          dos = new DataOutputStream( os );          클라이언트에게 출력할 출력 스트림을 생성하고
26          dos.writeUTF( msg );                        dos.writeUTF() 메소드로 출력한다.
27
28          dos.close();         출력 스트림과 socket
29          socket.close();      객체를 닫는다.
30
31      } catch ( Exception e ) {
32          e.printStackTrace();
33      }
34   }
35 }
```

소스해설

소스라인 17 : server 객체는 서버에 관한 정보를 간직하고 제어한다. 이제 이 서버에 접속하려면 7777 포트를 사용해야 하며, 서버의 IP는 지정하지 않아도 127.0.01이다. 내 PC에서 만든 서버는 자동으로 127.0.0.1이 부여된다.

소스라인 20 : server 객체의 accept() 메소드는 클라이언트의 접속을 받아들인다. 클라이언트 프로그램이 실행되어 IP가 127.0.01이고, 대표 포트가 7777인 이 서버에 연결될 때까지 대기하고 있으며, 화면에 "클라이언트를 기다림......"라는 메시지를 표시하고 계속 기다린다.

클라이언트와 접속이 되고 나면 클라이언트에게 내부 포트를 할당한다. 서버와 클라이언트는 포트를 통해 데이터를 주고받는데 대표 포트로 접속한 후, 이후 지속적인 접속은 내부 포트를 통해서 하게 된다. 이에 대해서는 잠시 후 다시 설명한다. 이제 이 서버 측 socket 객체는 클라이언트 접속에 관한 여러 가지 정보를 간직하고 제어한다.

소스라인 22 : socket.getInetAddress().getHostAddress() 메소드는 클라이언트가 접속한 서버의 IP인 127.0.0.1을 출력한다.

소스라인 24-26 : socket.getOutputStream()은 클라이언트에 출력하기 위한 스트림을 생성하며, 최종적으로 writeUFT() 메소드로 메시지를 전송한다.

소스라인 28-29 : 출력 스트림을 해제하고 클라이언트와 연결된 Socket을 닫아 연결을 끊는다.

앞서 클라이언트 창을 보면 다음과 같은 메시지가 표시된 것을 알 수 있다.

```
client Socket : Socket[addr=/127.0.0.1,port=7777,localport=2562]
```

port는 7777이고, localport는 2562이다. port=7777은 서버가 열어둔 대표 포트이며, localport =2562는 서버가 클라이언트에게 할당한 내부 포트이다. socket=server.accept();가 실행되면서 내부 포트가 자동으로 할당된다. 서버는 대표 포트와 내부 포트를 사용해 클라이언트와 대화한다.

대표 포트는 그 서버를 찾아오는 모든 클라이언트들이 접속하는 포트로 서버라는 집의 대문이나 마찬가지이다. 따라서 그 대문을 어느 클라이언트가 혼자 차지하고 있으면 안 되기 때문에 대표 포트로 접속되면 서버가 그 클라이언트에게 내부의 다른 포트를 할당해주고 이후 그 클라이언트와 서버의 접속은 그 내부 포트를 이용해서 이루어진다.

채팅 프로그램

채팅을 하기 위해서는 서버와 클라이언트가 서로 계속해서 메시지를 주고받을 수 있어야 한다. 여기서는 단 둘이 수다를 떠는 프로그램을 보자. 채팅을 하자면 서버와 클라이언트는 각기 키보드로 입력되는 계속 메시지를 읽어 와야 한다. 읽은 후 각기 그 메시지를 상대에게 전송한다. 따라서 서버에도 클라이언트에도 키보드 입력을 읽는 코드가 필요하게 된다.

그렇다면 똑같은 코드를 양쪽에서 모두 기술할 것이 아니라, 클래스로 만들어두고 양쪽에서 불러서 사용하면 된다. 그래서 이 채팅 프로그램은 다음과 같이 3개의 프로그램으로 구성된다.

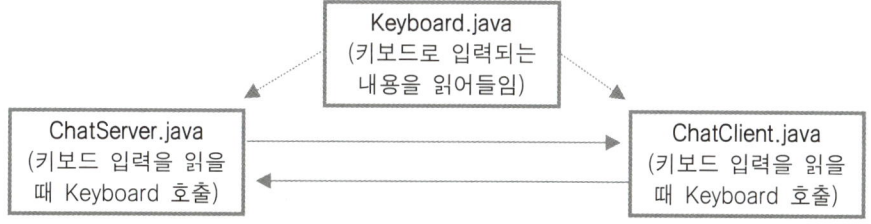

이번에도 프로그램을 보기 전에 이 3개의 프로그램을 컴파일하고 실행시켜 보면 소스코드의 이해가 쉬워진다. 다음과 같은 순서로 작업을 하자.

❶ Keyboard를 컴파일만 해둔다. 이 클래스에 있는 메소드를 다른 2개 프로그램에서 호출해서 사용할 것이다.

❷ 서버 프로그램인 ChatServer를 컴파일하고 실행시킨다.

❸ 다른 창에서 클라이언트 프로그램인 ChatClient를 컴파일하고 실행시킨다.

먼저 클라이언트 창에서 메시지를 입력하고, 그 다음에 서버 창으로 가서 거기서 또 메시지를 입력하고, 다시 클라이언트 DOS 창으로 오고... 그러면 다음과 같은 식으로 화면이 표시된다.

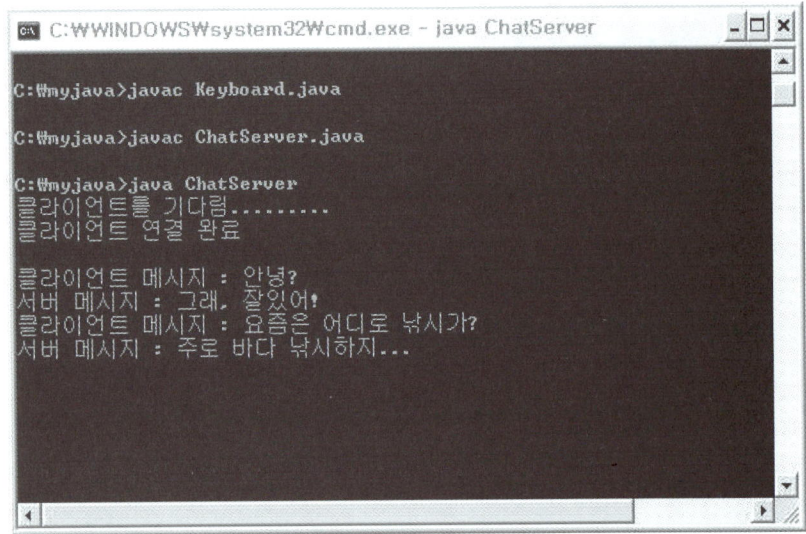

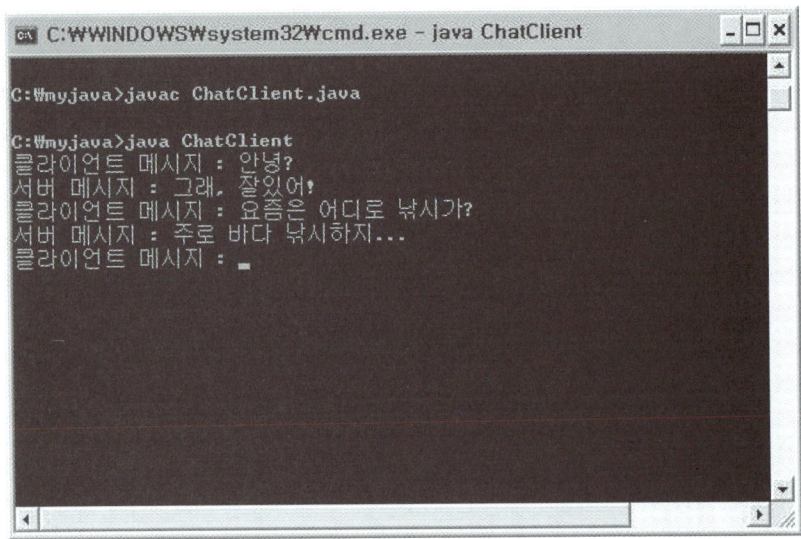

창을 오가며 사용하는 게 좀 불편할 뿐 채팅이 가능하다. 이 프로그램들도 특별한 내용은 없다.

여전히 서버 객체와 클라이언트 객체를 만들고, 서로를 socket 객체로 연결한 후, 서로간의 메시지 전송은 readUTF()와 writeUTF() 메소드를 사용한다. 이 뼈대만 기억하면 된다.

이제 Keyboard 프로그램을 보자.

채팅을 하려는 사용자가 키보드로 입력하는 대화 내용을 읽어 들이는 프로그램이다. 사용자가 키보드(System.in)에서 입력하는 대화 내용을 문자 단위로 받아들여서(InputStreamReader), 그 내용을 버퍼에 저장했다가(BufferedReader) 라인 단위로 읽어 들인다(readLine()). 여기서 라인의 의미는 사용자가 엔터키를 치면 한 개 라인이 끝난 것입니다. 이렇게 읽어 들인 내용은 이 프로그램을 호출한 ChatServer나 ChatClient 프로그램에게 반환(return)한다.

소스코드
Keyboard.java

```java
import java.io.*;

class Keyboard {

    public static String readString() {    // readString() 메소드는 static으로 선언되었다. 따라서 다른 클래스에서
                                           // Keyboard.readString()과 같은 형식으로 곧장 호출할 수 있다.

        InputStreamReader isr = new InputStreamReader( System.in );
        BufferedReader br = new BufferedReader( isr );

        String line = null;

        try {

            line = br.readLine();

        } catch ( IOException io ) {
            System.out.println( io );
        }

        return line;
    }
}
```

다음은 ChatSever 프로그램의 소스 코드이다.

ChatServer.java

```java
import java.io.*;
import java.net.*;

class ChatServer {

    public static void main( String[] args ) throws Exception {

        ServerSocket server = null;
        Socket socket = null;

        DataInputStream dis = null;
        DataOutputStream dos = null;

        try {

            server = new ServerSocket( 6789 );

            System.out.println( "클라이언트를 기다림........." );

            socket = server.accept();

            System.out.println( "클라이언트 연결 완료" );
            System.out.println();

            dis = new DataInputStream(socket.getInputStream());
            dos = new DataOutputStream(socket.getOutputStream());

            while( true ) {

                System.out.println( "클라이언트 메시지 : " + dis.readUTF() );
                System.out.print( "서버 메시지 : " );
                String message = Keyboard.readString();

                dos.writeUTF( message );
            }

        } catch ( Exception e ) {
```

> 무한 반복문을 사용하여 계속 대화할 수 있게 했다. Ctrl + C 키를 누르면 반복문이 끝난다.

```
            try {

                    dis.close();
                    dos.close();
                    socket.close();

            } catch ( IOException io ) {
                    System.out.println( io );
            }
        }
    }
}
```

다음은 ChatClient 프로그램의 소스코드이다.

소스코드
ChatServer.java

```
import java.io.*;
import java.net.*;

class ChatClient {

    public static void main( String[] args ) {

        Socket socket = null;
        DataOutputStream dos = null;
        DataInputStream dis = null;

        try {

            socket = new Socket("127.0.0.1", 6789 );

            dos = new DataOutputStream( socket.getOutputStream() );
            dis = new DataInputStream( socket.getInputStream() );

                while( true ) {

                    System.out.print( "클라이언트 메시지 : " );
                    String message = Keyboard.readString();
```

> 무한 반복문을 사용하여 계속 대화할 수 있게 했다. Ctrl + C 키를 누르면 반복문이 끝난다.

```
                    dos.writeUTF( message );

                    System.out.println( "서버 메시지 : " + dis.readUTF() );
                }

        } catch ( Exception e ) {

            try {

                dos.close();
                dis.close();
                socket.close();

            } catch ( IOException io ) {
                System.out.println( io );
            }
        }
    }
}
```

이제 소스코드를 읽을 수 있을 것이다. 더 이상 설명하지 않아도 알 것으로 짐작하고 소스코드 설명은 생략한다.

이 장의 요점

- 하나의 IP 주소를 가진 컴퓨터를 호스트(컴퓨터)라고 하며, 하나의 호스트 내에는 용도에 따라 여러 개의 서버가 있을 수 있다. 각 서버에 접근하기 위해서는 포트(port)라는 통로를 이용하며 웹 서버의 경우는 포트가 80번이다.

- IP 주소와 도메인 이름을 다루기 위해 InetAddress라는 클래스를 제공한다.

- URL은 "Uniform Resource Locator"의 약자로 인터넷 상의 서버들이 제공하는 다양한 자원들에 접근하기 위한 주소를 의미한다.

- URL을 처리하기 위해 URL 클래스가 제공된다.

- URLConnection 클래스는 읽을 수도 있고 기록할 수도 있으며 클라이언트와 서버 간에 주고받는 헤더 정보를 얻을 수 있다.

- TCP는 인터넷의 기반 프로토콜로, http는 이 TCP 프로토콜을 확장해서 만든 것이다.

- 서버와 클라이언트 프로그래밍을 위해서는 ServerSocket이라는 클래스와 Socket이라는 클래스를 사용한다.

- SeverSocket은 서버를 위한 클래스이고, Socket은 서버와 클라이언트 간의 접속을 제어하는 클래스이다.

- 서버는 대표 포트와 내부 포트를 사용해 클라이언트와 대화한다.

- 대표 포트로 접속되면 서버가 그 클라이언트에게 내부의 다른 포트를 할당해주고 이후 그 클라이언트와 서버의 접속은 그 내부 포트를 이용해서 이루어진다.

찾아보기

3
3항 연산자 61

A
abstract class 155
Access Modifier 145
ActionEvent 305
actionPerformed() 307
Adapter 317
AND 62
anonymous inner class 173, 178
Applet 뷰어 26
appletviewer.exe 26
Arithmetic Operator 53
Array 130
arraycopy() 135
ArrayList 207
Assignment Operator 52
AwtEvent 304

B
bin 25
BitWise Operator 62
Block 238
boolean 46
boolean constant 59
BorderLayout 261, 264
break 91
BufferedInputStream 333, 345
BufferedOutputStream 334, 356
BufferedReader 334, 346

BufferedWriter 334, 357
Button 276
byte 41
byte code 16
ByteArrayInputStream 333
ByteArrayOutputStream 334

C
CardLayout 261, 271
Cast Operator 49
char 44
CharArrayReader 334
CharArrayWriter 334
charAt() 187
Checkbox 288
Choice 286
class 34, 97
Client 373
collection 207
Compiler 18
Component 254
Constant 36
Constructor 117
Container 254
continue 92

D
DataInputStream 333, 360
DataOutputStream 334, 360
Dead 238
default 145

찾아보기

Dialog 293
do - while 89
double 43
downcasting 168
Dynamic Loading 97

E

Eclipse 28
encapsulation 145
Event 302
EventObject 304
Exception 215
Exclusive OR 63
Explicit Data Type Conversion 47
extends 139

F

File 클래스 367
FileDialog 295
FileInputStream 333, 341
FileOutputStream 334, 352
FileReader 334, 343
FileWriter 334, 354
FilterInputStream 333
FilterOutputStream 334
FilterReader 334
FilterWriter 334
final 153
float 43
FlowLayout 261, 267
for 85

Frame 256

G

Garbage Collector 97
Generics 209
getter 메소드 146
GridLayout 261, 269
GUI 254

H

HashMap 207
HashSet 207
HashTable 207

I

if 73, 94
if - else 76
if - else if 79
if-else 94
implements 158
Implicit Data Type Conversion 47
import 124
Increment and Decrement Operator 55
indexOf() 188
InetAddress 375
inheritance 139
inner class 173
InputStream 333, 337
InputStreamReader 334, 338
instance 101
instance inner class 173

397

찾아보기

instanceof　170
int　41
Interface　158
Interpreter　18
ItemEvent　310
itemStateChanged()　310

J

java　22
jar.exe　26
Java API 문서　27
Java Development Kit　20
java.lang　125
JAVA EE　16
JAVA ME　16
JAVA SE　16
Java SE Runtime Environment　24
Java Virtual Machine　16, 19
java.awt.event　302
java.exe　25
javac　22
javac.exe　25
javadoc.exe　26
javap.exe　25
JDK　20, 24
JIT 컴파일러　20
join() 메소드　242
JRE　24
Just-In-Time compiler　19
JVM　16, 19

K

KeyEvent　304

L

Label　274
Layout Manager　261
length()　187
LineNumberReader　334
LinkedHashMap　207
LinkedList　207
List　207, 283
Listener　302
logical　59
logical constant　59
long　41

M

Machine Language　19
main()　98
Map　207, 212
Math.random()　199
Menu　298
MenuBar　298
MenuItem　298
method inner class　173, 176
Method Overloading　112
Method Overriding　149
MouseAdapter　323
MouseEvent　304, 319
MouseMotionListener　319, 321

찾아보기

Multiprocessing 231

N
notify() 247

O
object 101
object code 18
Object Oriented Programming 15, 96
Object Type 182
Object 클래스 181
ObjectInputStream 333, 363
ObjectOutputStream 334, 363
OOP 15, 96
OR 62
OutputStream 334, 349
OutputStreamWriter 334, 350

P
Package 27
package 124
Panel 259
PipedInputStream 333
PipedOutputStream 334
PipedReader 334
PipedWriter 334
polymorphism 168
port 374
Primitive data type 39
PrintStream 334
private 145

process 231
protected 145
public 145
PushBackInputStream 333
PushBackReader 334

R
Random 클래스 198
random() 198
Reader 334
Reference data type 39
Relational Operator 57
return 109
run() 메소드 233
Runnable 238
Runnable 인터페이스 234
Running 238
RuntimeException 215

S
Scanner 클래스 202
Scrollbar 291
SequenceInputStream 333
SequenceOutputStream 334
Server 373
Set 207, 210
setter 메소드 146
SeverSocke 385
Shift Operator 65
short 41
sleep() 메소드 239

찾아보기

Socket 385
Stack 207
start() 메소드 233
static 174
static inner class 173, 174
static 메소드 106
static 변수 106
String 46
String 객체 185
String 클래스 185
StringBuffer 클래스 193
StringReader 334
StringTokenizer 클래스 195
StringWriter 334
substring() 189
super 151
switch 81
switch-case 94
synchronized 245
System.err 338
System.in 338
System.out 338

T

TCP 385
TextArea 280
TextField 278
this 120
Thread 231
Thread 클래스 232
throw 225

throws 224
token 195
toString() 172
tostring() 191
TreeMap 207
TreeSet 207
trim() 190
try-catch 216
try-catch-finally 222
Type 37

U

Unicode 44
upcasting 168
URL 377
URL 클래스 378
URLConnection 클래스 382

V

valueOf() 191
Variable 36
Vector 207
void 109

W

wait() 247
while 88
white space 35
WindowAdapter 317
WindowEvent 315
WindowListener 315

찾아보기

Wrapper 클래스 182
Writer 334

Y

yield() 메소드 241

ㄱ

가비지 콜렉터 97
객체 101
객체지향 프로그래밍 15, 96
공백 문자 35
관계 연산자 57
기계어 19
기반 클래스 139
기본 데이터 타입 39

ㄴ

난수 198
내부 클래스 173
네트워크 373
논리 상수 59
논리 연산자 59
논리형 46

ㄷ

다운캐스팅 168
다중 상속 162
다형성 168
동기화 245
동적 로딩 97
드롭다운 목록 286

ㄹ

런타임 에러 215
레이블 274
레이아웃 관리자 261

ㅁ

만입 35
매개변수 109
멀티프로세싱 231
메소드 내부 클래스 173, 176
메소드 오버라이딩 149
메소드 오버로딩 112
멤버 클래스 98
명시적 형 변환 47
목적 코드 18
묵시적 형 변환 47
문자 기반 입출력 클래스 333
문자열형 46
문자형 44

ㅂ

바이트 기반 입출력 클래스 333
바이트 코드 16, 19
배열 130
배타적 OR 연산 63
버튼 276
변수 36
변수 타입 40
보수 연산 63
부모 클래스 139
부울 상수 59

찾아보기

부호 비트 66
비트 연산자 62

ㅅ

산술 연산자 53
상속 139
상수 36
생성자 117
서버 373
소켓 385
쉬프트 연산자 65
스태틱 내부 클래스 173, 174
시분할 방식 231
실수형 43
실행 클래스 98
쓰레드 231

ㅇ

업캐스팅 168
연산의 우선순위 70
예약어 38
예외 215
예외 처리 215
웹 서버 374
유니코드 44
이벤트 302
이클립스 28
익명 내부 클래스 173, 178
인스턴스 101
인스턴스 내부 클래스 173
인스턴스 메소드 108

인스턴스 변수 107
인터페이스 158
인터프리터 18

ㅈ

자바 런타임 환경 24
자바가상기계 16
자식 클래스 139
전역 변수 162
접근 지정자 145
정수형 타입 41
제네릭스 209
조상 클래스 139
주석 33, 35
증감 연산자 55
지역 변수 86

ㅊ

참조 데이터 타입 39
참조변수 103
추상 클래스 155

ㅋ

캡슐화 145
컨테이너 254
컬렉션 207
컴파일 에러 215
컴파일러 18
컴포넌트 254
클라이언트 373
클래스 97

찾아보기

클라이언트 373
클래스 97
클래스 메소드 108
클래스 변수 107

ㅌ
타입 37
타입 지정자 39
텍스트 필드 278
토큰 195
특수문자 45

ㅍ
파생 클래스 139
판넬 259
패키지 27, 124
포트 374
표준출력장치 34
프로세스 231

ㅎ
하위 클래스 139
할당 연산자 52, 68
헤더 정보 382
형 변환 47
형 변환 연산자 49

안드로이드 SDK를 이용한 어플리케이션 개발 소스북

안드로이드 SDK Reference Book

나카니시 아오이, 우치무라 유우지,
다카하시 료우지 지음 |
김지은 감수 | 박경란 역

46배판 | 1064쪽 | 33,000원 |

세계에서 가장 영향력 있는 플랫폼인 Android. 세계 유수의 기업들이 이용하고 있으며, Web, 전자 출판, 음악 업계는 물론이고 가전이나 자동차, 의료 복지 외에도 기업용 솔루션이나 커머스 업체 등 다양한 기업들이 Android의 매력적인 세계로 발을 내딛고 있습니다. 이 책에서는 그런 사람들이 참고할 수 있도록 Android SDK를 이용한 어플리케이션의 개발 방법에 대해 폭넓게 설명하고 있습니다.